新

日本語教育を学ぶ

なぜ、なにを、
どう教えるか

［編著］遠藤織枝

［著］岩田一成　　金田智子
　　　小柳かおる　島田めぐみ
　　　福田倫子　　本田弘之
　　　谷部弘子

SANSHUSHA

はじめに

　2011年に『日本語教育を学ぶ　第二版』を刊行して10年足らずで、全く新しい内容の『新・日本語教育を学ぶ』を刊行することになりました。それほど日本語教育を取り巻く環境の変化は激しく、前の版ではカバーできない部分が増えてきたということです。

　その変化とは、日本の少子高齢化が予測以上に速く推移し、深刻な労働力不足の時代に直面して、外国人労働者の手を借りなければ成り立たない職種も出てきたということです。EPA（経済連携協定）の介護人材養成事業を初めとして、技能実習生制度に介護分野の追加、留学生の在留資格「介護」の新設、特定技能制度による外国人労働者の受入れと、矢継ぎ早に新しい制度が発足しました。外国からの労働者に日本で働いてもらうには、まず最低限の日本語を知ってもらう必要があります。こうした猶予を許さない切迫した社会の要請をうけて2019年6月に「日本語教育推進法」が成立しました。やっと、日本社会に日本語教育が認知され、社会のニーズと日本語教育とが正面から向き合うことになったのです。外国人の受入れを促進する以上は、その外国人の人権から生活まで丸ごと保障しなければなりません。その支援にいちばん近いところに位置するのが日本語教育です。日本で働き、生活するために、日本語は、その外国人自身や家族にとって、いちばん大きな利器になります。日本語がわからないために、周囲に溶け込めず孤立した外国人を普通の日常生活に戻すのは日本語です。学校のいじめから守るのも日本語です。職業生活でキャリアを上げ、経済的にレベルアップできるのも日本語の力が大きいです。「推進法」では、国と自治体と企業は、そうした日本語教育を受けることを希望する外国人に対して、最大限の日本語教育の機会を提供する責任があると明記しています。

　今まで日本語教育の対象の中心部分を占めていたのは、自分が留学したり仕事をするために、自分でお金を出して日本語を勉強する留学生やビジネスマンでした。こうしたいわば自己志望学習者が、日本語教育の対象の主要な部分を占めることには変わりはないでしょうが、同じように大きな部分を、労働力不足をおぎなうために来日した外国人労働者やその家族が占めること

になります。

　ここにきて、初めて日本語教育が社会全体の課題になったというわけです。今まで地域の生活者やその子供のための日本語教育はボランティア頼みでした。増えてきた外国籍の住民の日本語教育を自治体がいきなり担うことは難しく、周辺の国際交流協会などの団体に委託して当座をしのいできました。しかし、それではあくまでも一時しのぎにすぎません。自治体としても、地域に住む外国人と共生するために、異文化理解や日本語教育の専門家の手を借りなければならないと認識し始めています。外国人労働者を受け入れたり、受け入れようとしている企業も、その労働者と協働するための日本語教育の重要性がわかってきて、その専門家を求めるようになってきています。全国に介護施設を展開する介護の大手企業では、独自に介護従事者を育てるための日本語教育の専門家を雇用するようになっています。

　ここからが、日本語教育に興味を持つみなさんの出番です。日本語教育はおもしろそう、やる価値がありそう、ぜひやってみたい、と思っていても、かつてはポジションがなかなか得られなくて志望を変更せざるを得ない例もたくさんありました。でも、これからは違います。日本語学校や専門学校で日本語を教えるだけでなく、より多様な外国人の支援の場で実力を発揮できるようになります。自治体や企業にいる外国人の支援のためのプログラム作りから始まって、支援実施まで携わる専門家が求められます。全国各地にあるボランティア団体に、個々の組織に応じた教え方や教材の選定などの指導や助言をする専門家が必要になっています。自治体と諸団体と学習希望者とを結ぶコーディネーターも必要です。外国人に日本語を教えることで、いろいろな外国人と接して自分の世界を広げたいと思っているあなたの志望に適した、たくさんの機会が増えてきます。

　もう一方で、海外から労働者として来日する人のための来日前の日本語教育も必要になってきます。各国に、そうした日本語教育の場が設けられ、そこで働く日本語教師も求められるようになってきます。

　社会が外国人を受け入れようとすればするだけ、日本語教育の需要は増えます。今までよりずっと多様な日本語教育が求められ、柔軟な発想のできる元気な専門家の力が求められます。そのための専門知識を十分に身につけておいてください。日本語の知識や教え方の技術はもちろんですが、異文化に

4

対する意識を高め、知識を得ることも欠かせません。

　さらに、日本人自身に対する日本語教育もおろそかにできません。日本人のだれでもが外国人とコミュニケーションする機会が広がっています。道で駅の方向を聞かれるといった単純なやりとりの段階ではなくなっています。職場で、上司が外国人であったり、部下が外国人であるというケースも生まれてきています。隣の住民が外国籍の人というケースも珍しくありません。そうした外国人と同僚として隣人として円滑なコミュニケーションをとるためには、日本人の日本語を見直すことも必要になってきます。

　寮の隣の部屋の学生のテレビの音が大きいので「あした試験があるから」と言ったけど、テレビは静かにならなかった、という投書が新聞に載っています。「テレビの音を小さくしてください」と、はっきり言うと気まずくなるかもしれない、試験の準備のために静かにしてほしいのだというこちらの空気を読んでもらいたかった……。こういう日本人の発想法は通用しなかったのです。相手にしてほしいことをはっきり言うことが円滑なコミュニケーションの基本だとする文化を理解することです。気まずくならないようにと思って婉曲に言うことで、かえって気まずくなってしまうのです。そうした文化の違いを理解すること、また、相手の日本語のレベルが初級程度であれば難しい漢語や敬語は避けること、むしろ相手の日本語を理解するよう努力すること、こうした「やさしい日本語」を心がけて接することで相手と仲良く共存できるようになります。

　日本語教育を考えることは、互いにわかりあう方策を考えることです。相手のレベルやニーズを十分に知ることです。相手に合わせて臨機応変に対処していく、これに尽きます。

　なにはともあれ、日本語教育を知ってください。興味が出てきたら、この先は語彙でも文法でも待遇表現でも個々の専門分野に進んでください。この本が日本語教育の入り口に立ったみなさんの良き案内者になれることを願っています。

****

　さて、ここで、この本の内容をざっと紹介します。この本は３部の構成になっています。

第1部は"WHY"「なぜ日本語教育を行なうのか」で、次の3つの章から成っています。

　第1章では、日本語教育の歴史を概説しています。現在を知り未来を考えるためには、その歴史を知り、歴史から学ばなければなりません。20世紀の初めごろから、日本語教師は侵略と戦争を遂行するための先兵となって中国や南方諸国で献身的に働きました。日本語を望まない人々に無理やり押しつけることもしました。こうした過ちを二度と繰り返さないよう、負の歴史からも学び、現在の日本語教育を考えていくことが大切です。

　第2章は、日本語を学ぶ人々を、海外と国内に分けて図表で示しながら、その推移を報告しています。国際情勢の動きで、友好関係が崩れると日本語学習者が減る、経済状況が安定すると学習者は増える、またそれぞれの国の外国語教育の方向によって日本語学習者数が左右される、など、国際社会の動きを常に反映していることがわかります。国内の学習者も、社会のニーズの変化により大きく動いています。

　第3章では、日本語教育を行なう人の像を描いています。海外の日本語教育を担っているのは、日本人ばかりではありません。むしろ、海外や日本で日本語を学び、その力を発揮して教えている人が多いのです。国内ではこれまでの教師養成の施策や、これから求められる日本語教師像について描きます。さらに、日本語教師を職業として選択する際のヒントが得られるように、具体的に日本語教師になった3人の事例も紹介しています。

　第2部は"What"「日本語教育でなにを扱うのか」で、以下の4つの章から成っています。

　第4章では、第二言語習得の理論と日本語教育がどのように結びついているか、どう応用できるかを考えます。外国語を習得するとはどういうことか、習得の過程で何が起こるのか、何をすれば習得を容易にするのかといった、習得を促進するための理論を紹介し、それらの知見や知識が日本語を教えるときにどう応用できるかを説いています。

　第5章は、日本語教育のための文法の考え方です。今まで中学・高校で習ってきた国語文法は、古典文学を理解するためや、すでに使いこなしている日本語を分析し理解するために、文や語のしくみを整理したものですが、日本語教育の文法は、未知の日本語を使えるようにするため、聞いてわかるよう

になるための日本語のしくみを説くものです。日本語を学習する身になって日本語の文法を見直してみましょう。

第6章は、日本語教育の中の文字・語彙の問題です。日本語の文字にはひらがな・カタカナ・漢字の3種類あること、漢字にはたいてい音読みと訓読みと2種類あり、しかも1漢字に複数の音読みと複数の訓読みのある場合が多いこと、そうした実態から、特に非漢字圏の学習者にはどう指導したらいいかを、考えていきます。語彙の指導法も分野別に要領よく効果的に指導する方策をとるべきことを述べています。

第7章は、日本語教師を志す人に知っておいてほしい日本語の諸相を、福祉言語学の観点から考えています。外国籍の子どもの日本語支援の問題点に始まって、差別語・不快語、ヘイトスピーチから、新語・流行語、LGBTとことば、敬語、医療・介護のことば、そして「やさしい日本語」までの概要を述べています。それぞれについてさらに深く知るための糸口です。

第3部は "How"「日本語をどのように教えるのか」で、次の3つの章から成っています。

第8章は、評価の問題です。日本語教育に従事しながら、指導したことを振り返り、評価することは非常に大切なことです。その評価の方法や、評価の要素について述べています。評価のためにはテストが必要ですが、そのテストの規模や方法についても詳しく述べています。また、評価する主体も、教授者だけではありません。学習者中心の自己評価や、学ぶ人が相互に評価し合うピア評価など新しい方法も紹介しています。

第9章は、具体的に日本語を教えるときの手順です。学習者のニーズ調査から始めて、ニーズに合わせたコース・デザインをします。そして教える内容、つまりシラバス・デザインを検討し、どういう教授法で、どんな教材を選んで教えるか、というカリキュラム・デザインをします。いくつかの教授法の紹介と、具体的な教室活動の例を示して、日本語を教えることのイメージを描きやすくしています。

第10章は、実習について具体的に詳しく述べています。日本語を教えるという作業は、頭で考えるだけでは進みません。文化庁が示す教員養成の過程でも実習は必須とされています。まず教える内容について理解し分析します。教壇に立ったとき立ち往生しないように、綿密な教案を書いて頭に入れ

ます。実際に教壇に立って、ウオーミングアップ・導入・練習・応用・まとめと予定の流れをこなします。そのあとは反省と振り返りです。こうした一連の流れを一緒に考えていきます。

　最後は、日本語教育のこれからです。目まぐるしく変わっていく社会の中でも、さらに変化の大きい日本語教育の未来を描くのはとても難しいことですが、楽しいことでもあります。みなさんと一緒に魅力的な日本語教育像を描きたいものです。

　そして、章と章の間には、世界中で日本語教育に携わっている9人の日本語教師の、悲喜こもごもの経験を語るエッセイを写真や動画案内とともに挿入しています。世界の日本語教育の現状からすれば、ほんの一部にすぎませんが、いろいろな場で日本語を教えている人がいることを知るきっかけになればうれしいです。

編著者

目　次

第1部
なぜ日本語教育を行なうか

Why

第 ❶ 章

日本語教育の歴史と背景

プレタスク 第1章を読む前に

1. 世界史と日本史の現代史を解説した本（高校の教科書でもよい）を読んで、20世紀の日本と東アジア、東南アジアの関係がどのようなものであったかをまとめてみましょう。

2. アジア、ヨーロッパ、アフリカ、南北アメリカ、オセアニアから数か国ずつ選び、それぞれの国で話されている言語と公用語に指定されている言語の一覧表を作ってみましょう。

3. 国際交流基金、日本学生支援機構（JASSO）、法務省のホームページなどで、日本語学習者数と来日留学生数、そして在住外国人数がどのように変化してきたか調べてください。

1. 日本語教育が行なわれる目的と意味を考える

　かつて日本語教育が侵略と戦争の手段のひとつとして行なわれた時代がありました。そして、現在もそれらの地域で日本語教育が盛んに行なわれています。しかし、その目的が、過去と現在では、全く異なっています。

　日本語を教える人間は、まず自分が担当している日本語教育がどのような目的をもって行なわれているのかをしっかり認識していなければなりません。そのためには、過去の日本語教育のことを知っておくことが重要です。それぞれの時代の日本語教育が、どのような意図と目的をもって行なわれてきたのか、という日本語教育の歴史を調べてみましょう。

　そして、それらの歴史的事実と現在、日本の各地で、さまざまな目的をもって行なわれている日本語教育を対照させて考えてみましょう。そうすることによって、客観的に現在の日本語教育を評価することができるからです。そして、それは同時に、自分が日本語教育に関わる際、どうあるべきか、何を

するべきか、を考えていくことでもあります。

　もうひとつ、過去においても、そして現在でも、日本語教育をとりまく環境は、国際情勢・二国間関係を反映して、かなり短い期間に変化しています。ライフコースの中で、長く日本語教育に関わっていくためには、日本語教育の動向を左右する国際情勢や社会の変化を能動的に予測する努力を続けることが欠かせません。そのときにも、日本語教育の歴史を知っておくと、役に立つことが多いはずです。

1.1 言語政策と外国語教育

　近代国家を運営するために、絶対に必要なものは「言語」です。なぜかというと、近代国家は法治国家であり、その運営は法律によって行なわれますが、法律は言語によって（のみ）表現されるからです。

　法治国家を円滑に運営するために、国家は「言語計画」を立てます。言語計画にしたがって行なわれる言語に関するさまざまな施策を「言語政策」と総称します。

　最初に自国の法律に使用する言語を決定します。これを「席次計画」や「地位計画」と呼びます。日本は、その長い歴史を通して、固有の言語——日本語——が使用される範囲と国の領土がだいたい一致していました。したがって、どの言語を日本国家の言語にするか、ということについて、それほど大きな問題は生じませんでした。

　しかし、領土内に複数の言語が話されている国家では、席次計画が問題になることが珍しくありません。たとえば、ベルギーにおけるワロン語とフラマン語の紛争や、カナダ（英語とフランス語）におけるケベック州の分離独立運動などがよく知られています。

　使用する言語を決めることができても、どの地域の方言を使うか、という問題が起きることがあります。「地域方言」だけではなく、江戸時代の日本語のように、武士のことばと農民や商人のことばが大きく異なっていることもあります。これを「社会方言」と言います。さらに、かなり最近まで日本語は、男性と女性の間にも、はっきりとしたことば遣いの差異がありました。

　このように、ひとつの言語と言っても、その中にさまざまな「言語変種（方言）」を含むのが普通です。そこで、その言語変種の中から用語や文法を選

定して法律を書くための「公用語」あるいは「標準語」を確定する、という作業をしなければなりません。これを「実体計画」あるいは「コーパス計画」と呼びます。

　最後に、確定した公用語を広く国民に普及することが必要になります。これを「普及計画」や「習得計画」と呼びます。日本の小中学校で行なわれている「国語」の学習は、最も重要な普及計画です。また、テレビなどでニュースを伝えるとき、すべてのアナウンサーが「標準語」を使うことも普及計画の一端を担っています。

　このような国家における言語政策以外に、標準語に選ばれなかった言語や方言についても、その言語・方言の使用者が、国家の言語政策を補完し、あるいは対抗するために独自の言語計画を行なうケースがよくみられます。このような地域社会やコミュニティが実施する言語計画も（広義の）言語政策とよばれます。日本では、北海道のアイヌ語や沖縄県の琉球語（ウチナーグチ）などについて、地域社会を中心に言語政策が進められています(1)。

　前に述べたとおり、日本では、日本語が使用される範囲と国の領土がほぼ一致しているのですが、これは、世界的に見るとめずらしいケースです。そのような環境があったために、日本の教育界では、日本語（国語）政策と外国語教育が別々のものであると考えられてきました。しかし、世界的には、外国語教育が国家の言語政策の一環として行なわれるケースも珍しくありません。

　たとえば、シンガポールでは、本来「外国語」であった──国内に母語話者がいなかった──英語を公用語とし、普及計画を推し進めた結果、経済的に大きな成功を収めています。同様にインドやケニアでも、本来、外国語──宗主国の言語──であった英語が国家の公用語のひとつに選ばれて、普及計画が実施されています。

　また、EU（欧州連合）では、国家を超えた言語政策として「複言語主義」を掲げ、EU市民の外国語教育（習得）基準としてCEFR（Common European Framework of Reference for Languages: Learning, teaching, assessment ヨーロッパ言語共通参照枠）を作成しています。言語教育・外国語教育とい

---

(1) ただし、これらの言語もまた「言語政策」の対象であると意識されるようになったのは、ごく最近のことです。明治期からの長い間、各地の方言をふくめて「正しくない日本語」であると弾圧されてきたのです。

う枠ばかりか、国家という枠も超えて言語政策が実施されているわけです。このように、国境を超えた情報と人の移動が常態化している現在の社会では、「国語」教育政策と「外国語」教育政策の境界が薄れていく傾向が次第に強まっているのです。

1.2 教育する側の政策と学習する側の政策

　この節では、言語政策という観点から日本語教育史を考察してみたいと思います。これまで日本語教育では、「教育する側の政策」と「学習する側の政策」にずれが生じることが多く、そのずれが日本語教育史に暗い影を落としています。

　一般に日本人は外国語教育（学習）の目的を「国際理解」「文化交流」といった平和なイメージでとらえる傾向が強いのですが、これは、他国から「ことば」に関する強制的な弾圧・規制を受けた経験がない日本の歴史が影響しているのでしょう[2]。しかし、広く人類の歴史を見ていくと、言語教育が侵略や戦争の手段・道具として使われたことは珍しくありません。軍事的に獲得した地域を占領し続け、統治していくためには、言語を制することが欠かせないからです。本章においても、かつて、日本語教育が戦争や侵略のための手段、道具として使われた事実を記述することになります。

　一方、日本語教育に限らず、現在の外国語教育・学習は、軍事行動よりも経済活動との関係を強くもっています。世界に存在する激しい地域格差・経済格差が言語習得の目的と密接に結びついているのです。それは、貧しい地域の住民が、豊かな地域の言語を学ぶことによって、豊かな地域へ移動（移住）し、自身の経済的成功を得ようとするからです。このように、外国語教育を含む言語教育は、政治・経済・社会状況から強い圧力を受けて行なわれるのです。

　戦争や武力侵略を背景にして行なわれる外国語教育では「教育する側」と「学習する側」に、はっきりとした敵対関係があります。つまり、占領地・植民地を支配・統治するため、現地住民に強制的に言語を「教育する側」と、

---

(2) 脚注1でも書きましたが、明治期に入ってからのアイヌ語、琉球語話者あるいは本土各地の「方言」話者に対する「標準語」の強制のように、日本国内でも言語弾圧が全くなかったわけではありません。

支配者に学習を強制されたくない「学習する側」の間には、最初から決定的な立場の違いがあります。

それに対して、経済的事情を背景に行なわれる外国語教育には、そのような敵対的関係がありません。ですから、一見、教育する側と学習する側の関係には、何も問題がないように思えます。

しかし、経済的事情を背景として行なわれる外国語教育の場合には、経済的に劣位に立つ者が学習者となり、優位に立つ者が教師をつとめる、という構造があります。その経済的な格差が無意識のうちに教室内に持ち込まれることにより、権威と権力を持った教師と持たざる学習者の間に摩擦を生じることが少なくありません。

2. 日本語教育史の時代区分

ここから歴史を追って、各時代、地域における日本語教育の様相を見ていきましょう。

日本語教育の歴史が語られるときには、3つに時代区分されるのが一般的です。それは、(1) 19世紀末ごろまでの、学ぶ側が主体となった「日本語学習」期　(2) 20世紀はじめから1945年までの侵略と戦争のための「国語（日本語）教育」期　(3) 1945年以降、しばらくの空白期を経て、日本と周辺諸国の経済状況に強い影響を受けて、現在も進みつつある「日本語教育」期です。

2.1 19世紀末までの「日本語学習」期

日本語教育がいつから始まったか、という問題に答えることは非常に難しいのですが、1414年に朝鮮（李朝）が「司訳院」という通訳養成所で日本語を教え始めたのが、はっきりとした記録がある最初の「日本語学習」である、というのが定説となっています。

その後、16世紀から17世紀にかけて多くのイエズス会宣教師が来日し、同時に日本語の学習が行なわれました。これらの宣教師たちは、日本語を学校で学んだのではなく、布教に必要な日本語を、努力しながら日常生活の中で習得していきました。

宣教師の中には、日本語に習熟し、あとに続く人々の日本語学習のために

辞書や文法書、学習書を作り上げた人々がいました。なかでも J・ロドリゲス（Rodriguez, Joao）の『日本文典』（『大文典』と称されることが多い）、『日本小文典』は特に有名です。宣教師たちによって出版された書籍は「キリシタン版」と総称されますが、当時の方言を含む日常語を実際の発音に即したローマ字で表記したものもあり、日本語史を研究する上で大きな価値を持つものが少なくありません。

　しかし、この時代の日本語教育は、日本語「学習」であって、日本語「教育」とは言えないと思います。なぜなら、宣教師など日本語を学ぼうとする人（日本語学習者）はいたのですが、彼らに専門的に日本語を教える人——日本語教師——は、いなかったと考えられるからです。さらに、その後、江戸時代に入ると、キリシタン弾圧、鎖国政策がとられたため、宣教師たちの日本語学習が組織的な日本語教育へと発展していくことはありませんでした。

2.2 鎖国時代のヨーロッパ人による日本研究

　1705 年、ロシアのサンクトペテルブルグに、ヨーロッパで初めての「日本語学校」が開設されています。これは当時、日本との通商条約締結を目指していた皇帝ピョートル 1 世が、その準備のために開設を命じたものでした。

　しかし、当時は、日本の鎖国政策が続いていたころですから、日本語母語話者（日本人）を公式に教師として迎えることはできませんでした。そこで、悪天候などにより偶然、ロシア沿海州に漂着した商船や漁船の乗組員などが日本語教師とされました。

　このように日本語話者を「教師」と位置づけ、さらに「学校」が作られたという点で、キリスト教宣教師たちの自習的な日本語学習とは大きな違いがあります。その点では「日本語学習」から「日本語教育」に一歩近づいたものと言えるでしょう。このような日本語学校は、1816 年まで断続的ではありますが、当時のロシア帝国の首都であったサンクトペテルブルグ、あるいはイルクーツクに開設されたという記録が残っています。

　ただし、教師をつとめた漂着民は、ごく普通の漁師や船員であって、日本語教師としての技術や知識を持つものではありませんでした。そんな彼らが教えたことばは、それぞれの出身地の方言でした。そのため、それらの漁師や船員たちによって残されたアルファベット（キリル文字）表記による辞典な

どは、宣教師が残した資料と同様、日本語の方言研究にとって貴重な資料となっています。しかし、学術的な日本語研究という点では、宣教師が残した「キリシタン版」書籍のほうが、日本語環境の中で自ら日本語を分析的に記述し、体系化している点でよりレベルが高いと言えるかもしれません。

このような、戦国時代に来日した宣教師や、鎖国時代に入ってからロシアで行なわれた日本語の学習は、1854年まで日本が鎖国政策を続けたことも影響し、コミュニケーションのための日本語学習というより、むしろ、ヨーロッパ諸国における「日本学（Japanology）」へと発展していきました。

江戸時代を通して、ヨーロッパ諸国の中で唯一、日本と国交があったオランダでは、シーボルト（Siebold, Philip F.）が日本から持ち帰った大量の資料をもとにして、1851年、ライデン大学に日本語講座が開かれています。同大学には、そのときから現在まで日本学・韓国学センターが設置されており、日本語・日本研究ではヨーロッパで最も伝統のある大学のひとつとなっています。

それに前後してパリ、ウィーン、サンクトペテルブルグ、ナポリ、ベルリンなどに日本学講座を設置する高等教育機関が現れました。これらの学校では「文献学」の1分野として日本学講座が開設され、そこで日本語教育も行なわれました。ただし、教師を務めたのは、現地の研究者でした。ときに西周など明治開国期の日本人留学生との交流はあったようですが、ネイティブの日本語教師が勤めていたという記録は残っていないようです。

ヨーロッパの大学における日本学と並んで、当時の日本語・日本研究に実績をあげたのは、開国とともに来日し、日本に駐在した外交官や宣教師、さらに「お雇い外国人」でした。外交官として来日したオールコック（Alcock, Rutherford）、アーネスト・サトウ（Satow, Ernest）、アストン（Aston, William）、宣教師であったブラウン（Brown, Samuel R）、ヘボン（Hepburn, James C）、東京大学で日本人学生に日本語学を教授したチェンバレン（Chamberlain, Basil H）などが有名です。彼らは、会話書、文法書、辞書などを著し、その後の日本人による日本語研究にも大きな影響を与えました。

たとえば、ヘボンは1859年に来日し、その後33年間も日本に滞在して医学教育、聖書の翻訳、学校（明治学院）の創設など多彩な活躍をした人物です。

日本語学に関する業績としては、1867年に『和英語林集成』という本格的な和英辞典を完成させたこと、そして、日本語のローマ字表記法（ヘボン式）を考案したことでよく知られています。『和英語林集成』は、改訂を重ねながら収録語数を増やし、内容を充実させて、明治の終わりごろまで英和辞典としてだけではなく、国語辞典としても広く使われました。

　ヘボンがこのような辞書を作ることができたのは、もちろん十分な日本語力を持っていたからですが、彼がどのように日本語を学習したのか、ということは詳しくわかっていません。すでに来日前から書籍で学び「日本語を読む」ことには不自由しなかった、と残された書簡にあります。しかし、この時代には、まだ、音声を直接記録する技術[3]がなかったので、日本に来るまで、ほとんど日本語を聞いた経験はなかったものと思われます。したがって、伝統的な「文法訳読法」で、読むことと書くことから学習を始め、日本に来てから日本人の協力によって、聞くことと話すことを習得したのだと思われます。

　以上のように16世紀から19世紀までは、ロシアの「日本語学校」をほとんど唯一の例外として、「日本語学習」は行なわれたものの、日本語教育が行なわれることはなかった、と言ってよいでしょう。

3. 第二次世界大戦までの日本語教育

　明治から第二次世界大戦にいたる時期が「国語（日本語）教育」期です。

　明治に入ると「富国強兵」「殖産興業」を目的として、日本国内での外国語教育が一気に隆盛を迎えました。一方、日本人による「日本語教育」が始まったのも、その時期でした。日朝修好条規（1876年）が結ばれた後、1881年に朝鮮から2人の留学生を慶應義塾で受け入れたという記録があり、これが日本で初めての「留学生受け入れ」だとされています。さらに日清戦争直後の1896年には、清から13人の留学生が来日しました。日本人が教師となり、組織的な「日本語教育」が行なわれるようになったのは、このころからです。

　ただし、それ以前に「日本国内」で展開されたアイヌに対する同化教育、琉球での「国語」教育、さらには各地域の方言社会における標準語普及教育に、

---

(3) エジソンが蓄音機を発明したのは1877年です。

日本語教育の起源をおく、という考え方もあります。日本語とは全く別系統の言語話者であったアイヌの人々への教育や、日本語と同系統の言語であると言っても、相互に通話することが困難であった琉球語話者に対する言語教育は、一種の「日本語教育」として考察する必要があるかもしれません。

　しかし、江戸から明治へと時代が移行した際、いち早く近代的中央集権国家の体裁を整える必要から「日本国内」で実施された教育と、明らかに「日本国民」ではない非母語話者を対象とした教育では、その内容が近似していたとしても、教育を行なう側の意識に大きな差異があっただろう、とも考えられます。

　したがって国家の言語政策として実施される「国語教育」の普及ではなく、「外国人に対する日本語教育」を日本人が自らの意志で始めたのは、1880 年代からであったと言ってよいでしょう。そして、これは日本が近代国家として初めて行なった外国との戦争である日清戦争（1894 〜 1895 年）と時を同じくしています。この後、1945 年まで、日本語教育は、日本国内外でかつてないほど大規模に行なわれましたが、そのほとんどは、戦争とそれに伴う日本の侵略戦略の手段という位置づけで行なわれたのです。

　当然、これら戦争と侵略を目的とした日本語教育は、「日本語を教育したい日本側」と「学ぶ必要性を感じない学習者」の間に大きな摩擦を生むこととなりました。

3.1 清国留学生の来日

　1896 年、初めて清からの留学生が来日しました。その目的は、近代西欧の技術・文化を学ぶことにありました。日本は近代化において清に先行し、すでに日本では、欧米の近代科学が日本語への翻訳によって学ばれていました。そこで、同じ漢字を使う国であり、距離も近いということから、欧米に留学するより学習が容易であるとして日本が留学先に選ばれたのです。

　その後、清国留学生の数は急増します。1905 年には 8,000 人とも 10,000 人とも言われる数の学生が日本で学んでいました。この 1905 年には、日本に亡命していた孫文が「中国同盟会」を東京で結成していますが、そのメンバーのほとんどが留学生でした。

　1911 年、辛亥革命の勃発に伴って学生数は一時、激減します。しかし、

辛亥革命が成功し、中華民国が成立すると、新国家が当初、日本との関係を強化しようとしたこともあって、ふたたび中華民国からの留学生が来るようになり、それは1937年の日中戦争の直前まで続きました。この間の留学生総数は5万人とも6万人とも言われています。また、同じ時期に教師として清や朝鮮に渡った日本人も少なくなかったと言われています。

これらの留学生は、西欧近代科学の概念を表すために日本で作られた「経済」「文化」「科学」などの和製漢語——それらの造語には、中国の古典を出典とするものも多い——を、現代中国語に逆輸出することになりました。また、留学生の中には、魯迅のような優秀な人物も多く、彼らが辛亥革命やその後の中国の近代化に果たした役割は小さくありません。

その一方で、留学生の急増は、学校の粗製乱造という現象も生みました。これらの学校は、「速成科」と称する1年半からそれ以下で修了できるコースを設置し、大教室で中国語通訳つきの講義を行ない、修了者に簡単に卒業証書を発行するものが多かったのです。中には、教育内容がおざなりで、留学生の抗議を受けるものもありました。

3.2 台湾の日本語教育

日本国外で大規模かつ組織的に日本語教育が実施されたのは、日清戦争後の下関条約(1895年)で、台湾と澎湖諸島が日本の領土となったときからです。このときから、日本語教育は、単なる言語教育ではなく、まず植民地を統治し、その地の住民を「同化」するための政策の一環として、しかも、その政策の最も重要な部分として開始されました。

台湾の日本語教育において重要な業績をあげた人物に、伊沢修二と山口喜一郎がいます。

伊沢修二は下関条約が結ばれるとすぐに台湾に渡り、自薦によって台湾総督府の学務部長に就任しました。そして、台北郊外(現在は台北市内)の芝山巌で国語(日本語)教育を始めました。しかし、その直後の1896年、この芝山巌で、6名の日本人教師全員が現地人に殺害される、という事件が起こったのです。

実は、伊沢の不在中に起きたこの事件の本当の原因および経過は、今なお不明なのですが、この事件が伊沢らによって「芝山巌精神」として語られる

ことによって、6名の教師は、次第に神格化されていきました。

　関（1997）には、伊沢が後日、語ったという「…大義名分を能く教訓して良民にしようと云うに、今匪族が来たから逃げるとは何事ぞ、止まって彼等を説服するが当たり前、我等は国家の為には生命を惜しまぬと云うことは常に云うているのである。」ということばが引用されています。伊沢は「日本国家のために現地の人々を『教化』するのが日本語教師の使命」という考え方を持っていたのです。

　このことばは、のちに東南アジアの占領地で行なわれた日本文化の宣撫工作の理念であった「日本および日本文化の優位性を、日本語教育を通して浸透させる」という考え方、そして「日本語教師はそのために国家の先兵となって働くのだ」という意識と共通しています。早い時期から、日本語教師と日本語教育が当時の日本の帝国主義的拡張において大きな役割を担っていることを人々は意識していたのです。そして実際に、これ以降、日本語教育は、日本の対外侵略政策と、軍による占領統治の重要な柱になりました。

　伊沢が台湾に滞在したのは2年ほどの期間でしたが、その間、台湾の学校制度の基礎を作るなど、多彩な仕事をしました。しかし、日本語の普及そのものはなかなか進まず、日本語教育は、それほどの効果をあげることができなかったと言われます。

　その台湾での日本語教育事情を大きく変える働きをしたのが山口喜一郎でした。山口は、1898年ごろからそれまで主流であった対訳法に変えて「グアン式教授法」と呼ばれる直接法を採用したのです。この教授法によって、台湾の日本語普及率は上がり、1940年代には人口の60%程度の人々が日常会話レベルの日本語を理解していたと言います。

　このことによって、また、現在の台湾の人々の反日感情が、それほど強くないことをとらえて、しばしば「台湾の日本語教育は『成功』した」と言われることがあります。しかし、台湾では、日本語教育の中心が成人向けの教育ではなく、年少者の学校教育として行なわれたこと、しかも、日本による支配が他の地域に比べて長かった（約50年間）ので、世代を継ぐだけの時間が得られたという、他地域と異なる背景があることを見落としてはなりません。

　さらに、台湾では日本による統治が終了した1945年以降、公的に日本語教育と日本語の使用が禁止されたのですが、日本人に代わって台湾を支配す

ることになった外省人と本省人[4] との深刻な対立と緊張関係の中で、日本語を使うことが本省人のある種のアイデンティティのよりどころとなった、という事情も見逃してはなりません。

したがって、日本語教育が「成功」した理由は、決して同化を目的とした日本語教育の内容が台湾の人々に認められたからではなく、環境が日本語教育に関して有利に働いたからであると言うべきでしょう。となると、これを「日本語教育の成功」と言うことはできなくなります。

3.3 南洋群島の日本語教育

サイパン、パラオ、ヤップ、チューク（旧称トラック）、ポンペイ（旧称ポナペ）、コスラエなど、第一次世界大戦を期にドイツから日本に統治権が移管されたミクロネシアの島々は、「南洋群島」と総称され、1919 年ごろから太平洋戦争（第二次世界大戦）の終了（1945 年）まで学校教育の場で一貫して日本語教育が行なわれました。

南洋群島の日本語教育は、それまでに実績があった台湾・朝鮮の日本語教育を踏襲して行なわれました。したがって教科書に現地の自然環境に配慮した課が見られる以外は、台湾・朝鮮の教育と変わりません。

しかし、ミクロネシアの島々では、島ごとに大きく異なる言語が使われているため、一時期、日本語は、これらの島々の間でリンガフランカ（通用語）として使われるようになりました。日本語教育が、日本による一方的な植民地支配のためだけに行なわれた他の地域とは違って、この地では、多少なりとも現地の人々の生活の中で有益な役割を果たしたということは言えるでしょう。

第二次世界大戦終了後、これらの島々の統治権はアメリカ合衆国に移管されたために、現在は英語が日本語に代わって通用語となっています。しかし、日本統治時代に持ち込まれた数多くの日本語語彙は、今でもなお現地語・英語とともに使われています。たとえばミクロネシア連邦のチューク州では、

---

(4) 台湾では、第二次世界大戦の前（日本統治時代）から台湾に居住する人を「本省人」、戦後、大陸から移住してきた人を「外省人」と呼びます。外省人が政府や国営企業のポストを独占するなど、本省人の権利を抑圧し、1948 年の 2・28 事件を頂点として対立と緊張が長く続きました。日本語ができない外省人に対し、本省人は日本語教育を受けてきたので、日本語が本省人のアイデンティティの一部分を支えた、といわれています。

空港が「カッソウロ」と呼ばれたり、村の年中行事として「ウンドウカイ」が行なわれたり、「デンキ」「ジドウシャ」「サルマタ」などが日常用語として使われています。

3.4 朝鮮の日本語教育

すでに述べたとおり、朝鮮は、1876 年に日朝修好条規が結ばれると、すぐに慶応義塾などへ留学生を派遣しています。朝鮮王朝末期には、清朝との旧来の関係を維持しようとする保守派と、近代国家への脱皮を目指す開化派が、抗争をしていたのですが、開化派がモデルとしたのが、明治以降の日本の近代化でした。そのため、開化期には、現地の人々の手で日本語教育が始まり、教科書・教材なども出版されました。

しかし、1910 年の韓国併合によって、日本語教育の様相は一変します。日本語教育は「国語教育」となり、日本精神・日本文化を涵養する学校教育の中心と位置づけられたのです。

台湾の日本語教育で活躍した山口喜一郎は、朝鮮でも日本語教授法や教科書の編纂に指導的な役割を果たしました。したがって、朝鮮での日本語教育も、教授法など基本的な部分では、台湾の日本語教育と共通する方針で実施されました。

ただ、朝鮮の人々への同化政策は、年を追って強制的なものになっていきます。併合直後は、朝鮮語の出版物や放送も許可されていたのですが、次第に制限が厳しくなり、日中戦争が始まる 1937 年には、学校だけでなく生活のすべてを日本語化することを目標として「国語常用全解運動」が実施されることになり、1938 年には、学校教育においても朝鮮語が必修科目ではなくなりました。このような日本語の強制は、姓名を日本式に改名させる「創氏改名」とともに、朝鮮の人々の激しい怒りを引き起こしました。当時、朝鮮半島で強制された「日本語化」政策は、現在にいたるまで日韓関係に暗い影を落としています。

3.5「満州国」と日本語教育

日露戦争（1904 〜 05 年）で、ロシアから中国東北地方の利権を得た日本は、大連を中心とする租借地（関東州）と大連——長春間の「南満州鉄道」（満鉄）

の沿線（満鉄付属地）で日本語教育を始めました。

　軍政部や満鉄は、積極的に学校建設を進めましたが、すでに存在する中国人経営やキリスト教系の学校などに日本語教育を強制することはできませんでした。これらの地域は、「租借地」あるいは「付属地」であったため、「植民地」であった台湾や朝鮮のように、すべての住民を対象として日本語と日本語教育を強制することはできなかったのです。また、満鉄の学校に入学しようという中国人の子どもも多くはありませんでした。

　そのため、これらの地域では、実務の上で日本語運用力を必要とする人々、すなわち、関東州や満鉄に勤務する現地スタッフを対象とする日本語教育のほうが盛んに行なわれました。この日本語教育は、日本語の検定試験と組み合わされ、さらに検定試験の合格が給与体系と結びついていたと言います。つまり、成人を対象とした職業教育の一環として日本語教育が行なわれたのです。この点が、年少者の学校教育を主とし、また同化教育として行なわれた台湾・朝鮮の日本語教育とは大きく異なっていました。

　1932 年、「満州国」が建国されると同時に、学制が公布され、そのときから学校教育で日本語教育が必修となりました。しかし、「満州国」は、日本の植民地ではなく、「五族協和」を建国のスローガンとする独立国という建前をとったために、日本語を唯一の「国語」として学ばせることはできませんでした。日本語は、満州語(5)や蒙古語と並ぶ必修の「国語」のひとつという扱いでした。そのため、実際には、公布された学制にもかかわらず日本語で教育を行なう学校は、それほど多くなかったようです。

　したがって、日本語教育が実施された「密度」は、台湾や朝鮮の比ではありませんでした。実際のところ、「満州国」で、日本語だけで授業が行なわれていたのは、主要都市に作られた児童生徒のほとんどを日本人の子どもが占める学校や日本本土から移住した満蒙開拓団の入植地、そして、朝鮮半島から移住した人々の入植地に作られた学校に限られていたようです。

　なお、「満州国」には、満蒙開拓団などと同様に、朝鮮半島からも数多くの人々が移住しました。日本からの移住者の多くは、終戦とともに内地へ引き揚げましたが、朝鮮半島からの移住者には、終戦後もそのまま中国に残り、中国籍を取得して「朝鮮族」となった人が少なくありませんでした。

---

(5)「満州国」では、中国語（漢語）を「満州語」と称しました。

戦後、これら朝鮮族の人々とその2世～4世に当たる人々が、中国の日本語教育に大きな役割を果たしてきました。また、日本に留学して活躍している朝鮮族の人々も少なくありません。

　「満州国」の日本語教育で成果をあげた人物として大出正篤があげられます。大出は朝鮮で山口喜一郎のもとで働いていましたが、1935年ごろに満州に移ってからは山口の「直接法」に対し、「速成式教授法」を提唱し、論争を行ないました。当初は、「満州国」においても画一的に直接法による教授が行なわれていたのですが、大出は、成人の学習者が多い「満州国」では、年少者の学習者が多い台湾や朝鮮とは事情が違うとして「速成式」を提唱しました。

　「速成式」は、「成人の学習者は母語による訳文の理解が可能であり、また学習のモチベーションも子どもに比べて高いはずであるから、教室外での自習を授業の前提とすれば、学習期間を大幅に短縮できる」という考え方にもとづいた教授法です。そのため、媒介語による対訳と注釈をつけた総ルビの教科書を使い、課文の意味と読みについては、自宅での予習をさせ、授業では、もっぱら口頭発表と会話練習を行なうほうが効率的だ、と主張しました。

　この方式は、子どもと違い、学校での学習時間が十分にとれない成人に向けた教授法であり、「速成式」の名もそこからきたものです。大出によれば、この速成式教授法は、学習目的がさまざまに異なる成人のための教授法として大きな成果をあげたと言われています。

3.6 「大東亜共栄圏」と日本語教育

　1937年、盧溝橋事件によって日中戦争が本格化すると、日本軍は中国各地に出兵し、都市を占領しました。それら占領地の学校では、台湾や朝鮮半島同様、日本語を必修とし、小学校から日本語教育を行なうことが決められました。

　この政策は、日本軍が戦場を拡大するのに伴って北京・天津から華北一帯、さらに華中・華南へと広げられます。そのため、日本国内で「支那派遣教員」が募集され、短期間の訓練ののちに大陸各地に派遣されました。しかし、このような日本語教育の急速な拡大に対する需要をみたすだけの日本語教師を供給することは、量的にも質的にも不可能でした。そのため、軍の方針にもかかわらず、日中戦争の下での日本軍の占領地の日本語教育は、北京や上海、

そして河北省などの一部の都市で行なわれたにすぎなかったようです。

1941年、太平洋戦争が始まると、日本軍は東南アジア各地を占領しました。フィリピン、マレー、ジャワ、セレベス、ビルマなどの地域です。軍政下におかれたこれらの地域は「南方」と総称されました。そして、言語的にも文化的にも多様なこれらの地域に「大東亜共栄圏」の共通語として日本語を普及しようという政策が行なわれたのです。

しかし、日本はこれらの地域と直接交戦していたわけではなく、これらの地域を植民地として支配している国と交戦状態にあったのです。そこで、これらの地域の人々に対しては、解放者としての役割を印象づけようとしました。

そのため、台湾や朝鮮とは違って、日本語教育の強制とそれによる「皇民化」ではなく、「文化交流」が主張されました。日本文化を紹介して「東亜民族文化における日本文化の優位性を納得させ」ようとしたのです。そのために、数多くの作家や学者が南方に派遣されて、「日本文化」と「日本精神」の宣伝に当たり、また日本国内向けに現地事情の報告を行ないました。

そこでは、天皇を中心とした国家体制と、記紀神話に始まる「万世一系」の歴史、さらに、それを維持してきた勤勉や努力という「日本人の美徳」が日本文化の真髄であるとされました。すなわち、当時、考えられていた「日本文化」の概念は、現在の日本語教育で取り上げられる「文化」の概念とは、大きく異なったものです。

しかし、現在においても「文化交流」「文化理解」ということばが日本語教育と結びつけられて語られることは多いと思います。「文化交流のための日本語教育」「日本語教育をとおした文化理解」といったテーマを掲げて日本語教育を行なうことには、何も問題がないように感じられます。しかし、かつて、同じ「文化交流」や「文化理解」ということばが、侵略や戦争を進行するための手段として使われていたことに十分に注意しておく必要はあるでしょう。

東南アジア占領地では、日本語教育として、現地での教育用に「南方地域向教科書」の編纂と、「南方派遣日本語教師養成所」での教師の養成と派遣が行なわれました。また、「南方特別留学生」が東南アジア各地から日本に送られ、「国際学友会」で、日本語教育が実施されました。しかし、1945年に第

二次世界大戦が終結したため、短い期間で、これらの地域の日本語教育も消滅しました。

このほかに占領地以外のタイや仏領インドシナにも、民間の日本語学校が開設されたようですが、それらの学校も日本の敗戦とともに、ほとんどは閉鎖されたようです。

3.7 日本人の海外移住と日本語教育　ハワイ・アメリカ本土・ブラジル他

1868年、日本からハワイへの移民を皮切りに、アメリカ西海岸とカナダ、そしてペルー、ブラジル、メキシコなどへ日本人の移民が行われるようになりました。貧しい日本の農村から、新天地を求めて旅立っていった人たちが数多くいたのです。1945年前後には、その数がハワイ21万人、北米20万人、中南米24万人に達していたとされています。

移民たちは、移住先で自分たちの子どもの教育のため日本人学校、日本語学校を設立しました。これらの学校は、現地の学校の放課後や休日に開校されるものもあれば、全日制の学校もあり、形態はその地域によってさまざまでしたが、いずれも日本語と日本式の教育を現地でも継承していくことを第一の目的としていました。したがって、日本語教育は、移民コミュニティ内の学校だけで行なわれ、当初は教科書も日本の国語教科書がそのまま使われていました。

このように海外に移住した人たちが、自分たちの子どもに母語（移住前に使っていた言語）を伝えることを「継承語教育」、伝えられることばを「継承語」と呼ぶことがあります。移住した子どもたちの生活は現地語で行なわれるので、継承語の学習は、子どもたちにとって、必ずしも必要なものとは言えません。しかし、親の話すことばを理解することが、家族のきずなを強くし、子どものアイデンティティを確立するために重要である、という研究もあり、現在は継承語教育を軽視してはならないとされています。

ところが、アメリカ合衆国では、1924年に移民法が成立してアジア系の移民が全面的に禁止されました。また、ブラジルでは、移民に対する同化教育が重視され、学校教育で使用される言語がポルトガル語に限定されます。そのため、日本語教育は、補習校や塾だけで実施されることになりました。また、規制をかわすために、各地で独自の教科書が編集されました。

1941 年、日本がこれらの国と開戦すると、各地で日本語教育は大きな制約を受けることになります。特にアメリカ合衆国では、日系人は収容所に集められ、日本語による教育が禁止されました。

　なお、その一方で、これらの日系人が持つ日本語運用力がアメリカ合衆国陸海軍の戦時下日本語教育では重要な役割を果たしました。それについては、3.8 で述べます。

　戦後、中南米への日本人移民が、1950 年ごろからふたたび盛んになり 1970 年ごろまで続きました。そのため、中南米での継承語としての日本語教育は、移住地域とその時期によって、かなり大きな差があります。

　なお、1990 年前後から日系人が日本に「デカセギ」にくることによって始まった日本国内での日系人の年少者日本語教育の問題については、第 2 章で触れます。

3.8　情報戦としての日本語教育　アメリカ海陸軍・ロンドン日本語学校

　1941 年以前、アメリカ合衆国とイギリスでは、ごく少数の大学に日本語・日本学の講座が設置されていただけでした。しかし、1941 年、日本との開戦に前後して、陸軍と海軍に、語学将校と一般兵士のための日本語学校が開設され、戦争遂行に必要な日本語運用力を身につけた人材の育成を行なうことになりました。これらの教育機関では、短期間に高度な日本語運用力を身につけるため、当時、最新の外国語教育理論であったオーラル・アプローチによるインテンシブ・プログラムが採用されました。

　アメリカ陸軍日本語学校で学んだハーバート・パッシン（Hervert Passin）の回顧録 によると、この日本語学校では、18 か月の教育課程で週 5 日制、1 日に 6 時間の授業と 2 時間の自習（夜間）が行なわれ、ほかに軍事訓練が義務づけられていたそうです。教科書は、長沼直兄が作成した『標準日本語読本』が主に使われました。『標準日本語読本』は、戦前、在日アメリカ合衆国大使館で外交官の日本語教育に使用されるために作られた教科書です。全部で 7 巻まであり、初級から始まり、第 7 巻で古典文学が読めるレベルの超上級に達する体系的な教科書でした。

　この日本語学校では、1 年で『標準日本語読本』の 6 巻までを終えるインテンシブ・コースが実施されました。パッシンは、陸軍日本語学校では日系

人の母語話者が教師を務めたと書いています。しかし、すでに述べたとおり、戦時中、アメリカ国内では、日系人が収容所に集められるなど、その地位が不安定な立場にありました。したがって、海軍日本語学校や、陸軍専門訓練隊（ASTP）では、日系人は教師という立場ではなく「インフォーマント」として対話の相手役などに採用されていたと思われます。

イギリスでもロンドン大学に同様のインテンシブ・コースが設けられ、12か月から18か月の学習で翻訳や訊問ができるようになるだけの日本語能力を身につけることを目標として教育が行なわれました。

これらの日本語教育は、戦時下、しかも軍隊内での教育であったこと、さらに、優秀な学習者が集められたことも手伝って、大きな効果をあげました。また、このとき採用されたオーラル・アプローチは、戦後のテープレコーダーの普及とも重なって、世界の外国語教育を一時、席巻することになります。

同時に、この戦争のための日本語教育は、ドナルド・キーン（Kean, Donald）やエドワード・サイデンステッカー（Seidensticker, Edward）など、数多くの日本研究家を生みだし、アメリカ合衆国における日本研究（Japanese Studies）の基礎を作ることにもなりました。

4. 日本経済の高度成長期・バブル期の日本語教育

4.1 日本語教育の断絶と再開

1945年に第二次世界大戦が終結すると、1936年から国際学友会で開設されていた日本語教室は停止されます。また、海外に日本語教員を派遣していた「日本語教育振興会」は解散しました。日本国内での日本語教育は、GHQ[6]関係者や内戦が続く中国から引き揚げてきたキリスト教宣教師を対象としたごく少数の教室以外にほとんど行なわれなくなります。

日本人が自信を失い、志賀直哉が「日本語廃止論」を述べたようなこの時期、日本語教育は完全に忘れられた存在でした。それどころか、戦前の日本語普及政策を「なかったこと」にするような、「日本語はきわめて習得が難しい言語なので、非母語話者がマスターするのは不可能に近い」という言説が流布

---

(6) GHQ は General Headquarters（= 連合国軍最高司令官総司令部）の略称。第二次世界大戦終結後、日本の占領政策を実施しました。

された時期さえあったのです。

　ひっそりと日本語教育が復活したのは、サンフランシスコ講和条約が結ばれた 1951 年ごろからでした。国際学友会日本語学校が再開したのを皮切りに、1954 年には日本政府がコロンボプラン(7) に参加し、東南アジア諸国の学生を中心に、国費留学生の受け入れが始まりました。

　いくつかの大学に国際部や留学生別科が設置され、教員・研究者が増えたことによって、1962 年に「外国人のための日本語教育学会」（現在の日本語教育学会）が設立され、科学的・客観的に「日本語教育研究」を行なうことが意識されるようになります。また、同年には海外技術協力事業団（現在の独立行政法人国際協力機構、JICA）、1972 年には国際交流基金（現在の独立行政法人国際交流基金、JF）が設立されました。これらの組織は以後、海外への日本語教育普及と日本語教師派遣のセンターとしても機能しています。

4.2 日本の経済成長と海外における日本語教育の動向

　日本国内で日本語教育が断絶したのと同様、東アジア地域でも、日本語教育が中止・禁止され、ほぼ壊滅状態となりました。欧米のいくつかの大学では「日本学」の講座は継続していましたが、海外における日本語教育の規模が急速に拡大したのは 1970 年代後半に入ってからです。

　韓国では 1945 年以降、長い間にわたって日本語を禁止し、韓国語に流入した日本語を排除する「国語純化運動」が行なわれましたが、1973 年、高校の第 2 選択外国語科目として日本語の教育を再開することを認めました。その前後から日本語学習人口が急速に増加しました。中国でも、1978 年の日中平和友好条約の締結前後から東北の 3 省を中心に、日本語教育が再開され、韓国と同様、急速な学習人口の増加をみました。

　この 2 つの国は、すでに述べたとおり、かつて「日本語」と「日本文化」を強制され、現在にいたるまで根強い反日感情が続いています。その同じ地域で、政府により日本語教育が公認されると、すぐに日本語教育が英語につぐ第 2 の外国語として復活したのです。そして、現在、世界で最も多くの日本語学習人口が存在する地域になっています。

　これらの地域で日本語に対する人々の意識が、「侵略者の言語」から「学ぶ

---

(7) 1951 年に組織されたアジア太平洋地域の開発途上国援助のための国際的な経済協力機構

価値のある外国語」へと変貌した理由にはまだはっきりとした回答が得られてはいません。

　これらの地域には、まだ根強く反日感情があることは、はっきりしていて、何かの機会にそれが露呈することもよく知られているとおりです。しかし、それと同時に、日本文化・社会への関心が強いことも事実であり、訪日外国人旅行客の上位は、常にこれらの地域の人々が占めています。これは、考えてみれば不思議なことではないでしょうか。そして、日本語学習者数も時期により増減は見られるものの、世界の他の地域に比べ、総じて安定しています。

　一方、1980年代ごろから日本の経済力が大きくなるにつれ、今まで日本語教育があまり行なわれていなかった地域でも、政策的に日本語教育を導入するところが現れました。その代表がオーストラリアとマレーシアでの日本語教育です。

　オーストラリアでは、1980年代後半に「英語以外の言語（LOTE）」についての教育政策が開始され、1996年から日本語などアジア言語が初等・中等教育に導入されました（NALSAS：第2章）。マレーシアでは、やはり1980年代に「東方政策（Look East Policy）」が開始されると、日本語教育がマレーシア政府の手によって組織的に行なわれるようになりました。

　ところがその後、オーストラリアでは、中国との経済関係の強化によって、日本語に代わって中国語教育が盛んになり、マレーシアでは、ルックイースト政策の政策変更とともに日本語教育もそれほど重視されなくなります。このように、国家の言語政策の一環として日本語教育が採用されるケースでは、政権の交代などに伴う政策の変更が学習者数に大きく影響することが多いのです。

　2000年代に入ってからは、インドネシア・ベトナム・タイ・フィリピンなど東南アジア諸国での学習者数が急増しています。これらの地域の日本語教育は、どちらかというと経済的な動向、特に後述する日本の人口減少に伴う外国人材の受け入れ開始などに呼応したものです。したがって、これらの地域の日本語教育は、日本の経済状態と外国人材に関する政策（移民政策）の影響を受けながら増減していくものと思われます。

4.3 「留学生10万人計画」と留学生への日本語教育

　1960年代に日本は、経済成長率が年率10%を超える高度経済成長の時期を迎えました。この経済成長は1973年のオイルショックにより一時停滞したものの、1980年代に入ると、日本の「バブル景気」が始まり、経済的に豊かな日本を目指す留学生が増え始めました。最初に増加したのは韓国、ついで台湾、そして「改革開放」政策が開始された中国出身者でした。

　留学生受け入れ政策が本格化したのは、1984年に「21世紀への留学生政策の展開について（留学生10万人計画）」が発表されてからです。それまで留学生がごく少なかった日本の大学に積極的に留学生を誘致しようというこの政策は、1990年代のバブル崩壊で一時期停滞しましたが、21世紀に入って間もない2002年に計画どおり12万人の留学生・就学生を数えるにいたります。

　ただ、この留学生の急な受け入れは、営利を目的とし、教育の質が保証されていない日本語学校の乱立や、日本社会の少子高齢化により定員確保に悩む大学が安易な留学生誘致に走るなどの弊害も生みました。かつての清国留学生の急増期にあったような問題が繰り返されたのです。

　アメリカ合衆国などでは、ビジネスとして、あるいは人材育成の一環として、留学生教育が重視されており、その質を保証する前提として「第二言語としての英語」（English for second language =ESL）教育のプログラムやTOFELに代表されるアセスメント（評価制度）も確立しているのですが、日本では、明治時代から現在にいたるまで、留学生教育の質を保証するための一貫した政策やシステムが作られたことがないところに大きな問題があります。

　しかも、清国留学生の時代には、日中にそれほど経済力の差がありませんでしたが、1980年代から2000年代の初めまでの日本と中国には大きな経済的な格差があったため、日本での就業を目的とし、学習には興味がない「就学生」が大量に入国するなどの弊害も生みだしました。そのため、2009年には就学ビザが廃止され、留学ビザに統一されました。

　その後、中国が急速な経済発展をとげて、中国人留学生をとりまく環境は大きく変わりました。しかし、このころから、日本は高齢化と人口減少による労働力の不足を外国人材の導入によって補完しようとする政策をとりはじ

めます。それが、日本語教育の新たな課題となっていくのです。それについ
ては、第2章で学びましょう。

ポストタスク

1. 本章に出てきた地名を、世界地図の上で確認し、それぞれの地域の日本語教育が、現在ではどのように行われているかを国際交流基金（JF）のホームページ（「日本語教育国別事情」）などで調べてください。

2. CEFR（ヨーロッパ言語共通参照枠）の具体的な内容はどのようなものか、そして、それが日本語教育にどのような影響を与えたかを調べましょう。

3. 下記の本を読み「母語」と「母国語」、「国語」と「国家による言語の支配」の関係について考えてください。
田中克彦『ことばと国家』1981年　岩波書店
川村　奏『海を渡った日本語－植民地の「国語」の時間』1994年　青土社

コラム1　アスワン大学の日本語学科（エジプト）

鎌形夏光（アスワン大学日本語講師）
Mahmoud Soliman（アスワン大学アシスタント講師）

　近年エジプトの大学では日本語を教える学科が増えてきた。その中に 2013 年に開設されたアスワン大学の日本語学科がある。アスワンはエジプトの南にあり、自然が豊かでアスワンハイダムやファラオの遺跡や神殿がある有名な町である。アスワン大学の言語学部内には、英語・スペイン語・フランス語など 8 つの学科があり、その中のひとつとして日本語学科がある。日本語学科には 2019 年現在 1 年生から 4 年生まで 72 名が在籍しており、卒業生は 39 名になる。

　日本語学科開設当時は日本人の先生もいなくて、授業もほとんど自主学習の状態で続いていたということもあり、学生からは今でも「もっと教えてほしい」、「もっと授業時間数を増やしてほしい」という声を聞く。しかし、教師・教室不足、交通の不便さなどから未だ学生の希望には応えられていない。

　エジプトのアスワンという町で日本語を教えていてわかるのは、エジプトならではの教育の問題が日本語を教える際にも障害となっていることである。たとえば授業で自由な意見を問うても教科書どおりの答えしか返ってこない。それは、幼いころからイスラム教のコーランを暗唱したりすることで暗記の力がついているからかもしれない。教科書に書かれていること、先生が言ったことが唯一の答えだと思いがちで自由な発想が生まれにくい。以前作文の授業をした際、モデル文を提示し、書き方などを導入したあとに自由に作文を書かせたことがある。書いてもらった作文を見ると、20 人中半数以上がモデル文をそのままコピーして単語だけ入れ替えたような作文をつくってきたのである。

　3 年生の授業では、読解文を読んだ後で登場人物の気持ちを考えるワークを行なった。そのとき学生から「わたしは彼女じゃないので彼女の気持ちがわからない」と言われたこともある。最初、その学生だけがそのような意見だと思っていたのだが、他の学生の答えを見ると、それがそうでもないことがわかった。つまり、先生や教科書などの絶対的なものから答えを得られないと、道に迷ってしまうということだ。学生がわかるように導くことも大切だが、示しすぎることが学生たちにとっていいことなのかどうか悩む毎日である。

　このような状況の中でも自由な発想で日本に行きたいことをスピーチし優勝した学生や、自分なりに勉強して日本語能力試験 N3 に合格する学生も出てきている。こうした学生がもっと増えるように努力していきたい。

第 2 章

日本語学習者の現状と問題

プレタスク　第 2 章を読む前に ────────────────────────────

1. あなたは英語以外にどんな外国語を学んできましたか。その言語を選んだのは
   なぜですか。
2. 小学校・中学校・高校でそれぞれどのような外国語を学ぶのがよいと考えますか。
3. 国内外で日本語を学んでいる人を想像してください。どんな人がどんな目的の
   ために学んでいると思いますか。

　7,000 を超えると言われる世界の言語[1] の中で、日本語はどのように位置づ
けられるでしょうか。母語話者数では世界第 8 位[2] に位置しますが、限られた
地域でしか通用しません。そのような言語を学んでいる、あるいは学ぼうとし
ている人々は、日本語にどのような価値を見出しているのでしょうか。日本語
の学習は彼ら、彼女らにとってどのような意味を持っているのでしょうか。

［海外編］

1. 海外日本語教育機関調査に見る現況

　海外における日本語教育の状況については、外務省が所管する独立行政法
人国際交流基金（以下、国際交流基金）が数年おきに「海外日本語教育機関調
査」を行なっています。調査は 1974 年に始まり、2003 年以降は 3 年ごと
に行なわれています。最新の調査は 2018 年に実施されました。ここでは、
2018 年度調査の速報結果[3]（以下、「2018 年調査速報」）と、2015 年度に実

---

(1) SIL International（2019）*Ethnologue*（the 22nd edition）には 7,111 の言語があげられてい
　　ます。
(2) SIL International（2019）*Ethnologue*（the 22nd edition）参照
(3) 2019 年 11 月末現在、最終結果を含む調査報告書は公開されていないため、速報結果を参照し
　　ます。

施された調査の報告書『海外の日本語教育の現状 2015 年度日本語教育機関調査より』（以下、「2015 年調査」）から、海外ではどのような人々が日本語を学んでいるのか見てみましょう。

「2018 年調査速報」では、日本語教育機関数は 18,604 機関、日本語学習者数は約 385 万人でした。1974 年の調査開始以来、日本語学習者数は右肩上がりで、「2015 年調査」で初めて減少に転じましたが、また増加してきています。「2018 年調査速報」の学習者数上位 10 か国・地域について、学習者数の推移（2003 〜 2018）を見てみると（図 1）、上位 4 か国のうち、インドネシアは 2012 年、韓国は 2009 年をピークに減少が続いています。一方、中国は 2015 年に、オーストラリアは 2009 年に一時的に落ち込みますが、その後ふたたび上昇に転じています。「2015 年調査」と比べて大幅に学習者数を増やしたのがベトナムです。同じ東南アジアに位置するタイ、フィリピンも一貫して増加傾向にあります。実は、「2018 年調査速報」で 6 位のベトナムが学習者数上位 10 か国・地域に入ったのは 2006 年から、9 位のフィリピン、10 位のマレーシアは 2012 年からです。図 1 には示していませんが、2003 年調査時にはタイに続いてニュージーランド・カナダ・ブラジルが学習者数上位 10 か国・地域に入っていました。

図 2 は、これらの国・地域の各学習者総数を 100 として機関別に割合を見たものです。国・地域によって機関別割合が大きく異なっていることがわかります。オーストラリアでは初等教育機関での学習者が 6 割近くを占めているのに対し、中国では高等教育機関での学習者が 6 割を超えています。中国の高等教育機関での日本語学習者は数としては第二外国語として学んでいる人が多いのですが、その一方で、全大学の半数近くに日本語専攻が開設されています。ということは、中・上級レベルにまで達する学習者が多く、日本語教師の供給源になりうるということを意味します。

中等教育機関での学習者の割合が最も大きいのはインドネシア、ついで韓国、タイです。また、フィリピン、ベトナムでは「その他の教育機関」[4] での学習者が 5 割を超えています。

---

(4) 2015 年調査では「民間の語学学校、公的機関が運営する生涯教育機関、日系人子弟対象の日本語学校、高等教育機関などが一般市民を対象に行なっている語学講座、国際交流基金などが行なっている一般向けの日本語講座、民間企業や公的機関がその従業員向けに行なっている組織内教育などが含まれている」と説明されています。

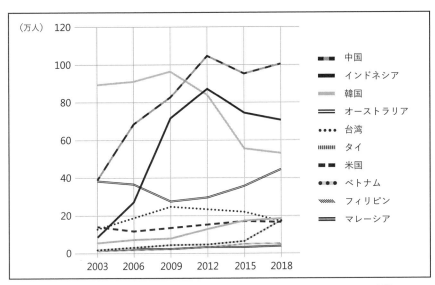

図1 2018 年学習者数上位 10 か国・地域の学習者数の推移（2003 ～ 2018）[(5)]

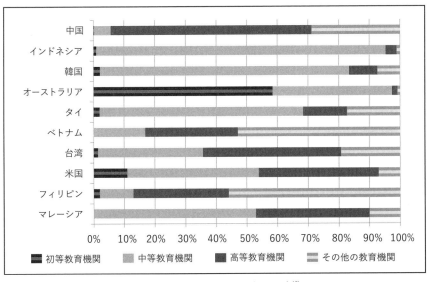

図2 学習者数上位 10 か国・地域の教育機関別割合（2015）[(6)]

(5) 2018 年度「海外日本語教育機関調査」速報値および各年度の『海外日本語教育機関調査報告書』（国際交流基金）より作成。
(6) 2015 年度『海外日本語教育機関調査報告書』（国際交流基金）より作成。

「2015年調査」で日本語教育が実施されていることが確認された機関は世界の137国・地域（「2018年調査速報」では142国・地域）にわたっていますが、実は図1・図2の10か国・地域で学習者数のおよそ9割を占めています。また、人口比で見た日本語学習者数上位10か国・地域は、オーストラリア・韓国・パラオ・台湾・グアム島（米）・ニューカレドニア（仏）・ニュージーランド・北マリアナ諸島（米）・マーシャル・モンゴルになりますが、これらを合わせてみても、モンゴルを除いていずれも環太平洋地域に位置する国・地域で、地政学的に見て相互に重要な地域ということができます。

　以下では、3つの視点から日本語学習者数上位10か国・地域を中心にその背景を見てみます。

2.「日本語普及」という視点から

　2013年12月に「海外における日本語の普及促進に関する有識者懇談会最終報告書」が提出されました。そこでは、「近年の国際社会における新興国の存在感の増大に伴って、外国語教育の分野においても第三国の言語への関心が高まり、我が国経済の相対的な地位の低下と相まって、日本語の存在感も低下してしまうとの深刻な懸念が共有されてきている」という現状認識から、日本語を普及することの重要性が述べられています。すなわち、「日本語の普及を維持、促進するための有効な対策を講じることは経済発展や安全保障につながる文化外交の喫緊の課題で」あり、「将来の高度な『日本語人材』を育成し積極的に活用することは、日本自身の活力回復と成長の実現につながる可能性を秘めており、これに対応した海外における日本語学習の振興策を検討していく意義は大きい」としています。このような、政策的な観点から政府が進める自国語普及は、日本に限らず少なからぬ国が行なっています。近年では、中国政府が推進する中国語および中国文化普及のための教育機関「孔子学院」「孔子課堂」が世界各国で存在感を増しています。上に紹介した報告書も中国語学習者の急増に対する「懸念」が背景にあります。

　日本は戦前の侵略戦争に伴う日本語政策への反省から、海外の日本語教育施策については、国際交流基金の日本語教育事業も基本的に、現地化・自立化を促す日本語教育機関や学習者に対する「支援」という立場が示されてき

ましたが、2010年代に入って「普及」という姿勢が色濃くなっているようです。たとえば、2011年度には「戦略的な日本語講座の拡充」が掲げられ[7]、「JF日本語教育スタンダード」に準拠した日本語教材『まるごと 日本のことばと文化』を用いた講座を国際交流基金の海外拠点や日本センターで展開しています。2011年度に約8千人であった講座の受講者は、2016年度には約2万人と報告されています。1.で見た「2015年調査」の「その他の日本語教育機関」での学習者数には、このような公的機関による講座・教室の受講者も含まれています。

　「日本語普及」という視点から見れば、海外で日本語を学ぶ機関や学習者が増えることは喜ばしい事態と言えるでしょう。が、見方を変えれば、そうとばかりは言えない側面もあります。

3. 各国の教育政策（初等教育・中等教育）の視点から

　ある国・地域の日本語学習者数が急激に増減する背景のひとつにその国の教育政策の変更があげられます。

　インドネシアの学習者数が2009年の調査で大幅に増えたのも、「2015年調査」で大幅に減ったのも、中等教育での日本語の扱いが変更されたことが背景にあります。インドネシアでは2006年に第二外国語が選択必修科目になりましたが、2013年の新たなカリキュラム改定では第二外国語が選択科目になり、学習者数の減少につながりました。韓国の中等教育でも、2009年改訂教育課程（2011年施行）において第二外国語が必修科目から外されたことが、減少の背景要因としてあげられます。

　「国際化」に代わって「グローバリゼーション」「グローバル化」という概念が現れ、2010年代に入ると関連記事が急増[8]しました。教育政策の上でも、教育段階にかかわらず、グローバル人材の育成が掲げられています。グローバル人材の要件のひとつとしてあげられるのが外国語能力です。日本では初等教育段階でも中等教育段階でもほぼ「外国語＝英語」という状況ですが、学習者数上位10か国・地域に入る東南アジア諸国でも、グローバル人材の

---

(7)『国際交流基金 2011年度 年報』参照
(8) 吉田 2014：165 参照

育成、英語教育重視という文脈の中で、日本語を含む英語以外の外国語教育のあり方が議論されています。

　ベトナムは、インドネシア・タイ・マレーシアと比べると中等教育機関の学習者の割合は高くありませんが、2003年に中等教育に第一外国語としての日本語教育を取り入れるプロジェクトを開始しました。ベトナムのこの国家外国語プロジェクトに対して、日本（国際交流基金）は専門家の派遣やカリキュラム開発・教科書作成の協力などの支援を行ない、その結果、2015年には中等教育機関の日本語学習者が1万人を超えました。さらに、2016年には初等教育段階でも5校のモデル校で第一外国語としての日本語教育が始まりました(9)。しかし、全体的に見れば、初等・中等教育で英語以外の外国語（フランス語・中国語・ロシア語・日本語・ドイツ語）を学んでいる学生は全体の1%に過ぎません(10)。グローバル化時代の今日、第二外国語や選択科目としてではなく、第一外国語として英語以外の言語を学ぶことは、子どもたちの将来に大きな影響を与える可能性があります。急速に発展しているとはいえ、教材開発や教師研修などを「普及」という観点からの日本側支援に頼っている状況で、日本語学習の継続性が将来にわたって保たれるかどうか、今後の動向が注目されます。

　オーストラリアは、初等教育機関の学習者数の割合が多いことが特徴的でしたが、その背景には1994年に発表された「オーストラリアの学校におけるアジア語・アジア学習推進計画」（NALSAS: National Asian Languages and Studies in Australian Schools Program）がありました。これによって、日本語を含むアジア4言語（中国語・日本語・インドネシア語・韓国語）が1996年から初等教育に導入されました。その後の政権交代で一時計画は中止され、日本語学習者も減少しますが、2009年からふたたび「学校におけるアジア語・アジア学習推進計画」（NALSSP: National Asian Languages and Studies in Schools Program）が始まり、初等・中等教育でアジア4言語の教育が推進されています。アジア言語教育の推進は、自国の経済と安全保障の観点から異文化理解の重要性を掲げて実施されたもので、「異文化間言語学習」（Intercultural Language Learning）を重要な概念としていますが、

---

(9)　『国際交流基金 平成29（2017）年度 年報』p.15 および CAO（2017：86）参照
(10)　CAO（2017：86）参照

実際の教育現場では、「旅行・国際交流における会話によるコミュニケーションの手段としてしか認識されていない」傾向がある（長井・吉永 2017：67）という報告もされています。

4. 学習者の学習目的の視点から

　先にあげた日本語教育機関調査では日本語学習の目的・理由についても 17 の選択肢をあげて質問しています。選択肢のうち「日本語を使って受験や資格取得をしたいから」「日本に留学したいから」「将来の仕事・就職に役立てたいから」「今の仕事で日本語を必要としている、もしくは、役立てたいから」などは実利的な目的と言えます。日本と地理的にも政治・経済的にも密接な関係にある東アジア・東南アジアに位置する国・地域の人々が、留学や就職といった実利的な目的・理由から日本語学習に向かうことは自然なことでしょう。

　フィリピンは、「その他の教育機関」での学習者が全体の半数を超えています。日比の経済連携協定（EPA）に基づいて、フィリピンからは 2009 年以降看護師・介護福祉士候補者が日本に向かっていますが、2012 年以降は、訪日後の日本語研修に加えて、6 か月の訪日前日本語予備教育が現地で行なわれるようになりました。また、日本企業の進出に伴い、経済関連の機関や IT 関連企業をはじめとする民間企業でも日本語教育が実施されています。

　フィリピンと同じく、「その他の日本語教育機関」での学習者が全体の半数を超えているベトナムでも、日系企業への求職や転職などのために日本語を学ぶ人が多く、民間の日本語学校の中には 6,000 人の学生を擁する学校もあると報告されています。「技能実習生」としての訪日に加えて、2009 年に日越の経済連携協定が発効したのを受けて、インドネシア・フィリピンに続き介護・看護分野における日本語教育も始まりました。留学熱も高く、2016 年時点でベトナムから日本への留学生数は東南アジアで第 1 位となっています[11]。

　一方で、「歴史・文学・芸術等の日本の文化に興味があるから」「アニメ・マンガ・J-POP・ファッション等の日本の文化に興味があるから」「日本語という言語そのものに興味があるから」といった、あまり実利的な志向とは

---

(11) 国際交流基金ウェブサイト＞日本語教育 国・地域別情報（2017 年度）参照

言えない選択肢があり、実はこれらの選択率のほうが実利的な目的よりも高い結果が出ています（「2018年調査速報」）[12]。近年、アジア・ヨーロッパなど地域を問わず、日本のポップカルチャーへの興味・関心が日本語学習の入り口となってきています。また、アフリカや中近東・中央アジアなど日本から地理的に遠く離れた地域では、日本語教育機関も日本語を生かす場もきわめて限られ、日本語学習者数は東アジア・東南アジア諸国とは比べものになりませんが、学習者の声からは純粋な語学学習の楽しさが伝わってきます。たとえば、スーダンの大学公開講座で学ぶ学習者は歌や寸劇など動画の発信を続け、「日本語は楽しいものだから、ここスーダンで熱い気持ちで学び続ける」「もし、あなたが何かを好きになり、それによって精神的に心地よくなるのなら、精一杯それをやってください！」と述べています[13]。また、ウズベキスタンの地方都市には、特定の教師はいないのですが、小学生を中心とする学習者たちが放課後集まっては自習の形で日本語を学ぶという場があり、長く続いています[14]。

　このほか、インターネットなど通信機器の普及に伴い、日本語教育機関に所属せずに独学で学ぶ学習者が確実に増えています。彼ら、彼女らが、どのような目的でどのような方法や手段を使って学んでいるか、これまでの日本語教育機関調査では把握できない「新しい日本語学習者」（高橋2014、末松2017など）の存在についての調査はまだこれからです。世界の各地で、さまざまな人がさまざまな思いを抱いて日本語を学んでいます。

［国内編］

1. 在留外国人数の推移

　日本で暮らす外国人がみな日本語教育を必要とするわけではもちろんありませんが、国内の日本語学習者の増加の背景として、在留外国人の存在があります。日本の在留外国人数が大きく変化していくのは1970年代以降です。戦後1950年代、60年代の外国人登録者数[15]は60万人台で推移しており、

---

(12) ただし、対象となった機関による回答結果で、学習者個人の回答結果ではありません。
(13) 海外日本語教育学会学会誌編集委員会（2016：58）
(14) 海外日本語教育学会学会誌編集委員会（2015：87）
(15) 外国人登録制度は2012年に廃止となり、以降は「在留外国人数」としています。

そのほとんどは韓国・朝鮮籍の人々でした。「特別永住者」という在留資格を持つ人たちです。1970年に70万人を超えてから2008年までは増加の一途をたどります。70年代にはインドシナ難民の受入れや中国残留邦人の帰国支援も始まります。1980年代に入って中国からの入国者が、1990年に「出入国管理及び難民認定法」が改正されて日系人の就労が可能になると、ブラジル・ペルーなど南米地域からの入国者が急増します。その後、2005年には200万人を突破しますが、2008年の「リーマン・ショック」、2011年の東日本大震災の影響もあって2009年から2012年まで減少、2013年からはまた増加に転じています。

　2018年末現在の在留外国人数は、約273万人で過去最高となりました。国籍・地域別に見ると、中国・韓国・ベトナム・フィリピン・ブラジルと続きますが、ここ10年間の推移を見ると、とくにベトナムが急増しています（図3）。

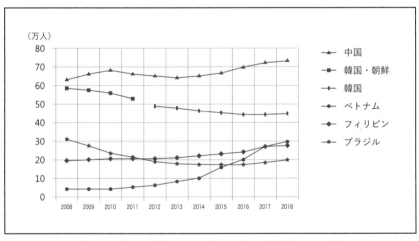

図3 2018年国籍・地域別在留外国人数上位5か国の在留外国人数の推移
（2008～2018）[(16)]

　在留資格別に見ると、最も多いのは「永住者」で、「特別永住者」「留学」「技能実習」が続きます。「特別永住者」はその性格上今後も減少していきますが、

---

(16)「平成30年末現在における在留外国人数について」（法務省入国管理局、平成31年3月22日公表）および「平成27年末現在における在留外国人数について（確定値）」（法務省入国管理局、平成28年3月11日公表）より作成。

留学生や技能実習生は今の政策が続けば、今後も増加傾向が続くでしょう。2010 年の「出入国管理及び難民認定法」改正によって、技能実習制度で来日する実習生は 1 年目から在留資格「技能実習」で入国することになりました。改正前の研修・技能実習制度では、入国 1 年目の在留資格は「研修」で[17]、報酬を受ける活動が禁止され、労働者に該当しないものとされていたため、過重労働や権利の侵害などさまざまな問題を引き起こしていました。改正は、こうした不備に対処する目的がありました。しかし、その後も実習生の人権に関わる問題は解消されないまま、政府は、2019 年 4 月から新たな在留資格（「特定技能 1 号」「特定技能 2 号」）を設け、人口減少に伴う人手不足に対応しようとしています[18]。

2. 国内の日本語教育の実態調査に見る現況

　国内の日本語教育については、文化庁国語課が 1967 年以来毎年調査を行なっています。2018 年 11 月 1 日現在の調査結果（以下、「2018 年文化庁調査」）では、国内の 2,290 機関・施設で学んでいる日本語学習者は約 26 万人と報告されています。前年度と比べ 2 万人以上増加しました。在留外国人数と比べると 10 分の 1 弱という数値です。国・地域別にみて最も多いのは中国で、全学習者の 3 割を占めています。ついで、ベトナム、ネパール、韓国と続き、アジア地域が全体の 83.2％を占めています。ベトナムの学習者は 2013 年から急増しています（図 4）。

　文化庁調査では学習者の属性を以下のように類別しています。
　（1）中国帰国者及びその家族
　（2）難民及びその家族
　（3）日系人及びその家族
　（4）日本人の配偶者等
　（5）留学生
　（6）研修生、技能実習生

---

(17) 2 年目以降に在留資格「特定活動」（技能実習）に移行。

(18) 2019 年 4 月 14 日、「特定技能」の資格を得るための国内初の技能試験が全国 7 か所で実施されました。（朝日新聞 2019 年 4 月 14 日）

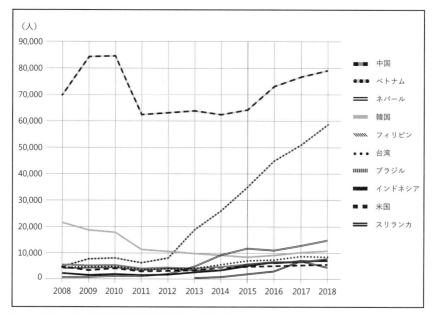

（人）

■■■	中国
●●●	ベトナム
══	ネパール
▬▬	韓国
＼＼＼	フィリピン
•••	台湾
ⅢⅢ	ブラジル
■■■	インドネシア
■ ■	米国
══	スリランカ

図4 国内の国・地域別日本語学習者数の推移 (19)

（7）ビジネス関係者及びその家族

（8）短期滞在（観光含む）

（9）その他

（10）不明

これらは、在留資格の区分と必ずしも一致するものではありませんが、ある政策や歴史的な事実が日本語学習者の新たな属性を生み出していることがわかります。これらの属性別に見ると、全体の **59.7%** が「留学生」で、「不明」（**20.7%**）、「研修生、技能実習生」（**6.6%**）が続きます。

　海外で学ぶ日本語学習者と同様に、国内で日本語を学ぶ人々の学習目的や理由もさまざまです。日本は日本語を学ぶこうした人々をどのように位置づけ受け入れているのか、以下では、在留外国人数の推移と合わせて、3つの視点から国内の学習者を見てみます。

---

(19) 文化庁国語課『平成30年度 国内の日本語教育の概要』（平成30年11月1日現在）および各年度の『国内の日本語教育の概要』より作成。

3.「高度人材」という視点から

　2018年文化庁調査では国内の日本語学習者の6割が「留学生」でした。留学生は80年代に入って中国を中心に増加が顕著になってきます。1978年に日中平和友好条約が結ばれ、改革開放の時代を迎えた中国から、私費留学を目指す中国人が増え始めました。

　ちょうどそのころ、日本政府も新たな留学生受入れ策を検討していました。当時の留学生数は約1万人で、他の先進諸国と比べ際立って少なかったためです。1983年の「21世紀への留学生政策に関する提言」（21世紀への留学生政策懇談会）を受けて、翌1984年には「21世紀への留学生政策の展開について」いわゆる「留学生10万人計画」が発表されました。21世紀初頭までに10万人の留学生受入れを目指すというものです。10万人という目標値も想定した国費留学生と私費留学生の割合（1：9）も当時のフランスの状況を勘案したものでした。80年代後半は多くの大学で、急増した留学生の宿舎確保や在籍管理が問題となりました。一時期は、来日後の受け皿となった日本語学校が乱立したため、法務省のビザ発給が厳しくなり、計画の達成が危ぶまれましたが、2003年に10万人を超えました。日本人の18歳人口の減少で大学自体が留学生受入れを積極的にせざるを得なくなったという背景もあります。

　10万人計画が達成されたころから、留学生は別の視点から注目されるようになります。「高度人材」の予備軍としてです。少子高齢化、人口減少の社会を迎えて経済活動の停滞を懸念する経済界から「高度人材」の受入れと活用が提言されていったのです。留学生には卒業・修了後も日本に残って就職し活躍することが期待されるようになりました。2007年に打ち出された「アジア人財資金構想事業」は経済産業省と文部科学省が共同で実施した留学生の就職支援事業です。大学のビジネス日本語教育のあり方がさまざまに検討され試行されるとともに、留学生の就職支援はビジネスとして成り立つようにもなりました。

　2008年には、10万人計画に続いて、2020年をめあてに30万人受入れを目指すという「『留学生30万人計画』骨子」が文部科学省・外務省・法務省・厚生労働省・経済産業省・国土交通省の6省連名で発表されました。趣旨には、

グローバル戦略展開の一環として「高度人材受入れとも連携させながら、国・地域・分野などに留意しつつ、優秀な留学生を戦略的に獲得していく」と記されています。10万人計画では、「開発途上国の人材育成等に資する」という観点から、帰国留学生に対する方策がいろいろあげられていたことと比べると、大きな変化が見られます。骨子で具体的な施策のひとつとしてあげられたのが「グローバル30」（国際化拠点整備事業）です。国際化の拠点となる大学を30選定し重点的に育成するという計画でしたが、2009年に13大学が選定された後の政権交代で、新規の要求はなくなりました。2020年を目前に控えて、2018年に発表された「ポスト留学生30万人計画を見据えた留学生政策について」では、受入れ留学生の93%がアジア諸国からの受入れであること、近年資格外活動のアルバイトとして就労する留学生が急増していることなどを課題としてあげています。

　政策的に留学生を受け入れる側には拒否・歓迎・選別などの対応にもつながるさまざまな社会状況がありますが、将来を見据えて自国を出て学ぶことを決意する留学生の背景にも個々人の状況やそれぞれの出身国の社会状況があるはずです。留学生をめぐる諸政策が次々と打ち出される中、「高度人材」ということばに、当の留学生はどのような響きを感じているでしょうか。

4. 非高度？な「外国人材」という視点から

　「高度人材」という呼称の一方で、同じように少子高齢化、人口減少社会の救い手として期待されるより広範な「外国人材」という存在があります。先に述べたように、1990年に出入国管理及び難民認定法が改正されました。この改正によって、研修ビザによる「技術研修生」の受入れと、「日系人」（3世までの日系人とその家族）の就労が可能になりました。日本語学習者のカテゴリーにも、「日系人」としてブラジル・ペルーをはじめとする南米地域から、「技術研修生」として中国やベトナムなどから来日した人々が「日系人及びその家族」「研修生・技能実習生」として加わりました。日本はそれまで外国人の単純労働を認めていませんでしたが、「技術研修生」や1993年創設の技能実習制度による「技能実習生」の多くを受け入れたのは農漁業や製造業での単純労働の現場でした。安価な労働力としてしか見ない雇用者もおり、

移動が認められていない研修先を止むに止まれず逃げ出す、というような事件が、今でも報じられています。

　2000年代に入って、インドネシア・フィリピン・ベトナムとの間で締結された経済連携協定（EPA）に基づく看護師・介護福祉士候補者の受入れが始まりました。高齢化の進展にともなってニーズが高まった医療や福祉の現場での働き手を「外国人材」に求めたのです。インドネシアからは2008年に、フィリピンからは2009年、ベトナムからは2014年に第1陣が来日しています。インドネシア・フィリピンの候補者は来日前に現地で6か月と来日後6か月、ベトナムからの候補者は現地で1年と来日後2か月の日本語研修を受けます[20]。そして、各病院や施設で研修をしながら、看護師で3年、介護士で4年[21]という期間内に資格取得のための国家試験に合格できなければ帰国しなければなりません。漢語系の専門用語や「床ずれ／褥瘡」のように話しことばと書きことばの使い分けなどを習得することは、非漢字圏の学習者にとってきわめて難しいことです。日本語教育関係者の働きかけもあって、2012年度からは試験時間の延長やすべての漢字語にルビが振られるなどの配慮がされるようになりました。が、受入れから10年後の2018年度の試験でも合格率は看護師が16.3％、介護福祉士が46.0％でした[22]。

　この10年で介護の現場では、すでに1,000人近くが介護福祉士の国家試験に合格し、中にはケアマネージャーの資格を取得して管理職も務めている人もいます。今や外国人介護士はなくてはならない存在だという受入れ施設の声がある一方で、結婚や家族の事情などで、受け入れた介護士の40％以上が帰国している施設もあり、家族への支援が重要であることが報じられています[23]。

　「外国人材」として求められて来日したにもかかわらず、日本語支援や心地よく働ける体制が十分に整っているとはいえない状況が続く中、外国人労働

---

(20) 日本語研修期間は発足当時より長くなっています。
(21) ただし、所定の要件に該当すれば、国家試験の合格に向けて追加的に1年間滞在期間を延長することができます（厚生労働省ウェブサイト＞「インドネシア、フィリピン及びベトナムからの外国人看護師・介護福祉士候補者の受入れについて」参照）。
(22) 2018年度（2019年3月厚生労働省公表）の看護師国家試験の全受験者の合格率は89.3％、介護福祉士国家試験の合格率は73.7％。
(23) NHKハートネット「介護現場を担う外国人10年目の現場から」2018年7月12日（https://www.nhk.or.jp/heart-net/article/75/）

者の受入れは、さらに業種を広げて拡大されようとしています。

5.「生活者としての外国人」という視点から

　都市では、コンビニやスーパー、飲食店などで外国人従業員が働いている様子は日常的な光景となってきています。地域の小・中学校に外国人の児童・生徒がいることも珍しくなくなりました。

　お隣さん、ご近所さんとしての外国人住民の存在が顕在化する転換点は、やはり 1990 年の入管法の改正です。就労と家族の帯同を認められた日系人を中心に定住する外国人が増えてきました。2000 年代に入ると「多文化共生」「多文化共生社会」ということばが盛んに使われるようになります。外国人住民を迎えた多くの自治体では、広報の多言語対応や日本語教室や相談窓口の開設など、開かれた地域社会が志向される一方で、軋轢や摩擦も生じるようになりました。在留外国人は東京・愛知・大阪・神奈川など大都市圏に集中していますが、群馬県大泉町のように外国人住民の割合が 2 割近くにもなる地方自治体もあります。2001 年にはこの大泉町はじめ浜松市、豊田市など、「ニューカマー」と呼ばれる日系人を中心とした外国人住民の多い都市が集い「外国人集住都市会議」[24]を設立し、外国人の増加に伴って地域社会において生じるさまざまな課題を検討しています。

　こうした状況に対して、2006 年に内閣官房に設置された外国人労働者問題関係省庁連絡会議から「『生活者としての外国人』に関する総合的対応策」が出されます。翌 2007 年度からは文化庁の委嘱事業として「『生活者としての外国人』のための日本語教育事業」が開始されます。「生活者」という視点は、80 年代に「中国帰国者とその家族」に対する日本語教育にその先例があり、『生活日本語』[25]という教材が生まれています。「中国帰国者とその家族」に対しては定着促進センターで来日後 4 か月〜 6 か月の日本語教育や生活指導が支援体制のひとつとして行われていましたが、日系人に対してはそのような施策はなく、自治体やボランティアの支援団体が運営する日本語教室などに委

---

(24) 最も多いときで 29 都市が参加していましたが、2019 年 4 月現在の会員都市は 13 都市。

(25) 文化庁（1983）『中国からの帰国者のための 生活日本語』および文化庁（1985）『中国からの帰国者のための 生活日本語Ⅱ』

ねられていました。

定住者の増加によって、小学校・中学校に日本語指導を必要とする児童生徒も増えてきました。2年ごとに行われている調査では、2018年5月現在、日本語指導が必要な外国籍の児童生徒数は約4万人、日本国籍の児童生徒数は約1万人と報告されています[26]。母語別・言語別に見ると、外国籍の児童生徒はポルトガル語・中国語・フィリピノ語、日本国籍の児童生徒はフィリピノ語・中国語・日本語の順になっています。また、該当する1校あたりの児童生徒数は5人未満が全体の約4分の3を占めているように、受入れ校は全都道府県に分散しています。

どこの現場でも当初は手探りでの対応が迫られました。必要な教育が受けられるように日本語が不十分な児童生徒には日本語力をつけてあげることがまず考えられます。そのために、教員が特別に配置されたり「取り出し授業」が行われたりしました（第7章）。成人学習者と違って、来日時の年齢や発達段階、家庭での使用言語などさまざまな要素が関わってきます。結局はひとりひとりの状況を考慮して最善と思われる方法や内容を考えていかなければなりません。級友とのやりとりなど日常生活では不便がなくなっても、教科学習になると理解が困難なまま進学時期を迎えてしまうケースもあります。さらに難しいのは、日本語力がつけばそれでいいというわけではないことです。子どもによっては、数年後に日本を離れ出身国に戻るかもしれません。そのときに、出身国の言語（母語）が維持できていなければ、日本での言語体験を繰り返すことになります。日本に永住・定住するケースにしても、子どもの日本語力の向上と両親の日本語力が比例していなければ、親子間でのコミュニケーションに支障が起きることにもなります。そうした子どもたちに対して、文部科学省は2014年には「特別の教育課程」を編成してひとりひとりに応じた日本語指導ができるように関連規則を改正しました。これまでに教材やJSLカリキュラム[27]の開発、日本語能力を測るツールの開発など、学習環境は徐々に整備されてきていますが、日本の学校になじめず通学をやめてしまう「不就学」も少なくありません。「生活者」としての地域住民や年

---

(26)「『日本語指導が必要な児童生徒の受入状況等に関する調査（平成30年度）』の結果について」（文部科学省総合教育政策局、2019年9月27日公表）

(27) 児童生徒のための第二言語としての日本語（Japanese as a Second Language）カリキュラム。

少者の学習権を保障するためには、よりきめの細かい支援体制が必要となっています。

ポストタスク

1. あなたの出身地域（市・町・村）について以下の項目を調べなさい。
   ・外国人数と増減推移　　　　・総人口に占める割合
   ・出身国・地域　　　　　　　・自治体 HP の言語
   ・外国人住民向け生活支援の状況　　など

2. あなたの身近にいる外国人の出身国・地域について、あるいは、あなたが興味・関心を持っている国・地域について、以下の項目を調べなさい。
   ・日本語学習者数　　　　　　・総人口に占める割合
   ・学習機関別割合　　　　　　・実際の学習者の声　　など

コラム2　タイの中等教育機関から

ワチラポン・プーンケーソーン
（ピッサヌローク ピッタヤコム学校 教員）

　わたしはタイ北部・ピッサヌローク県にあるピッサヌローク ピッタヤコム学校（中等教育学校）で英語と日本語の教師をしています。ピッサヌローク県は、バンコクからチェンマイの間、真ん中あたりにあります。ピッサヌローク ピッタヤコム学校は、男子校で、生徒数は約 3,300 人です。わたしは今は英語と日本語を教えていますが、大学と大学院では英語が専門でしたので、最初は英語の教師でした。しかし、日本語の教師が不足していたため、2009 年に国際交流基金で日本語の先生になるためのコースに参加して、10 か月ほど勉強をし、2010 年から日本語も英語も教えるようになりました。

　ピッサヌローク ピッタヤコム学校で日本語を勉強する生徒は、中学 1 年生から 3 年生までの約 650 人が選択科目として 1 週間に 1 時間、高校 1 年生から 3 年生までの日本語プログラムに入っている約 100 人が 1 週間に 9 時間勉強しています。日本語が好きな生徒もいるし、理科プログラムに入れなくて日本語プログラムを選ぶ生徒や、よく考えずに日本語を勉強するという生徒もいます。動画を撮影した高校 3 年生のファーストさんは日本語能力試験 N3 に合格しましたが、N3 に合格した生徒は今まで教えた中で 3 人しかいません。だいたい、高校 2 年生で N4 か N5 のレベルです。

　わたしはインスピレーションを与えることによって教えたいと思っています。日本は良い国だと学生に考えてもらいたいのです。そして日本の文化を教えて、日本のことが好きになってほしいのです。好きになったらもっと学びたくなると思います。そして、わたしは学習努力の良い例になろうとしています。そのため、日本語に関わる仕事をがんばっています。学校での授業以外に国際交流基金と教育省のプロジェクトに参加しています。日本語教育集中研修会「プロジェクト型学習 21 世紀型スキル中心」では、2015 年から 2018 年までは講師、2019 年はサポート講師をしました。また、国内日本語インテンシブキャンプを行ないました。それがきっかけで、ピッサヌローク ピッタヤコム学校は 2016 年に国際交流基金の Sakura Network のセンター校になり、奨学金をもらって、16 人の生徒を日本につれて行きました。生徒にとって、とてもいい経験になりました。

第 3 章

日本語教師の現状と問題

プレタスク　第 3 章を読む前に

1. 今までに体験した外国語学習を振り返って、いちばん大きな影響を受けた人を思い浮かべてください。その人は、どんな立場で教えたり手助けしたりしてくれましたか。

2. 外国語を学ぶとき、あなたはその言語を母語とする教師に教えてほしいと思いますか。それとも、自分と母語が同じ教師に教えてほしいと思いますか。また、なぜそう思いますか。

　医療行為を行なうには医師免許が必要です。小学校・中学校・高校で教えるには教員免許が必要です。免許を取得するには必要な知識と技能を身につけ、資格試験に合格しなければなりません。日本語を教える場合はどうでしょうか。

　日本語教師をめぐる問題について、まず以下の 2 つの観点から見てみましょう。

（1）日本語母語話者教師と日本語非母語話者教師

（2）日本語教師の専門性

　その上で、これまでの日本語教師養成に関わる施策やこれから求められる日本語教師像、今後日本語教育に関わりたいと考えたときにどのような近づき方があるか、見ていきたいと思います。

　なお、本章では教える仕事に携わる人すべてを指す場合に「教師」、その中でも学校などの教育機関で教える人をとくに取り上げて指す場合や施策の用語として必要な場合には「教員」を用います。

1. 日本語母語話者教師と日本語非母語話者教師

日本語教師には、日本語を母語とする教師（以下、母語話者教師）と日本語を母語としない教師（以下、非母語話者教師）がいます。国内と海外とでは状況が異なりますが、まず、海外の日本語教育現場について見てみましょう。

国際交流基金の「2015年調査」[1] によると、海外の日本語教育機関全体では母語話者教師と非母語話者教師の割合はおよそ2：8で、非母語話者教師が大半を占めています。しかし、北米や西欧では母語話者教師の割合が7割を超える[2] というように、地域差も見られます。中には、母語話者教師だけで教えている機関もありますが、多くの機関では、母語話者教師と非母語話者教師が協働したり役割分担をしたりしながら教えています。それでは、母語話者教師と非母語話者教師にはそれぞれどのような利点があるでしょうか。

まず、一般に母語話者教師が非母語話者教師より優位に立てるのは目標言語（学ぼうとする言語）の運用力です。海外の教育現場では、母語話者教師と非母語話者教師の両者がいる場合、母語話者教師が「会話」や「作文」の授業を任されることが多いですが、非母語話者教師や学習者には母語話者教師に「正しい」発音や自然な日本語表現を教えてほしいという期待があります。また、目標言語文化を体現する母語話者教師の存在そのものが、学習者の学習動機につながることもあります。一方、学習者と母語を同じくする非母語話者教師の強みは、自身が外国語としての日本語学習体験を持っていること、学習者の社会・文化的背景を共有していることです。学習者がどこでつまずきやすいか、誤りの原因がどこにあるかが理解しやすく、母語との対照や母文化との関連で解決策を示すことができるでしょう。また、社会・文化的背景を共有していることによって、その社会固有の日本語学習の意義から学習者の学習動機や目的を理解することもできるでしょう。学習者にとっては、特に入門期では母語で質問や相談ができることは安心して学習できる環境につながります。また、学習者と同じような道をたどって目標言語を習得した非母語話者教師は学習者にとっての目標となるよきロールモデルでもあります。

---

(1) 第2章参照。「2018年調査速報」では母語話者教師と非母語話者教師割合など詳細は明らかにされていないため、「2015年調査」結果を用いています。

(2) 母語話者教師の割合はアジア地域では10%台であるのに対し、北米では77.3%、西欧では74.6%を占めています（国際交流基金2015年調査）。

中国や韓国などの高等教育機関で日本語を教えているのは現地の非母語話者教師が中心ですが、多くの機関で主に数年契約の母語話者教師を迎え入れ、それぞれの利点を生かして協働や役割分担が行なわれています。しかし、初等・中等の公教育の現場で教えるには、それぞれの国で定められた資格や免許が必要になりますから、母語話者教師を迎えることは高等教育機関ほど容易ではありません。ですから、初等・中等教育機関では、母語話者教師の割合はその他の教育機関・高等教育機関と比べて下がります。「2015年調査」で示された機関別教師数から見ると、高等教育機関の全日本語教師数に対する母語話者教師の割合が26.7％なのに対して、中等教育機関の母語話者教師の割合は13.5％です。

　初等・中等教育機関で外国語として日本語が導入され、学習者が急増した国・地域では、日本語教師（非母語話者教師）をどのように養成・確保するかが問題になります。たとえば、韓国の高校で選択必修科目として日本語を履修する生徒の増加が見込まれたときには、教師不足を解決する方策として、1年間1200時間強の研修「高等学校日本語教師特別養成課程」（2001, 2002）が実施されました[3]。もともとフランス語やドイツ語を教えていた教師が複数専攻教師として日本語を教えられるようにしたのです。また、タイでは、2010年に出された新しい政策で、文科系・理数系に関わりなく第二外国語が履修できるようになり、中等教育機関での日本語履修者数が急増しました。これを受けて、教師を確保するために2013年から2018年までの6年間で200名の日本語教師を養成することにしました。毎年50名が約2年間の研修を受けて公務員の資格を得て中等教育機関に配属される、というプログラムです。日本語の専門研修は国際交流基金が担当しました[4]。

　学習者の一時期の急増に対して、現地の非母語話者教師の養成は一朝一夕にできることではなく、また、日本語能力が高くても学校教員としての資格を持っていなければ、中学や高校で教えることはできません。また、将来的に政策が変更されることになったとき、新たに配置された教師が継続的に日本語教育に携わっていけなくなるおそれも否定できません。教育政策に限らずどんな政策でも長期的視野に立って実施されるべきですが、外国語教育政

---

(3) 第7次教育課程の公布・施行にともなう施策。嶋津（2008）参照
(4) 国際交流基金 ウェブサイト＞日本語教育 国・地域別情報＞タイ（2017年度）参照

策は特にそのときどきの外交関係や社会的要請に影響を受けやすいと言える
かもしれません。

　一方、国内では、母語話者教師が圧倒的多数であることは想像に難くあり
ません[5]。しかし、中国語・韓国語など日本語学習者の多い言語を母語とす
る非母語話者教師も珍しい存在ではなくなってきています。また、年少者教
育の現場では、日本語教育を必要とする子どもたちの母語を第一言語とする
非母語話者教師や学習支援者の存在が欠かせない力となっています。日本社
会の多言語・多文化化の進展に伴って、国内の日本語教師の多言語・多文化
化も進んでいくことでしょう。

2. 日本語教師の専門性

　日本語で不自由なく聞ける・話せる・読める・書けることと、日本語を第
二言語として学ぶ人にわかるように教え、説明できることとは同じではあり
ません。日本語母語話者であるからといって、だれでも日本語が教えられる
というわけではありません。日本語教育に限らず、教えるためには知識と技
能が必要です。日本語教師の専門性が問われるとき、その判定材料として主
に以下の3つがあります。

　(1) 大学・大学院の日本語教育主専攻または副専攻修了
　(2) 日本語教育能力検定試験の合格
　(3) 日本語教師養成講座（420時間）の修了

　(1) の大学での日本語教師養成は1985年に始まりました。留学生受入れ
10万人計画が発表された翌年の1985年に筑波大学と東京外国語大学に日本
語教育主専攻課程が設置されたのを皮切りに、2018年時点では173機関に
教師養成の課程やコースが設けられていることが確認できます（文化庁国語
課による2018年11月1日現在の調査：以下、「2018年文化庁調査」）。そ
の中には、学校教育で日本語教育に携われることを目指した教員養成課程に
置かれたコースや、地域の日本語教室等のコーディネーター養成に主眼を置

---

(5) 国内の日本語教育の状況については、文化庁国語課が毎年行なっている調査（『国内の日本語教育
の概要』）がありますが、日本語教師の母語に関する調査データはありません。

いたコース、日本語非母語話者教師の養成を掲げたコースなどもあり、学習者の多様化に対応して変化してきています。

(2)の日本語教育能力検定試験は第1回の試験が1986年に実施されました。「日本語教員となるために学習している者、日本語教員として教育に携わっている者を対象として、日本語教育の実践につながる体系的な知識が基礎的な水準に達しているかどうか、状況に応じてそれらの知識を関連づけ多様な現場に対応する能力が基礎的な水準に達しているかどうかを検定すること」を目的として、公益財団法人日本国際教育支援協会が実施し、公益社団法人日本語教育学会が認定しています。これは教員免許状や看護師・介護福祉士になるための国家試験とは違い、日本語教師としての資格を与えるものではありませんが、日本語教師の専門性をわかりやすく示す役割を果たしてきたと言えます。

試験の出題内容は、「社会・文化・地域」「言語と社会」「言語と心理」「言語と教育」「言語一般」の5区分にわたります。各区分で求められる知識・能力は以下のように示されています（表1）。これらは、文化庁が2000年に示した「日本語教員養成において必要とされる教育内容」(6) に準拠しています。(3)の420時間の研修内容もこれに準拠しています(7)。

表1 日本語教育能力検定試験・5区分における測定内容

区分	求められる知識・能力
社会・文化・地域	日本や日本の地域社会が関係する国際社会の実情や、国際化に対する日本の国や地方自治体の政策、地域社会の人びとの意識等を考えるために、次のような視点と基礎的な知識を有し、それらと日本語教育の実践とを関連づける能力を有していること。 ・ 国際関係論・文化論・比較文化論的な視点とそれらに関する基礎的知識 ・ 政治的・経済的・社会的・地政学的な視点とそれらに関する基礎的知識 ・ 宗教的・民族的・歴史的な視点とそれらに関する基礎的知識

(6) 文化庁に設置された「日本語教員の養成に関する調査研究協力者会議」報告の『日本語教育のための教員養成について』取りまとめた指針。
(7) 日本語教育機関の運営に関する基準（（財）日本語教育振興協会）

言語と社会	言語教育・言語習得および言語使用と社会との関係を考えるために、次のような視点と基礎的な知識を有し、それらと日本語教育の実践とを関連づける能力を有していること。 ・ 言語教育・言語習得について、広く国際社会の動向からみた国や地域間の関係から考える視点とそれらに関する基礎的知識 ・ 言語教育・言語習得について、それぞれの社会の政治的・経済的・文化的構造等との関係から考える視点とそれらに関する基礎的知識 ・ 個々人の言語使用を具体的な社会文化状況の中で考える視点とそれらに関する基礎的知識
言語と心理	言語の学習や教育の場面で起こる現象や問題の理解・解決のために、次のような視点と基礎的な知識を有し、それらと日本語教育の実践とを関連づける能力を有していること。 ・ 学習の過程やスタイルあるいは個人、集団、社会等、多様な視点から捉えた言語の習得と発達に関する基礎的知識 ・ 言語教育に必要な学習理論、言語理解、認知過程に関する心理学の基礎的知識 ・ 異文化理解、異文化接触、異文化コミュニケーションに関する基礎的知識
言語と教育	学習活動を支援するために、次のような視点と基礎的な知識を有し、それらと日本語教育の実践とを関連づける能力を有していること。 ・ 個々の学習者の特質に対するミクロな視点と、個々の学習を社会の中に位置付けるマクロな視点 ・ 学習活動を客観的に分析し、全体および問題の所在を把握するための基礎的知識 ・ 学習者のかかえる問題を解決するための教授・評価等に関する基礎的知識
言語一般	教育・学習の対象となる日本語および言語一般について次のような知識・能力を有し、それらと日本語教育の実践とを関連づける能力を有していること。 ・ 現代日本語の音声・音韻、語彙、文法、意味、運用等に関する基礎的知識とそれらを客観的に分析する能力 ・ 一般言語学、対照言語学など言語の構造に関する基礎的知識 指導を滞りなく進めるため、話し言葉・書き言葉両面において円滑なコミュニケーションを行なうための知識・能力

出典：公益財団法人日本国際教育支援協会・日本語教育能力検定試験ウェブサイト

　国内外の日本語教育機関で日本語を教える場合、基本的に(1)～(3)のいずれかを満たす専門性を求められることが多いようです。たとえば、海外に海外協力隊を派遣している独立行政法人国際協力機構（以下、JICA）では「日

本語教育」の職種の応募資格として、「日本語教育に関する知識及び技能（日本語教師養成講座修了、日本語教育能力検定試験合格、大学の主専攻、副専攻修了等）」の要件をあげています。また、日本語学校など法務省が留学生の受入れを認めている国内の日本語教育機関で教える教員の要件[8] もほぼ同様ですが、（3）に学士を取得していることが加わります。

　一方で、（1）〜（3）の要件を満たしていなければ日本語教育に関われないかと問われれば、そうとは言えません。「2018 年文化庁調査」[9] によれば、国内の日本語教師の年齢構成は 60 代（21.9％）が最多で、50 代（17.7％）がそれに続きます。また、勤務形態を見ると、最も多いのはボランティア（55.4％）で、ついで非常勤講師（31.0％）、常勤講師（13.6％）が続くという結果になっています。つまり、国内の日本語教育は多くを比較的高齢のボランティアの力に頼っている、と言えます。ボランティアの日本語教師としての専門性はさまざまで、大きな幅があると言えるでしょう。医療行為であれば、医師免許のないボランティアはあり得ませんが、日本語教育の場合、上記のような要件を必ずしも満たしていなくても、日本語母語話者として、また勤労者・生活者としての知識と経験を生かして、日本語学習者の多様なニーズに応えることは可能です。また、日本語学習を必要とする外国人の身近にいる幅広い層の力が求められてもいます。

3. 日本語教師養成のこれまでとこれから

　日本語教師の養成は 1985 年に文部科学省が出した報告「日本語教員の養成について」を指針として大学などで行なわれてきました。その後、外国人研修生や地域在住の外国人やその家族など、日本語教育を必要とする多様な学習者が急増してきました。そうした学習需要の多様化や日本語教師養成課程修了者の活躍の場の拡がりに対応するため、2000 年に「日本語教育のための教員養成について（報告）」（日本語教員の養成に関する調査研究協力者会議）が出され、日本語教員養成の新たな教育内容が示されました。この「報告」が示した新たな指針の第 1 は、それぞれの教育機関が教育課程を柔軟に

---

(8) 法務省告示日本語教育機関における日本語教員の要件（平成 27 年 7 月 22 日公示　法務省入国管理局）

(9) 第 2 章参照

編成できるようにした点です。「画一的な『標準的な教育内容』ではなく、『基礎から応用に至る選択可能な教育内容』を示すことを基本とする」としています。標準単位数や主専攻・副専攻の区分にこだわらず、教育目的や学習者の属性などに応じて、カリキュラムを創意工夫することが求められるようになりました。第2に、新たに示す教育内容の根底をなす包括的概念として「コミュニケーション」が強く示された点です。「日本語教育とは、広い意味で、コミュニケーションそのもの」であり、「相互に学び、教え合う実際的なコミュニケーション活動」であるとされています。この指針の変更によって、日本語教育能力検定試験も出題範囲を改定してきました。第2節の表1に示された5区分は「コミュニケーション」を核にしています。

　さらに、2018年3月に「日本語教育人材の養成・研修の在り方について（報告）」が文化審議会国語分科会から出されました[10]。この「報告」はその後の検討を経て、翌年の2019年3月に「日本語教育人材の養成・研修の在り方について（報告）改定版」として公開されています。そこでは、日本語教育に関わる日本語教育人材として、「日本語教師」、「日本語教育コーディネーター」、「日本語学習支援者」に分けて、それぞれに必要な資質や能力を整理しています。2000年の報告でも学習者の多様化が言われていましたが、その後も続く在留外国人の質的・量的変化への対応として、日本語教師に限定せず、広く「日本語教育人材」としてその中身を細分化しました。以下は、「報告」が示した「日本語教育人材に共通して求められる基本的な資質・能力」と「専門家としての日本語教師に求められる資質・能力」です。

日本語教育人材に共通して求められる基本的な資質・能力

（1）日本語を正確に理解し的確に運用できる能力を持っていること。
（2）多様な言語・文化・社会的背景を持つ学習者と接する上で、文化的多様性を理解し尊重する態度を持っていること。
（3）コミュニケーションを通じてコミュニケーションを学ぶという日本語教育の特性を理解していること。

---

(10) 2016年5月から文化審議会国語分科会に設置された日本語教育小委員会で審議されてきたもの。2018年11月には「日本語教育人材の養成・研修の在り方について（二次報告案）」が出されています。

専門家としての日本語教師に求められる資質・能力

(1) 言語教育者として必要とされる学習者に対する実践的なコミュニケーション能力を有していること。

(2) 日本語だけでなく多様な言語や文化に対して、深い関心と鋭い感覚を有していること。

(3) 国際的な活動を行なう教育者として、グローバルな視野を持ち、豊かな教養と人間性を備えていること。

(4) 日本語教育に関する専門性とその社会的意義についての自覚と情熱を有し、常に学び続ける態度を有していること。

(5) 日本語教育を通した人間の成長と発達に対する深い理解と関心を有していること。

　これらに加えて、「役割・段階・活動分野ごとの日本語教育人材に求められる資質・能力」を記述しています。「役割・段階」というのは、下記のそれぞれ3区分、「活動分野」というのは6区分を指しています（表2）。

表2　役割・段階・活動分野ごとの日本語教育人材[11]

	役割	段階	活動分野
日本語教育人材	日本語教師 （日本語学習者に直接日本語を指導）	養成 初任 中堅	・「生活者としての外国人」に対する日本語教育人材 ・留学生に対する日本語教育人材 ・児童生徒等に対する日本語教育人材 ・就労者に対する日本語教育人材 ・難民等に対する日本語教育人材 ・海外に赴く日本語教育人材
	日本語教育コーディネーター 　・地域日本語教育コーディネーター 　・主任教員	（初任・中堅を経て高度な専門性をもつ）	
	日本語学習支援者		

　そして、それぞれの養成・研修の在り方や教育内容、大学などで養成課程を編成する際の目安となるモデルカリキュラムなどを具体的に示しています。この報告にのっとった人材養成や研修を実施する機関・団体を支援するため

---

(11) 文化審議会国語分科会「日本語教育人材の養成・研修の在り方について（報告）改定版」（平成31年3月4日）より作成。

に、2018 年度から新たに「日本語教育人材の養成・研修カリキュラム等開発事業」が始まっています。こうした日本語教師養成の新しい方向性に関連して、以下 2 つの点について述べます。

第 1 に、日本語教育への関わり方にはさまざまなアプローチがある、という点についてです。その点で、新しい指針が日本語教師の言語教師としての専門性だけでなく、コーディネーターや学習支援者といった役割を明確に位置づけ、その資質・能力に言及したこと、「役割・段階・活動分野」ごとに詳細に養成・研修のあり方を整理し、記述したことは大きな意味があると言えます。しかし、その一方で、今後このような細分化された養成・研修が整備されればされるほど、日本語教育にこれから関わろうとする人々を逆にしばることにならないかという懸念もあります。学習者や日本語教育への関わり方の多様性を前提としているからこそ、新しい指針にのっとって実際に運用される今後の養成・研修が柔軟に行なわれることが望まれます。

第 2 に、これからの日本語教師像についてです。「専門家としての日本語教師に求められる資質・能力」には「日本語教育に関する専門性とその社会的意義についての自覚と情熱を有し、常に学び続ける態度を有していること」という 1 項が入っています。横山 (2005) は、training から development へと向かう教師教育の流れについて確認した上で、日本語教師養成のあり方を論じています。日本語教師に限ってのことではありませんが、学んだ知識や技能をそのまま用いるのではなく、目の前の学習者に対してどれだけ想像力を持って対応できるか、自己成長力をつけることの重要性が問われています。学習者だけでなく教師自身もまたひとりの学習者として学び続ける姿勢が重要であるということでしょう。国内・海外を問わず、日本語教育の社会的意義を自覚し、日本語を教えるということをそれぞれの現場の社会的文脈の中でとらえていくという認識は欠かせません。「development」に焦点を置いた教師研修はすでにさまざまに試みられてはいますが、今後もこの方向は継続されるでしょう。

4. 日本語教師への道

日本語教育に関心を持ち、教えてみたい、関わりたいと考えたとき、どのような場があるでしょうか。以下では、大きく、日本語教育の現場を国内と

するか海外をとするか、ボランティア活動[12] として関わるか職業として関わるかに分けて見ていきます。

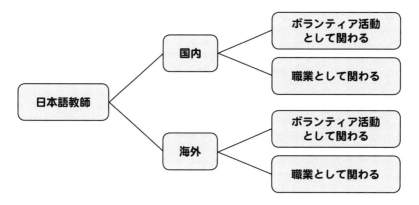

4.1 国内で

　まず、国内では各地方自治体や NPO 団体などが日本語学習を必要とする地域在住・在勤の住民のために開催する日本語教室があります。外国人住民の割合が比較的高い地域には、外国人住民をめぐる活動や情報の拠点として「多文化共生センター」「多文化共生プラザ」「国際交流ラウンジ」といった施設も設けられています。その多くは、多数の市民ボランティアの力によって支えられています。また、日本語教室の運営と並行して、そこで教えるボランティアの養成講座を開いたり、定期的に日本語教育のための研修や勉強会を開いたりしている機関・団体もあります。一般の成人クラスもあれば、小・中学生など年少者を対象にしたクラスや日本に定住する難民や中国帰国者、日系定住者とその家族、看護師や介護福祉士を目指すフィリピン人やベトナム人というように対象を特定した学習支援の場もあります。こうした現場では、クラス形態での授業のほか、グループやマンツーマン形態、あるいはそれらの組み合わせによるさまざまな日本語支援の形態が試みられています。ボランティア教師と学習者が 1 対 1 で向き合って学習する形態では、クラス形態の現場よりもいっそうひとりひとりの学習者の目的や背景、学習環

---

(12) ここでは、「自発的に(自発性・主体性の原則)、他者や社会のために(社会性・連帯性の原則)、金銭的な利益を第一に求めない(無給性・無償性の原則) 活動」(東京ボランティア・市民活動センターの ウェブサイトより) という意味で用いています。第 2 節であげた「2018 年文化庁調査」でも「ボランティア」という用語が使われていますが、とくに定義されていません。

境に即してサポートすることが求められます。教える側も自分の特性を活かすことが重要です。また、こうした活動を通じて、外国人住民の背景を知る市民が増えることは、外国人住民の住みやすさにもつながるものです。

それぞれの支援の場で日本語教育に関するどの程度の専門性が求められるかは、個々の教室によって違います。日本語教師として直接関わる以外にも、先にあげた「地域日本語教育コーディネーター」「日本語学習支援者」としてなど、自分自身が持つ特性や条件に応じた関わり方が考えられます。国内の日本語教育政策を所管する文化庁からは、2010 年に「「生活者としての外国人」に対する日本語教育の標準的なカリキュラム案」が示されたのに続いて、2013 年には「「生活者としての外国人」のための日本語教育ハンドブック」が出されるなど、日本語教育支援に関わる人の活動を後押しする施策や総合的な体制づくりを推進する事業が進められています。

国内の日本語学校などで常勤あるいは非常勤の日本語教師として働くためには、2. で述べたような専門性や要件が求められます。また、機関・団体によっては一定程度の経験も求められます。一般の学校教員の場合は、教員免許状を取得し教員採用試験に合格すれば、大学卒業後すぐに常勤職につくことができますが、日本語教師の場合、大学卒業後すぐに常勤職につくことはなかなか難しい状況です。「2018 年文化庁調査」によれば、日本語教師全体に占める常勤講師の割合は 13.6％にとどまっています。逆に、学校教育現場で教員として外国人児童生徒への日本語教育に携わるためには、日本語教育の専門性だけではなく教員免許の取得が必要ですが、日本語は外国語や理科のような教科ではありませんから、中学校・高校であれば、何らかの教科の教員免許取得に向けた勉強をしなければなりません。

4.2 海外で

海外の日本語教育の現場にボランティアとして関わる道を見てみましょう。日本語を教えた経験がなくても参加できるプログラムに「日本語パートナーズ」があります。国際交流基金アジアセンターが派遣元となって、アジアの中学・高校の現地日本語教師のアシスタントとして授業をサポートしたり、日本文化を紹介したりします。満 20 歳〜 69 歳の日本国籍・日本語母語話者で、日常会話程度の英語能力があることが応募の資格で、日本語教育経

験は問われません。

「ボランティア」を掲げて公募しているプログラムに、JICA の海外協力隊と日系社会海外協力隊があります。協力隊にはさまざまな分野の職種がありますが、そのひとつに［日本語教育］があります。派遣先はアジア・アフリカ・中南米・大洋州・中東などの開発途上国です。応募資格には、満 20 歳〜 69 歳[13]、日本国籍のほかこの章の 2. でみた「日本語教育に関する知識及び技能（日本語教師養成講座修了、日本語教育能力検定試験合格、大学の主専攻、副専攻修了等）」という要件が加わります。また、派遣される教育機関によって、3 年以上、5 年以上といった教育経験が求められる派遣要請もあります。

上記のような日本の公的機関によるボランティア派遣のプログラムのほかに、現地滞在の日本語母語話者に対して、その特性を生かしたボランティア活動が求められるケースもあります。

つぎに、海外で職業として日本語教育に関わる道を見てみましょう。海外の日本語教育機関で教員として専門家として日本語教育に携わる母語話者教師にも、日本から短期の期間限定で赴く場合と現地永住者もしくは長期滞在者が携わる場合とがあります。前者には、国際交流基金による派遣プログラムがあり、「米国若手日本語教員派遣」「経済連携協定（EPA）日本語予備教育事業日本語講師派遣」「日本語指導助手・専門家派遣」など、ティーチング・アシスタントから現地教師の育成などまでさまざまな形で日本語教育を行なっています。公的機関による派遣のほかにも、現地の大学や学校法人、民間の日本語学校などが個別に教師を募集することもあります。個別の契約をする場合には、雇用形態や給与など雇用契約条件を十分に確認することが重要です。

また、公益財団法人日中技能者交流センター（中国）、公益財団法人日本台湾交流協会（台湾）、日露青年交流センター（ロシア）などの団体による特定の国・地域への日本語教師派遣もあります。いずれの形態でも、現地の教師と連携をとりながら進めることが重要であるのは言うまでもありません。海外では、教師に特に求められる資質や能力が国・地域によって異なる場合があります。平畑（2014）は、26 か国・地域にわたる日本語教師 41 名を対象としたインタビュー調査を行ない、母語話者教師[14] に望まれる資質のキーワー

---

(13) 45 歳以下の派遣に対して、青年海外協力隊および日系社会青年海外協力隊という呼称が用いられています。

ドから5つの地域（東アジア、東南アジア、北米・大洋州、西欧、その他ユーラシア）の比較を行なっています。その背景要因には、長期的に持続するものと比較的短期で変化するものとがあるが、明らかな地域差が見られると指摘しています(15)。日本から海外に赴く場合、現地の言語・文化だけでなく、現地と日本との歴史的・政治的な関係などについても理解を深めていくことが望まれます。

4.3 事例に見る日本語教師への道のり

　ここでは、現在国内で日本語教師として働く3人の、日本語教師への道のりを事例として紹介します。

事例1： Aさん（20代）の場合

［大学で日本語教育を副専攻として学ぶ］
→ ［留学先の大学（北米地域）で日本語を教える］
→ ［国内の大学院で日本語教育を専攻。在学中、国内の日本語学校で非常勤講師として授業を担当］
→ ［大学院修了後、国内の日本語学校で専任教員として勤務］

事例2： Bさん（30代）の場合

［大学で日本語教育を専攻］
→ ［卒業後、一般企業に就職］
→ ［退職後、青年海外協力隊員として、海外（アジア地域）で日本語を教える］
→ ［帰国後、海外（欧州地域）の大学院に留学し、修士課程を修了］
→ ［現在は、国内の大学や企業内での日本語教育に従事するとともに、日本語母語話者を対象にした日本語コミュニケーション関連のセミナー活動も行なっている］

---

(14) ここでは、日本から現地に赴く母語話者教師を指します。
(15) たとえば、東アジアでは、母語話者教師の「教育能力」の不足や母語話者としての正当性の主張、両国関係の複雑さへの無理解などが最も問題になると指摘しています。

事例３： Ｃさん（20代）の場合

［大学在学時に日本語教員養成コースを修了。その間に海外と国内で教育実習］［大学４年後期にはインターンとして教壇に立つ］
→［卒業後、日本語学校に専任講師として就職］

　期間や立場は違いますが、Ａさん・Ｂさん２人とも海外での教育経験を持っています。海外での経験は今にどうつながっているのか、これまでの経験を経て、日本語教師の専門性をどう感じているか、など聞いてみました。

　Ａさんは、初めて教えた海外の現場で「自分だからできることは何か、自分にしかできないことは何かということを考えるようになった」と言います。自分は、日本語教師をファーストキャリアとして選んで現在の職場に入ったので、社会的に認められたいという気持ちが強い。同僚の中には、退職後のセカンドキャリアあるいは趣味的にとらえている人もいて、ギャップを感じることもあるが、自分らしさや自分だからできることは何かを考えてやっている。これから日本語教師を目指そうと考えている人には「プレッシャーもあるが、いきなり現場に出てもやってみると意外にできる。でも、何年経っても勉強し続ける気持ち、新しいことを取り入れようという気持ちが必要だ」と伝えたいと言います。

　Ｂさんは、「（海外の現場では）言語技能第一ではなく、日本語を学ぶ楽しさを感じてもらうことを優先した」「海外経験は、マイノリティー側の心理がわかる、という点がいちばん大きい。成人としてどんな言語的フラストレーションがたまるか、異文化接触の点でも、いらだちの原因となるような出来事も自分の見方しだいであることを実感した」と言います。今、日本語教師の専門性と言われて考えるのは、「人との接し方、どう接していけばよいコミュニケーションが取れるかということで、カウンセリング理論や心理学など日本語教育以外の関連領域を学んでいる」「傾聴の姿勢というか、受容の姿勢というか、話すよりむしろ聞くことを大切にしている」そうです。この仕事をしていく上で必要なのは「いろいろな視点を獲得すること」、不安があるかもしれないが、「日本語教育に関心を持ってワクワクする気持ちがあるのなら、とにかく飛び込んでほしい、どうにかなるから」と自身の経験から語っています。

Aさん、Bさんと違って、Cさんには長期の海外体験はありませんが、在学中から日本語教育の現場に身を置いていました。「学習者を理解するにはどうしたらいいのか考えることで視野が広がり、観察力や忍耐力も身についた」と言っています。一方で、クラスの中には日本留学の動機づけの乏しい学生もいて、「さまざまな背景を持った学習者をクラスの中でどう扱うか、モチベーションをあげるにはどうしたらいいのかが常に課題」と悩みも吐露しています。日本語教師の専門性としては、日本語の知識はもちろん、社会・文化に対する知識、人間力をあげています。時事問題に対する自分の意見を常に求められ、また、若くても経験が少なくても、人として信頼されるようにならなければならない、と感じているそうです。日本語教師は「責任は大きいが、学習者の人生に深く関わることができる」「学習者とともに自身の成長を感じることができるのも魅力」と語ってくれました。

4.4　日本語教師の立ち位置

　2019年6月に、日本語教育界にとって長年の懸案であった法制化の実現として、「日本語教育の推進に関する法律」が成立しました。この法律は、日本語教育の推進に関する施策を推進することによって、「多様な文化を尊重した活力ある共生社会の実現・諸外国との交流の促進並びに友好関係の維持発展に寄与すること」を目的としています。基本的な施策として、1) 国内における日本語教育の機会の拡充、2) 日本語教育の水準の維持向上等、3) 海外における日本語教育の機会の拡充、4) 日本語教育に関する調査研究等、があげられ、こうした施策を国や地方公共団体、外国人等を雇用する事業主が責任を持って行なう務めがあると明記されています。この法律の成立によって、日本語教師を必要とする現場は今後徐々に拡がっていくでしょう。今後日本語教育に携わりたいと考える人にとっても朗報と言えるでしょう。しかし、第2章でも述べたように、国内、海外を問わず、日本語教育はそのときどきの外交政策や社会情勢に大きく左右されがちです。だからこそ、どこでだれに教えるのか、それがどのような社会的文脈の中でどのような意味を持つことになるのか、日本語教師は立ち止まって考えることも必要です。

ポストタスク

1. あなたが住んでいる自治体には、外国人のための日本語教室がありますか。自治体のホームページなどからどのような形態でどのような人が教えているか調べてみましょう。

2. 第 4 節「日本語教師への道」であげたような海外派遣のプログラムを 1 つ選んで、応募者にどのようなことが求められているか、調べてみましょう。

コラム3 「エカテリンブルク」という町を知っていますか？（ロシア）

鵜澤威夫（JICA専門家）

　「エカテリンブルク」という町を知っていますか。この町はロシア第4の都市と言われていますが、現地邦人は10名前後でガイドブックにもほとんど紹介がない町です。しかし、この町の日本熱は高く、町には日本食レストランやアニメショップだけでなく、ロシアで唯一のメイド喫茶もあり、さらには5校の日本語教育機関、10を超える日本文化クラブが活発に活動するなど、いわゆる「日本ファン」がとても多い町と言えます。今回はその中で唯一の大学機関を紹介します。

　ウラル連邦大学国際関係学部東洋学科では日本語の他に中国語・韓国語・トルコ語などがあり、日本語専攻の学生は大学院生も含め約70名（2017年度）、日本語教師はロシア人3名と日本人1名（日露青年交流センターより派遣）で運営しています。学生と教師との距離が近く、カフェドラ（講師室）はいつも学生たちでにぎわい、授業以外でも会話クラブや多読クラブ、また市内の民間日本語学校と連携して弁論大会を開催するなど行事にも力を入れています。教師たちもとても熱心で向上心が強く、現地の日本語教師会と協力し教師セミナーや研究発表会をするなど日本語教育の底上げに貢献しています。

　ただ、現地邦人も少なく来訪する日本人もいないこの町では、日本語の使用機会は少なくモチベーションの維持も課題でした。そこで始めたのが学生たちによる日本語での現地情報の配信です。現地の天気やおすすめカフェなどをテーマにし、教室で発表した内容をSNSやブログで配信したところ、国内外問わず反響がありました。学生たちは予想外に多いアクセス数を見て、照れや驚きを見せながらも、自身の日本語を世界のだれかが見ているという実感に、どこかモチベーションを得ていたようでした。また、2018年のワールドカップロシア大会で日本戦がエカテリンブルクで開催されることが決まると、アクセスは急上昇しコメントや問い合わせが増えただけでなく、来訪した日本サポーターの方に町の案内ツアーを開催する実践の機会を得ることもできました。

　このように日本語で現地情報を発信することで、学生が教室という枠組みを越えて、新たな実践と交流の場を生み出し、現地のPRにも貢献できないか取り組んでいます。ぜひみなさんにも、学生たちの作品を見ていただき「エカテリンブルクファン」になってもらえたらうれしいです。

●エカテリンブルク日本語チャンネル（YouTube）
　https://www.youtube.com/channel/UCERWvIdXRjkEAUYUKF-gLSg

●マヨマヨ生活（ブログ）
　http://ameblo.jp/mayouteam/

●エカテリンブルクガイドマップ（Google Map）
　https://goo.gl/DqZlw5

第2部
日本語教育でなにを扱うか

What

第 4 章

第二言語習得

プレタスク 第4章を読む前に ⎯⎯⎯⎯⎯⎯⎯⎯⎯⎯⎯⎯⎯⎯⎯⎯⎯⎯⎯⎯⎯⎯⎯

1. 自分の外国語学習の経験を振り返って、どんな学習方法、または授業の方法が良かったか、あるいは、良くなかったか考えてみましょう。
2. 外国語が上手な人にはどんな特徴があるか、考えてみましょう。
3. 日本語が上手な外国人を思い浮かべて、なぜその人が上手だと思うのか、考えてみましょう。

　この章の目的は、学習者の言語がどのように発達するのかを知ることです。まず、第二言語（外国語）が発達するプロセスを理解してから、その習得に影響を及ぼすさまざまな要因を考えてみたいと思います。さらに、教室では教師に何ができるのか、教室指導の役割を探ってみましょう。

1. 学習者言語の特徴を知る意味

　日本語の母語[(1)]話者は、乳幼児のころ、自分がどのようにして日本語が話せるようになったか、記憶は定かではないでしょう。その日本語を外国人に教室で第1日目からどのように教えたらいいか、あまり想像ができないかもしれません。ただ、だれしも学校で英語やその他の外国語を勉強したことがありますから、そのような学習経験から、言語を教えるとはどういうことなのか何らかのイメージを抱くことはできると思います。自らの外国語学習の成功または失敗から、言語教育はこうあるべきだというような信念を持って

---

(1) この章では、「母国語」ではなく「母語」という用語を用いています。人々が国境を越えて行き来することが多い時代では、国籍のある国の言語と最初に話せるようになった言語が一致するとはかぎりません。それで、「母語」という用語が用いられます。母語とは、一般に母親が話す言語だと考えられています。

いることも多いとされています。

　このような経験や直観に頼るのではなく、科学的に学習者の習得過程やそのメカニズムを明らかにしてきたのが「第二言語習得研究[2]」です。以前は、学習者の言語のことを「中間言語（Interlanguage）」と呼んでいました。母語でもない、また目標言語の第二言語でもない発達途上の学習者の言語のことをそう呼んでいました。また、中間言語と命名した論文をもって、本格的な第二言語習得研究が始まったとされています。

　でも、第二言語習得の出発点は必ずしも母語ではありませんから、特定の研究者が名づけた「中間言語」ではなく、近年は「学習者言語（Learner Language）」という用語が好まれているようです。学習者言語の特徴を知ることと教育現場の実践は、医学の基礎研究と臨床現場の関係に似ていると筆者は常々思っています。また、昨今はスポーツ科学の発達で、スポーツ選手が効率よくトレーニングをし、成果をあげています。これも、また、第二言語習得研究と教育実践との関係に似ているように思います。

　したがって、日本語教師を目指すみなさんには、基礎科学として第二言語習得を必須の知識として身につけてほしいと願っています。実際に教師として教室に出てみると、日本語教育について勉強していただけではわからなかった、さまざまなタイプの学習者に出会ったり、教室運営の難しさに直面することも多いと思います。そんなとき、そうした状況にどう対処するか、判断基準のひとつの大きな拠り所になるのが第二言語習得に関する知識です。本章では、そんな第二言語習得研究について見ていきたいと思います。

2. 学習者言語の発達段階

　第二言語習得過程では、どの学習者にも共通の言語の発達段階が存在すると言われています。英語やドイツ語の疑問文や否定文の形成に普遍の発達段階があることは早くから知られていました。たとえば、英語の発達初期は単

---

(2) この分野は「第二言語習得」と呼ばれますが、実際には学習者は日本語を学習する前に、他の言語の学習経験があることも多いです。でも、母語以外の言語という意味で、第三言語や第四言語も区別しないことが多いです。また、日本語教育では、日本で日本語を勉強する場合をJSL（Japanese as a Second Language）、日本国外で日本語を勉強する場合をJFL（Japanese as a Foreign Language）と区別する場合がありますが、必要ないかぎり、区別していません。

語に上昇イントネーションをつけて疑問文であることを表そうとします。たとえば、"coffee?" のような疑問文です。次の段階では、文末を上昇イントネーションにして短い文、たとえば "You want coffee?" のような疑問文が言えるようになります。Be動詞や助動詞を倒置できるようになるのはその後です。単語や文を上昇イントネーションで疑問文にすることは、通常、学校では文法として習いません。でも、実際の伝達場面において、学習者が何とか自らの意思を伝えようとする際には、そのような疑問文が発せられるのです。

　今では、どの言語にも共通の統語（語順）や形態素（意味を有する語の最小単位）の発達段階があることもわかってきました。この発達段階は、第一言語にも第二言語[3] にも共通で、また、第二言語を教室で習得する場合にも、生活や仕事の中で自然習得する場合にも見られ、強固で普遍的なものだとされています。

　このような発達段階が存在するのは、学習者が頭の中で言語を処理できる作動記憶の容量に限界があるからだと考えられています。作動記憶とは、頭の中で高度な知的活動がなされているときに働いている能動的な記憶です。学習者は、作動記憶上で単語を処理できるようになってから、しだいに句、文、複文と言語の大きな単位が扱えるようになります。

　たとえば、「第二言語習得は〜」というフレーズが耳から入ってきた場合、発達段階が低い学習者は「だ・い・に・げ・ん・ご・しゅ・う・と・く・は」と音をひとつずつ認識しようとして、その間に多くの情報を聞き漏らしてしまいます。しかし、言語能力が高い学習者は、「だいにげんごしゅうとくは」という、より大きなかたまりを一度に把握することができ、効率的な処理をしています。

　言語産出をするときも同様で、レベルが上がればより大きな単位で記憶から取り出して使うことができるので、複雑な構文を扱うことができるようになると考えられています。作動記憶が一定の時間内に扱える言語情報には限界があります。ですから、言語のより小さい単位を自動的に認識することができないと、その次の段階に進めないのです。

---

(3) この章では、学習者が最初に習得した言語という意味を強調したい場合は「母語」を、また、第二言語の習得のプロセスと対比させる場合には「第一言語」を用いています。でも、「母語」と「第一言語」をほぼ同義にとらえてかまいません。

この発達段階は、正確に使えるようになった段階ではありません。学習者の自発的な発話に現れ始めた段階です。学習者言語は、一度習得したかに見えた言語形式の使用が、誤用や非使用に転じるなど逆行することもあり、複雑な発達過程をたどるとされています。ですから、産出された段階を習得の始まりと見なして、学習者の発達段階を判断するようにしているのです。

表1は日本語の発達段階を示したものです。形態素や統語を見ると、関係節（連体修飾）の第5段階まですべて初級で習うことばかりだと思うかもしれません。でも、学習者が自発的に発話した場合に、習った構文をすべて使用できるとはかぎりません。また、上級になっても、正確さの点で問題が残ることがあります。

表1　日本語における言語処理と発達段階

言語の処理能力	形態素	統語
1. 単語の処理	不変の形式 V（語幹）＋ます 非過去 （例：食べます。）	コピュラ文（だ／です） 動詞文 （例：学生です。）
2. 品詞の差別化	敬体V（語幹）の接辞 （過去 or 否定） （例：食べました。食べません。）	規範的語順 SOV （例：私はごはんを食べます。）
3. 句の処理	助動詞との連結による動詞文， V-てV, アスペクト （例：朝起きて、ごはんを食べます。食べています。）	主題化 （例：ごはんは食べました。）
4. 文の処理	動詞の接続助詞との連結 （例：食べれば）	等位節、従属節の接続 受身、使役、授受表現 （例：ケーキを弟に食べられました。子どもに野菜を食べさせました。）
5. 複文の処理	関係節 （例：先週買ったカバンを〜。）	埋め込み節 （例：だれが来たかわかりません。）

（小柳 2004 を一部改訂：Pienemann, 1998 等に基づく）

以下の〔例1〕と〔例2〕は筆者が実際に教えた学生の誤用です。「名詞＋

の＋名詞」ができるようになるのは第3段階ですが、関係節を産出することができる第5段階の学習者に、不適切な「の」の挿入が見られます。中国語で名詞を修飾する形容詞に「的」がつくことから、名詞の前に「の」をつける誤用は中国人学習者に多く見られることがよく知られています。でも、オーストリア人の上級学習者にも見られたのです。それは、関係節がまだ頭の中で十分処理できていないということです。つまり、「の」の挿入は、中国人学習者だけの問題ではないのです。

〔例1〕義理としがらみを優先する<u>の</u>日本社会は、人間の心と心の間のつながりの重要性を忘れている。（オーストリア人、上級）

〔例2〕友情とは、利害や損得のない<u>の</u>ことだろう。（同上）

また、談話の中でだれの視点で出来事を描写するかということも、作動記憶の言語処理能力と関係があるとされます。統語の発達が十分でない場合は、従属節をこえて、あるいは、文をこえて、同一の視点を維持しておくことは難しいです。一時的にでも、だれの視点で話しているかを記憶にとどめておかなくてはなりません。母語話者なら同じ主語で話すところを、学習者はそのつど主語が変わってしまったり、主語の過剰省略や過剰使用が起きたりして、不自然な文になってしまうことがあります。

たとえば、田中（1996）では、主語が統一されずに、ねじれ文が生成される問題が示されています。〔例3〕の学習者はまだ第3段階にいて、等位節や従属節を自由に操ることができません。そのため、主語を統一しておくことができていません。また、受け身も作れないので、〔例3〕では不自然な日本語になっています。ところが、第4段階になると、節をまたいでも同一の視点が維持できるだけの統語能力が十分発達しています。形態素に関しても、受け身が作れる段階になり、〔例4〕では日本語らしい文が産出されています。

〔例3〕友だちは春休みに旅行しないかと聞いて、私はお金なしひまもないと答えた。（第3段階）

〔例4〕私は春休みに旅行しないかと聞かれて、お金もひまもないと答えました。（第4段階）　　　　　　　　　　　　　　　　　　　　　（田中1996）

このような普遍の発達段階が明らかにされて、学習者の発達段階より少し上の段階を目ざして教室指導をすると効率がよいと考えられるようになりました。しかし、実際には、同じコースを履修する学習者の中でも、発達段階は必ずしも同一ではありません。また、伝達上のニーズから早く教えなくてはならない文法項目もあります。たとえば、日本語の助詞の「は」と「が」が難しいからといって、初期に教えないわけにはいきません。したがって、発達段階のみを基準にして、教室指導をするのは実際には難しい面もあります。でも、教師は、学習者には通るべき習得の道筋があり、発達上の必然的な誤りがあることを知っておくべきだと思います。

3. 学習者の第二言語習得に影響を及ぼす要因

3.1 母語の影響

　前節ではどの学習者にも共通の発達段階があると述べました。しかし、同時に、学習者それぞれに特徴的な第二言語の運用をすることも多いです。同じ教室環境で第二言語を学んでいる場合でも、学習者のやる気や性格、教室外での第二言語との接触環境などが異なり、学習者間の言語運用能力には差が生まれてしまいます。この節では、そのような習得に影響を及ぼす要因を考えてみたいと思います。

　学習者言語に大きな影響を及ぼす要因のひとつに、すでに習得ずみの母語の存在があります。20世紀半ばに北米で盛んだった行動主義心理学の時代は、言語学習を刺激と反応の習慣形成ととらえていました。母語において形成された習慣が、良くも悪くも第二言語習得に影響を及ぼすと考えられたのです。母語の習慣をそのまま持ち込んでよい場合は「正の転移」が起きますが、持ち込んではならない習慣が取り込まれると、「負の転移」すなわち「母語の干渉」が起きます。

　この行動主義心理学は言語学にも影響を与えました。そして、意味やコンテクストを排除して、やや機械的に言語を分析する「対照分析」が盛んに行なわれ、2言語間の相違点を明らかにしようとしました。そして、2言語間の相違点こそが負の転移が生じる源で、2言語間の距離が遠ければ遠いほど，すなわち，相違点が多ければ多いほど、習得が難しいと考えられました。

しかしながら、研究が進むと、対照分析が予測したとおりには、母語からの負の転移は起きないこともわかってきました。むしろ、母語を習得する子どもと第二言語の学習者に共通の誤りがあることや、母語に関係なく、どの学習者にも共通の誤りが生じることのほうが多いことも明らかにされました。したがって、2言語が異なるから転移が起きると考えるのは、今や単純すぎると考えられています。

　ただ、母語の影響が出やすい言語領域は、ある程度予測が可能です。たとえば、発音は母語の影響が残りやすい言語領域です。第二言語の音を聞き取ろうとするときに、学習者は母語の音の体系で聞き取ってしまう傾向があり、産出するときにも母語の音に影響されるのです。また、文を理解するストラテジーも転移しやすいと言われています。文中の「だれがだれに何をしたか？」を解釈するときに、処理ストラテジーが母語と異なると、習得が難しくなります。たとえば、文解釈に語順がカギとなる英語話者は、語順に柔軟性がある日本語の文を解釈するときに、助詞に注意が向きにくいとされます。また、英語話者にとって、日本語より中国語のほうが習得しやすいと言われます。それは、英語と中国語の語順が同じなので、頭の中で処理しやすいからだと考えられます。

　第2節で、中国人に多く見られるとされる名詞句の前の「の」の挿入が、実は、中国人だけでなく欧米の学習者にも生じることにふれました。これは、普遍の発達段階において、発達途上の誤りはどの学習者にも生じる可能性があることを示しています。でも、中国人に特に多いのは、中国語では「美丽的花（美しい花）」「快乐的一日（楽しい一日）」のように、名詞を修飾する形容詞に「的」がつくので、それに相当するものとして「の」を使用するからだと考えられています。普遍の発達段階において、母語は、各段階を通り抜ける速さに影響すると考えられています。発達段階は、その段階の特徴が表出し始める時期で判断されますが、その段階の形態素や統語を正確に使えるようになる段階をもうひとつ想定すると、中国人は、第5段階の関係節が正確に使えるようになるまでに、他の言語の母語話者より時間がかかっているのかもしれません。

　さらに、今では母語の影響のみならず、転移の問題は「言語転移」という語でもっと広く解釈されています。学習者が第二言語、第三言語と習得していくと、第二言語と第三言語との間の影響もあり得ます。日本人が大学生に

なってフランス語やドイツ語を学ぶ場合は、日本語より英語からの影響の方が大きいかもしれません。また、母語が共通の学習者でも同様の転移が起きないのは、そこに、個人レベルの目標言語やその文化に対する判断が伴うからだと考えられています。

3.2　年齢

一般には外国語の習得は早ければ早いほどいいと考える人が多いと思いますが、本当にそうだと言い切れるでしょうか。母語の習得には、ある一定の年齢の時期を逃すと習得が困難になるとされる「臨界期（critical period）」が存在します。後天的な病気やけがで失語症になった子どもの母語の発達あるいは回復状況から、母語の習得については、思春期を過ぎると習得が難しくなると言われています。それで、第二言語にも臨界期があるのではないかと考えられるようになったのです。

第二言語の場合は、言語領域により臨界期が異なる可能性も指摘されています。特に発音やコロケーション（ネイティブらしい言い回し）に関する臨界期は早く、6〜7歳ごろとする説もあります。でも、文法に関する臨界期はもっと遅いと考えられています。発音は母語の影響が出やすい言語領域ですが、臨界期も早いのです。しかし、遅い年齢で第二言語を始めても、発音が母語話者並みになる例外もあります。それで、最近は、臨界期という意味合いの強い語ではなく、習得するのに好ましい時期という意味で「敏感期（sensitive period）」という用語も使われるようになっています。

また、第二言語を学ぶ子どもと大人では、第二言語の発達のしかたが異なると言われています。子どもは第二言語の習得のスピードが速いとは必ずしも言えません。年少の子どもは特に、初期段階の習得には時間がかかります。幼稚園で、現地の子どもと遊んでいるだけで気持ちが通じていて、第二言語は耳を素通りしているのかもしれません。対照的に、大人はすでに認知能力が発達していて、文法を把握するのが速いため、初期段階の習得のスピードはむしろ速いのです。でも、長期的に見ると、最終的に高いレベルに到達できるのは、年少の時期に第二言語を始めた場合だとされています。ただし、このような研究は、移民を対象とすることが多く、母語が維持されていたかどうかは報告されていません。

グローバル化した現代社会において、今やバイリンガルであることが普通になりつつあるとすら言われています。国際結婚の両親の下に生まれ生後からバイリンガル環境で育つ場合は別ですが、後から第二言語が加わる場合は、母語のレベルが高いほど第二言語の習得が進むとされています。したがって、母語の習得に配慮することなく、ただ第二言語を早くから始めればよいとは必ずしも言えないようです。

　昨今は、外国にルーツを持つ子どもが日本の公立学校に入学してくるようになり、特に年少者の日本語教育の重要性がますます高まっています。こうした子どもたちは、母語と日本語の狭間で揺れているはずです。年少者の日本語教育を考えるときには、年齢相応に母語がしっかり習得されているかという問題にも配慮する必要があると思います。

3.3 言語適性

　たとえ同じ環境において同じ方法で第二言語を習ったとしても、最終的に到達するレベルには学習者間で大きな隔たりが見られます。年齢を除くと、大人の第二言語習得に最も影響を与える個人差要因は言語適性だと言われています。これは言語学習に向いているかどうか、つまり、言語に対する潜在的な学習能力があるかどうかということです。

　開発初期の言語適性テストでは、適性がどんな要素から構成されるかが研究されていました。中でも、北米で開発された現代言語適性テスト（Modern Language Aptitude Test：MLAT）が有名です。MLAT では音韻識別力や文法に対する感受性、数字や単語の暗記力などが調べられます。日本語でも、このようなテストにならって日本語習得適性テストが開発されたことがあります。日本語独自のものとして、図形や未習の漢字を使ってパターン識別をするようなサブテストが含まれています。言語適性は、習得の成否ではなく、習得のスピードを予測するものです。

　MLAT は、戦時中の軍隊要員の選抜目的で開発されたという経緯がありますが、今でも第二言語習得の研究ツールとして用いられています。ただし、言語適性テストが開発された当時と現在では言語能力の概念が変化し、教授法も多様化しているので、最近では新たな言語適性の概念化が必要だと言われています。

第2節では、作動記憶がどれだけ言語を処理できるかにより、学習者言語に発達段階が存在することを述べました。実は、この作動記憶の容量が、新しい言語適性のひとつとして注目されています。作動記憶とは、従来の短期記憶を拡大した概念で、情報を一時的に貯蔵するだけでなく、情報を保持しながら長期記憶から既存の知識も取り出して処理を行なう能動的な記憶です。

　作動記憶で処理できる容量が大きいほど、母語話者と会話のやりとりをしながらも、知らない単語や文法のパターンに気づいて記憶に取り込むことができるので、習得がより速く進むと考えられます。作動記憶は、基本的に第一言語でも第二言語でも使える容量は一定です。でも、第二言語の場合は、文法が十分に発達していないので、第一言語と同様に効率よく使えません。作動記憶の容量が大きければ、潜在的に第二言語習得が速く進む可能性があるのです。

　今では、習得の頭の中のメカニズムに照らして、記憶など、どんな基本的認知能力が習得にどのように関わっているかが研究されるようになっています。従来の適性テストは、半年や1年のコース修了時の成績を予測するものでした。しかし、学習者の言語能力は、コース修了後も、生活の中で、あるいは仕事の実践の場を通して、さらに伸び続けています。したがって、最終的に母語話者並みになる学習者の言語適性はどのようなものかという研究も進んでいます。また、学習者の適性は複合的なもので、適性のさまざまな側面に強みや弱みがあり、学習者の適性プロフィールに合わせて教室指導を変えるべきだという提案もなされています。

3.4　動機づけ

　言語適性についで第二言語習得への影響が大きいと考えられているのが、動機づけです。語学に限らず、強い動機や意欲がある人のほうが、人生のいろいろな面で成果をあげやすいはずです。長い年月を要する第二言語の習得に動機づけが必要なのは当然とも言えます。動機づけ研究の初期は、動機づけの種類を分類し、どんな動機づけが習得にいいのかが研究されました。たとえば、目標言語の文化や社会に溶け込みたいという「統合的動機づけ」と、進学や昇進など実用的な目的で第二言語を学習しようという「道具的動機づけ」のどちらが有効かというような問題が扱われました。

　実際のところ、言語学習が行なわれるコンテクストや、第二言語ができ

ることの社会的な価値が国や地域により異なりますから、どんな動機づけが
もっとも優れているかというような結論は出ませんでした。日本語に関して
も、アジアと欧米では日本語学習の社会的な意味づけが異なります。それで、
日本語能力が就職で評価されることが多いアジアのほうが、道具的動機づけ
で日本語を勉強している傾向が強いようです。

　その他に、親からの期待や進学、就職などに必要というような外からの圧
力で言語学習を行なう「外発的動機づけ」と、学習そのものに興味を見出し
て言語学習を行なう「内発的動機づけ」とに分類することもあります。背後
にある考え方は、動機づけの形成にも変化のプロセスがあるということです。
最初のきっかけが外発的動機づけであっても、それをも自らに取り込んで、
やがて自分なりの興味や価値を見出して言語学習に取り組み、内発的動機づ
けに変えていくことが重要だと考えられています。

　最近では、統合的か道具的かといった動機づけの分類や比較だけにとどま
らず、教室の学習場面と結びつけて動機づけをとらえるようになっています。
学習者が第二言語の学習を始めるときに、どんなに大きな目標や願望を持っ
ていたとしても、学習に対するやる気は、長い学習期間の中で変化していき
ます。教師自身の魅力や教室活動のやり方しだいで、学習者の興味が増すこ
ともあれば、反対に意欲が失われたりすることもあります。学習者がどのよ
うに言語能力を評価されるかも、動機づけに影響を及ぼします。教師は、教
室では目標設定を明確にし、学習者が達成感を味わえるような授業をして、
学習意欲をかき立てるように努める必要があります。

3.5 その他の学習者要因

　母語の習得と異なり、大人の第二言語習得には、最終的な到達度において
個人差が大きいです。そこには、学習者の性格や動機づけ・年齢・知性・目
標言語やその文化に対する心理的な障壁など、さまざまな要因が複雑に絡み
合っています。ここでは、年齢・言語適性・動機づけ以外の要因についても
触れておきます。

　中でも、習得に影響するとだれしも考えるのは、学習者の性格でしょう。
性格についてよく議論されるのが、外向性・内向性の問題です。自分からど
んどんコミュニケーションを取ろうとする外向的な学習者のほうが、言語習

得に有利だと容易に想像がつきます。しかし、内向的というのも、心理学で厳密に定義すると、他人と比較することなく自己を確立できる性格なので、内面的に強い性格だと考えられています。地道に時間をかけて勉強しなくてはならない外国語学習には、内向的な学習者に有利な面もあるのです。

　また、教室外のコミュニケーションの場や、人前でパフォーマンスしなくてはならない教室は、人によっては緊張を強いられ、うまく話せないということもあると思います。特に言語学習特有の不安を「言語不安」と呼んでいます。極度の不安は言語学習には悪影響を及ぼしますが、反対に、緊張感がなく、自分の誤りも気にせずコミュニケーションをするタイプの学習者は、誤りがそのまま定着してしまう可能性があります。このように、どんな性格が言語習得に向くかは一概には言えないことが多いです。

　その他にも、学習者は学習スタイルの好みや、自分なりの学習ストラテジーを使って言語学習にのぞんでいることが多いです。学習スタイルとは、たとえば、耳から覚えるのが得意であったり、文字を見ないと落ち着かないなど、学習者の好きな学び方の傾向があるということです。また、学習ストラテジーには、言語学習を管理するようなメタ認知的ストラテジー、記憶など必要な認知スキルを駆使する認知的ストラテジーや、周囲の人と協力して教室活動を行なうといった社会情意的ストラテジーが含まれます。能力の高い学習者は、ストラテジーを自らが用いていることに気づかずとも使えていることが多いです。でも、もともとストラテジーがうまく使えていない学習者には、ストラテジーを教えても、学習者を変えることは難しいと言われています。

　このように、第二言語習得に影響を及ぼす要因はさまざまです。しかし、言語適性と動機づけ以外の要因は、どこまで習得に影響があるのかはあまりはっきりしていません。おそらく影響を及ぼす割合としてはかなり低いと思われます。しかし、教師はいろいろなタイプの学習者がいることに留意し、教室でもそれぞれの学習者に気を配る必要があるでしょう。

4. 教室指導の役割

4.1 言語学習のメカニズム

　言語習得とは言語形式と意味／機能を結びつけ、その関係を強化していく

プロセスだととらえられます。母語を習得する乳幼児のことを考えるとわかりやすいと思いますが、乳幼児は大人の発話を聞いて、どこに音や語の切れ目があるのか、それがどんな意味を表すのかを見いだしていきます。あるいは、感情や意思が宿っていて、それをどのような言語形式で表現すればいいのかを見いだしていきます。文法の規則から出発して、それを適用するようなタイプの学習を明示的学習と言いますが、母語の習得は、明示的学習とは異なり、規則に頼らない暗示的なメカニズムが働いています。

　第二言語も、基本的には暗示的メカニズムが働く必要があると考えられています。まずは、新しい言語を学ぶときに、学習者の頭の中で、すなわち認知的にどんなことが起きているのか考えてみましょう。なぜなら、認知的な学習メカニズムに合った教室指導が、習得を促進すると考えられるからです。

　コンピュータが、入力された情報（＝インプット）をもとに情報処理を行ない、何らかの出来高（＝アウトプット）を出すように、人間の頭の中でもさまざまな情報処理が行なわれています。言語に関する情報処理は、特に「言語処理」と呼ばれます。言語産出と理解のプロセスも、認知的に見ると言語処理としてとらえられます。また、第二言語習得は、母語の習得と同様に、コミュニケーションを行なうプロセスで同時に起きるとされています。したがって、学習者の頭の中では、言語処理をしながら、そのかたわらで、言語習得も起きていることになります。

　母語を習得する乳幼児が、話し始める前から周囲の大人の言語を多く耳にしているのと同様に、第二言語習得もインプットなくして習得は始まりません。耳や目から入ってくる目標言語の学習素材、すなわちインプットを受ける必要があるのです。乳幼児は、大人どうしの会話より簡略化されたインプットを受けています。よって、母語の習得と同様に、第二言語習得でも、その時点の学習者のレベルより少し上の項目を含む「理解可能なインプット」を受けることが重要だと考えられるようになりました。

　第二言語の学習者は、インプットを受けたときに、まず既存の文法知識と照らし合わせて意味を理解しようとします。既存知識と矛盾が起きなければ、インプットは自動的に処理されて、通常の言語理解のプロセスになります。しかし、その時点の学習者の既存知識では処理できないと判断されると、頭の中で言語学習が始まるのです。すなわち、それが、学習者自らの言語と目

標言語とのギャップに気づくということになります（図1）。

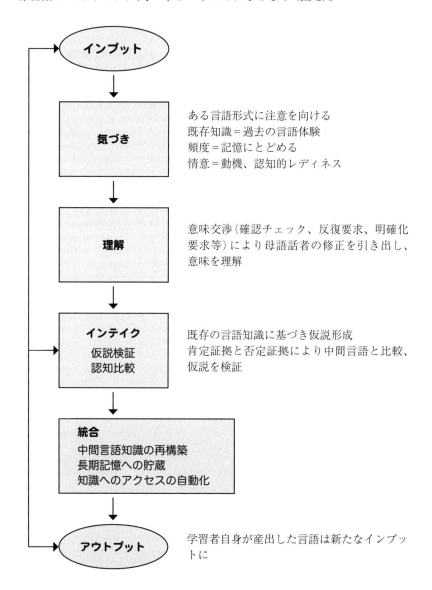

図1 言語習得のメカニズム
（小柳 2004: Gass, 1997; Gass & Selinker, 2001 に基づく）

習得の第一歩である「気づき」とは、文法の規則に気づくことが重要なのだと誤解されたこともあります。本当の気づきとは、インプットの断片——フレーズや文末表現など——に集中して注意を向けることを意味します。気づきはいくつかの要因に左右されます。過去に何か言いたいことがあったけれども言えなかったというような経験をしていれば、気づきやすくなります。インプット中に高い頻度で現れる言語形式は気づく可能性が高いです。また、高い動機づけを持ってインプットに向かおうとするときは、気づきが起きやすいとされます。さらに、認知的レディネス、すなわちインプットに対処しようという準備ができているということも、気づきに影響します。たとえば、インプットを取り込めるだけの適切な発達段階にあることや、集中してインプットに注意を向ける準備ができていることを指します。

　注意を向けた部分の意味を明確にするために、必要ならインターアクション（会話のやりとり）の相手と意味交渉を行います。意味交渉とは、お互いの伝達意図が伝わるまで、やりとりを繰り返すことです。インプットの大雑把な意味は、コンテクストからの類推で前の段階で理解されていますが、意味交渉では、さらに、特定の言語形式の意味や機能を理解しようと努めるのです。

　下記の2つの例は共に、ペアワークで学習者S1が学習者S2に対して絵を描写しているところです。

日本語の意味交渉の例1

（小柳 2004 に引用：Iwashita, 1999；pp. 37-38 より）

　〔例5〕確認チェック（confirmation check）

　　　S1： G

　　　S2： Gはどこ？

　　　S1： Bの次。

　　　S2： Bの次？

　　　S1： はい。

　　　S2： Gはなんの？

　　　S1： Gは3人は車の前に立っています。

　　　S2： 車の中？

　　　S1： 車の前。

この〔例 5〕は、学習者 S1 だけがある場面の人や物の位置を知っていて、学習者 S2 がそれを聞き出しているところです。学習者 S2 は「B の次？」と学習者 S1 が言ったことを繰り返して確認しようとしています。このように、相手の言ったことに対する自分の理解が正しいかどうかを確かめるために行なうのが「確認チェック」です。

　〔例 6〕も同様に、学習者 S1 が外の風景の絵を描写して、学習者 S2 に説明しているところです。学習者 S2 は絵を見ていないので、学習者 S1 と学習者 S2 は同じ情報を共有していません。

日本語の意味交渉の例 2

（小柳 2004 に引用：Iwashita, 1999；pp. 37-38 より）

　〔例 6〕明確化要求（clarification request）

　　　　S1： ええと、その木の間に女の子が泣いている。
　　　　S2： 何がありますか。
　　　　S1： 泣いてる女の子。
　　　　S2： 何をしていますか。
　　　　S1： それで泣いています。

　その中で、学習者 S1 が木のそばの様子を説明したときに、学習者 S1 の「その木の間に」という文の始まりと「女の子が泣いている」という文末が呼応していなかったので、学習者 S2 は「何がありますか。」と聞いています。わかりにくい箇所の発話をもう一度言ってもらおうとしているのです。そして、学習者 S1 の次の発話が「泣いている女の子」だったので、存在するのは物ではなく人だということがわかり、再度「何をしていますか。」とはっきりさせようとしています。相手が言ったことが意味不明瞭な場合に、はっきり言ってもらおうとすることを「明確化要求」といいます。

　このように、意味交渉の中で発話を訂正しようとするときに、語彙や文法を直そうとしたり、あるいは相手が誤りを訂正したりしてくれることが、言語習得に大切だと考えられているのです。第二言語の学習者にとって大切なのは、簡略化したことにより理解可能になったインプットではなく、インターアクション、つまり会話の中のお互いのメッセージのやりとりを通じて理解可能になったインプットが重要なのです。

学習者に気づかれ、意味が理解されたインプットは、その後の分析に用いられます。この段階では、学習者の受け取った最初のインプットの中からすでにふるいにかけられ厳選されたものが残っています。これが習得に用いられるインプットで、「インテイク」といいます。学習者の頭の中では、インテイクの言語情報のどこが既存の文法知識と異なるのかを比べる作業が起きます。これを言語習得の用語で「認知比較」と言います。

　インテイクは「仮説検証」を行なうプロセスでもあります。学習者は自分なりの文法体系を作り上げていますが、その仮説が正しいかどうかを確かめる必要があります。そのために、学習者には目標言語で何ができるかという情報、つまり「肯定証拠」と、目標言語で何ができないかという情報、つまり「否定証拠」が必要になります。

　学習者は、両方の証拠を頼りに仮説を検証しています。母語話者が使っているということは肯定証拠になります。また、誤りを指摘されれば、それが否定証拠になります。その中で仮説に修正や微調整を加えていくのです。仮説検証をして正しいと確認された仮説は、新たな文法知識として記憶の中で統合されます。その場合に、必要なときに効率よく取り出せる形で長期記憶に貯蔵されなくてはなりません。つまり、既存の目標言語の知識の「再構築」が必要です。そして、必要時に長期記憶から取り出す一連の手順が「自動化」されることにより、正確で流暢な言語運用ができるようになります。

　従来型の外国語学習の教室では、教師が文法知識を与えることからレッスンが始まることが多かったかもしれません。しかし、そのような知識を与えたところで、学習者の頭の中で新しい言語形式がすぐに分析され、長期記憶に統合されるわけではありません。十分な意味のあるコンテクストがある中で、学習者自身がインプットを処理していかないと、言語使用で効率的に取り出せる形で長期記憶にとどめることはできないのです。

4.2 教室指導の習得へのインパクト

　インプットの重要性を主張したクラッシェン[4]は、「習得」と「学習」を全

---

(4) クラッシェン (Krashen, 1977) は、「インプット仮説」や「習得・学習仮説」など5つの仮説を提案しました。彼の理論の総称を「モニター理論」といいます。教室習得研究は、クラッシェンの批判をすることで発展してきた分野だと言ってもいいでしょう。

く異なるものだと区別していました。習得とは、理解可能なインプットをたくさん受けることによって、無意識的に起き、暗示的知識が得られるものだとしていました。一方、学習とは、従来から行なわれている教室の文法学習によって、明示的知識を得るものだとしていました。そして、この2つの知識はつながらないと主張したのです。これが議論を巻き起こし、その後、自然習得環境と教室習得環境の比較や、教室指導の効果を調べる研究が行われるようになっていきました。

　自然習得環境というのは、教室で学ぶことなく生活や仕事の中の実践で第二言語を習得していく場合です。目標言語が話されていない地域で第二言語を教室で学ぶ場合は、教室習得環境だけであることが多いです。しかし、目標言語が話されている地域で生活し、学校でも第二言語を学ぶ場合は、自然習得と教室習得の両方がある混合環境と言えます。

　このような異なる環境の学習者の言語を調べた結果、教室習得環境には自然習得環境にはない強みがあることが明らかになりました。教室では言語形式に注意を向ける機会が与えられることにより、自然習得環境では見過ごされがちな言語形式の習得が可能になります。したがって、教室習得環境の強みは、習得のスピードを上げることができること、また、最終的に言語運用能力を高い到達度に導くことができることの2点だとされています。

　さらに、どのような教え方が習得に効果的かということも研究されています。教授法という大雑把な単位の比較研究が行なわれたこともありましたが、特定の教授法が他より優れているというような結果は出ませんでした。そこで、より小さい単位、すなわち指導テクニックのレベルで「どんな指導テクニックがより効果的か」という相対比較がなされるようになりました。

　指導テクニックは、表2のように3つのやり方に分類されます。選択肢の1つめは、文法シラバスに沿って文法説明や文法練習で言語が教えられる場合で、Focus on FormS と呼んでいます。多くの場合、言語が使われるコンテクストは重視されないので、このやり方では言語形式と意味／機能を結びつけることは難しいです。一見正確さが身につくように思えますが、機械的な練習は持続効果がなく、流暢さが身につかないのが問題点だとされています。文法説明も、やさしい規則に関しては少なくとも指導直後には効果が見られますが、持続効果は見いだされていません。また、難しい規則に関しては、

学習者を混乱させるだけで習得にはあまり効果がないとされています。

表2 言語教育の方法

選択肢2	選択肢3	選択肢1
分析的 Focus on Meaning	分析的 Focus on Form	統合的 Focus on FormS
←──────────────────────────────────→		
ナチュラル・アプローチ イマージョン 手順（procedural）シラバス	タスクベースの教授法 内容中心の語学クラス 過程（process）シラバス	文法訳読法 オーディオリンガル サイレント・ウェイ 全身反応教授法（TPR） 構造シラバス、概念／ 機能シラバス

（小柳 2004、一部改訂：Long & Robinson 1998 に基づく）

　Focus on FormS による学習は、統合的アプローチをとっています。統合的というのは、ひとつひとつ文法項目を習い、それらを足し合わせることにより実際の言語運用ができることが期待されているからです。実際には、教える順序と習得順序はあまり一致していないと言われていますので、教師が思うようにひとつひとつ足し合わせていくことは難しいのです(5)。学習者の言語は、一度習得したかに見えた言語形式が消滅したり、誤用に転じたりすることもあり、習得過程は複雑で時間がかかります。ですから、統合的には学習はなかなか進まないのです。

　2つめの選択肢は、Focus on FormS とは対照的に、インプットをふんだんに与えるナチュラル・アプローチのように、意味や機能を重視したやり方です。これを Focus on Meaning と言います。目標言語で言語以外の教科を学ぶイマージョン教育は、ナチュラル・アプローチの理念を取り入れたもので、世界各地で成果をあげています。しかし、カナダのイマージョン・プロ

---

(5) コミュニカティブアプローチの教科書は、ひとつひとつ足し合わせてまとまった会話ができるよう練習するという点で、文法訳読法などよりは進んでいますが、やはり統合的アプローチに入ります。また、概念／機能シラバスは文法項目を概念や機能で言い換えただけなので、Focus on FormS と見なされています。

グラムの長年の追跡調査により、問題点も指摘されています。カナダで最長12年のイマージョン教育を受けた学習者は、聴解力や発話の流暢さでは母語話者にひけをとらないといいます。しかし、文法的な正確さという点では、母語話者にはとうてい及ばず、基本的な文法項目ですら誤りが多かったことが指摘されています。

　そこで、イマージョンのように基本的には第二言語を用いて何かをするという体験的な教室学習の中で、タイミングを見計らって言語形式にも注意を向けさせようとしました。これを Focus on Form と言い、第二言語習得に最も効果があるとされています。たとえば、ある言語形式の使用が不可欠な伝達活動をデザインしたり、その中で誤りが生じたときに集中的に訂正するような方法が考えられます。Focus on Form は正確さと流暢さの両方を同時に伸ばすことを目指しています。

　Focus on Meaning や Focus on Form の学習アプローチは分析的とされています。これは、習ったことを後で統合して言語運用するのではなく、本物に近いインプットを受けた学習者自身が、言語形式と意味や機能との関係を発見していくプロセスを重視しているからです。このように学習者が認知面で能動的に関わった学習のほうが、習得への持続効果があると考えられています。

　行動主義心理学の影響を強く受けたオーディオリンガル法や文法訳読法が盛んだった北米では、Focus on Forms から Focus on Meaning に振り子が振れ、その中庸に落ち着いたと言えます。日本語教育では、そのような経緯はなく、むしろ Focus on Form と Focus on FormS の比較(6) の方が重要だと思います。

4.3　習得を促進する教授法

　これまでの第二言語習得研究の成果をできるだけ反映させようと、「タスクベースの教授法(Task-Based Language Teaching: TBLT)(7)」が提唱され

---

(6) Focus on Form と Focus on FormS を区別せずに Form-Focused Instruction という語を用いる研究者もいますが、統合的か分析的かという点で両者のアプローチは全く異なります。

(7) TBLT は第二言語習得研究から提唱されている教授法以外にも、さまざまな提案がなされています。第二言語習得研究を反映させた TBLT は、シラバスがタスクで構成されます。タスクを用いることはコミュニカティブ・アプローチの教授法の教室活動として推奨されていますが、シラバスは文法や機能に基づきます。このような教授法を task-supported と呼び、task-based と厳密に区別することもあります。

ています。習得の意味のあるコンテクストを提供する手段がタスクで、日常生活あるいは学業や仕事で達成すべき課題が目標タスクとなります。教室では目標タスクの言語運用に近づくように教育的タスクをデザインします。シラバスは言語形式や言語機能ではなく、タスクで構成されます。習得される単位は、文型や文法項目ではなく、タスク単位で習得されると考えられているのです。この教授法は、意味のある伝達場面で言語学習が行なわれることが前提で、その中で Focus on Form の手法を用いて習得を促進しようというものです。

　TBLT による教室活動の中で、4.1 で紹介した学習者の認知的な学習メカニズムを活性化させる必要があります。たとえば、「気づき」を起こすには、特定の言語形式を高い頻度で与えることもひとつの方法です。教室の外では漫然と聞き逃したり、同じ表現に次に出会うのが何か月も先ということもあり得ます。ですから、集中的に特定の言語形式を含むインプットを多く与えるということは、教室の中だからこそ可能になることです。

　4.1 で述べたように、第二言語習得では、習得が起きる機会として意味交渉が重視されています。意味交渉の機会を増やすには、教師は答えを知らない質問をすること、たとえば、学習者自身のことを聞くことも有効だとされます。教師という性格上、答えを知っている質問をしがちですが、それだけでは意味交渉の機会がなくなってしまいます。また、教師主導の活動の弱点を補うために、学習者間のペアワークやグループワークも活用されます。このような活動では、参加者それぞれが異なる情報を持っていることがカギとなります。そこに、情報を共有してお互いを理解し合おうという必然性が生まれ、意味交渉が起きるのです。

　仮説検証において、教師ができることは、肯定証拠だけでなく否定証拠を与えることです。教室の外では学習者の誤りを母語話者が訂正することは稀です。誤りの訂正は、教室だからこそできることです。誤りの訂正は、言語習得の用語では「否定フィードバック」と呼びます。伝達活動を行なっているときは、活動の途中で誤りの原因を説明するよりも、学習者が言ったことの意味は維持しつつ、誤った部分を訂正して、自然に反応するという「リキャスト」と呼ばれる否定フィードバックが、効果があるようです。

　たとえば、以下の〔例 7〕のように、学習者が受け身の形をうまく言えなかっ

たときに、教師は学習者がパソコンをこわされたことに驚いて反応したのですが、受け身形は訂正しています。リキャストはある言語形式について集中的に与えることが重要だとされています。ひとつの授業の中で、発音や語彙、あらゆる言語形式に関してリキャストを行なうと、学習者には何かを直されているのか、あるいは、発話に対する単なる反応なのか、区別ができなくなってしまいます。

〔例7〕学習者：　きのう友達にパソコンをこわさせられました。
　　　　教　師：　えっ、パソコンをこわされたんですか。
　　　　学習者：　はい、パソコンをこわされたんです。

　このように、学習者の習得の認知面を邪魔することなく、認知過程を活性化することが、学習者の効率のよい第二言語習得につながっていくと考えられています。タスクにより意味のあるコンテクストを与え、活動の中でさまざまな指導テクニックを用いて言語形式にも注意を向けさせることが重視されています。そして、TBLTで教室活動を行なう場合は、学習者の評価もタスクベースで行なうことも考えていかなくてはなりません。いずれにしても、第二言語習得研究は現在も進んでおり、今後はさらに科学的なアプローチで教室指導が行なえることが期待されます。

ポストタスク

1. 学習者に自発的になにか話してもらい、学習者の日本語が表1の発達段階のどのレベルにあるか、どのような誤りをおかしているか分析してみましょう。

2. 日本語の母語話者と外国人学習者の日本語の会話を録音して、コミュニケーションの挫折が起きた場合、どのようなやりとりが行われているか観察してみましょう。

3. 日本語学習者の背景についてインタビューして、どのような要因がその人の言語習得に影響を及ぼしているのか考えてみましょう。

ひらがなから春樹まで（韓国）

鄭　相哲 (Jeong Sangcheol)
（極東大学校日本文化観光コンテンツ学科教授）

　新入生の面々を見るといわゆるオタクが多い。ある学生は中学時代から日本のアニメ好きで、それから高校生になってからは漫画に移り、今度は日本語でそれを読みたくなり、大学での専攻を日本語にしたというわけだ。この明確さが教える側から見ると非常に喜ばしい。授業に挑む態度から熱意までの流れが比例しているのは今まで教壇での経験から確実に言える。この子達に両国の政治的な事柄は遠い星の世界程度にとどまる。

　私とは違い映像の世代、すなわちスマホ慣れっこたちはさすがその活用から日本語のオトに聞きなれている。しかし文字での学習はひらがなの書き順から始まる。'動詞の活用'、'て形'など初級を終え中級に入るとそろそろ新聞をサイトで見始めるが、多少の無理はある。3年次になって未熟ではあるが、通訳と翻訳の練習に入る。私がよく使っている通訳の材料はNHKニュース。自分の経験から身に着けたさまざまな環境の現場でのテクニックと守るべきこと、マナーなどまで触れる。出発語が日本語で到着語が韓国語の場合は相当いける。もちろん母語である韓国語の表現の乏しさに頭をかかえることは日常茶飯事。また、翻訳が面白くて翻訳家になろうと決めた学生もいる。ここで私はこの世界の厳しさを言うが、なかなか折れない。私が選んだ練習材料の面白さから解読の楽しさが湧いたと思ったりして自己満足もたまには楽しむ。

　そして今度は日本文学の世界へ誘う。とにかく背景は私が加えることにして、読みやすい材料として俵万智を。日本は天皇の誕生日が、ナショナル・デーであると話したら疑問と頷きが半々。『サラダ記念日』はこの子たちに当然話題に。そして戦争の話から今の日本までを話すと自然に国家主義と個人主義の意味が伝わっていく。宇野千代に移ると彼女の男性遍歴には首をかしげるが、オンナとして一生を生きようとした颯爽たる生きざまには感動まで。それは今まで自分のために献身してきたオンナでない自分のハハの人生を透かしてやっと納得がいく。そして大庭みな子の男女関係のあり方、女性の魅力と磨き方などまで。続いて大江健三郎に。ノーベル賞の持つ意味とおかれた環境の中で被害者の立場で書くしかなかった『ヒロシマノート』のはなしまで。今わが韓国が直面している核の問題に行くと学生は相当身近な話として受け止める。核の話は盛り上がる。学生の目をグローバルな世界に導いてこそ授業は成功かな？　そして春樹は今年もらえるかな？　毎年外れるのはなぜ？　それはノーベル委員会に聞いてみたら？と私はとぼけていじわるを言う。中には春樹ファンがいて"春樹はいらない"この声には私も驚くばかり。さすが世界で韓国ほど春樹の固定ファンがいる国もない。

第 5 章

日本語を教えるための文法

---

1. 「きれいです」の品詞は国語の授業で形容動詞と習いました。この名前に‘動詞’とついていますが、どこが動詞っぽいのでしょうか。

2. 日本語の動詞と形容詞は何を基準に区別しますか。

3. 学習者に以下のような質問を受けたら、どう答えますか。
    ① 「行く、来る、寝る」はどれもⅠグループですか。
    ② 「よみます、かみます、こみます」のテ形はどうなりますか。
    ③ 動詞のテ形が「って」になるのはどういう条件ですか。
    ④ どんなときに動詞のテ形が「で」になりますか。
    ⑤ 「元気です」の否定形は「元気じゃありません」だけですか。

---

1. 教授法の変化と文法教育への影響

　日本語教育の大きな流れを振り返ると、教師の関心が「言語のしくみ」→「教え方」→「学習者の学びとその支援」の順に変化してきたと言われています（池田・舘岡 2007）。最初は日本語自体——言語のしくみ——に関心があり、その文法や語彙が教育の中心にありました。当然授業内容は、その言語のしくみを解説すること（文法説明、語彙解説）に力点が置かれていたようです。次に日本語をどうやったらうまく教えることができるか——教え方——に関心が移ります。この段階では、教師が中心となって学習者に教えるという発想が根底にあり、オーディオリンガル法の全盛期と重なります。さらに次の段階では、教師から学習者へと関心が移り、学習者がどうやって日本語を勉強するのか——学習者の学びとその支援——が注目されるようになります。教授法で言うとコミュニカティブアプローチが広がる時期です。この教授法は、学習者の文法分析能力や学習ストラテジーなどを重視し、学習者中心の教授法と

も呼ばれています。

このような3段階による教師の関心の変遷は、研究の世界においても同じです。日本語教育の教師・研究者の最も大きな組織である「日本教育学会」の学会誌『日本語教育』の掲載論文数を見れば、言語に関する研究は徐々に存在感を薄め、学習者関連研究が存在感を示しています（本田ほか2019）。つまり、研究の世界では、日本語自体のしくみ、言い換えれば文法への関心が徐々に薄れてきているのが現状であると言えます。

それでは、教育現場で日本語の文法はもはや存在価値がなくなってしまったのでしょうか。決してそんなことはありません。第3節で詳しく述べますが、初級・中級・上級という日本語教育の規範は、語彙と文法の数で規定されています。語彙というのは数が多く教材化が難しいため、現在の教科書（特に初級のもの）は一般に文法項目を中心に構成されています（構造シラバス）。結果として教師の関心がいくら移り変わっても、授業の骨組自体は文法をよりどころにしており、それほど簡単には文法から離れられないのが現状であると言えます。日本語教育の規範については第3節で説明しますが、その前に第2節では国語教育で習ったことを思い出しながら、日本語教育で使われている用語を整理していきたいと思います。

2. 国語教育の文法と日本語教育の文法

2.1 品詞論　動詞と形容詞はどう違う？

ここで少し、用語の確認もかねて国語教育で習った文法を復習してみましょう。国語の時間に習った現代語文法の内容は、古典文法と混同しやすいのではないでしょうか。「四段活用は古典で、五段は現代である」、「ナ変は古典だけで、カ変は現代も存在する」などということをしっかり覚えている人は大変優秀だと言えます。そもそも国語の時間において、現代語文法の学習は古典文法の理解のために行なわれているのですが、その辺の事情がつかめていないと現代語の文法をなぜわざわざ勉強するのかわからないのではないでしょうか。

次のページの表1を見てください。「きれい」を国語で形容動詞と呼ぶのは、古典文法の活用が動詞と似ているからであり、現代語だけを分析する上ではこの名前をつける必要がありません。よって、日本語教育では、「きれい」

をナ形容詞と呼びます。ナ形容詞・イ形容詞とは「きれいな人」「かわいい人」のように名詞を修飾するときの形から名前ができています。なお、「近所の人」のように、'の'で修飾するものを名詞と呼びます（実際には品詞決定についてもっと細かい条件設定がありますが、ここでは大雑把な区別だけ紹介しておきます）。

表1　品詞の呼び方

	国語教育の呼び方	日本語教育の呼び方
食べる	動詞	動詞
かわいい	形容詞	イ形容詞
きれい	形容動詞	ナ形容詞

　そもそも動詞や形容詞という区別はどうやってするのでしょうか。国語ではあまり詳しく習っていないのですが、英語の時間に動詞や形容詞ということばは習った記憶があると思います。英語を学んだときは、play は動詞、clever は形容詞という具合に新出単語とセットで暗記しているため、動詞と形容詞を区別する根本的な理屈を理解している人はどれくらいいるかわかりません。ここで答えを言ってしまうと、品詞は形で決まるものです。丁寧形（4.1 参照）にするとき、「です」で終わるものは名詞かイ／ナ形容詞で、「ます」がつくものは動詞です。これは日本語のルールであり、英語は英語の形で品詞を決定しています。よって、日本語と英語で品詞が異なるものもあります（これについてはポストタスク1で掘り下げているので、解きながら考えてください）。

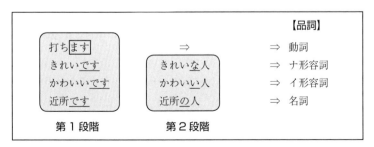

図1　品詞の決定（概略版）

2.2 活用について　テ形って何？

　次は活用の種類を復習してみましょう。①〜⑤には○○活用という名前が入りますが、正解を考えてみてください。一応、国語の授業では習っている問題ですからね（すべて忘れていても特に大きな問題はないんですが）。日本語教育ではさまざまな名前がありますが、表2の下段に特徴的なものを3つ入れてあります。これらの名前については4.2で詳しく説明します。

表2　動詞の種類とその呼び方

動詞の例	打つ	見る	食べる	来る	する
呼び方 （国語教育）	①	②	③	④	⑤
呼び方 （日本語教育）	Ⅰグループ U verb グループB	Ⅱグループ RU verb グループA		Ⅲグループ Irr. Verb グループC	

　表2①〜⑤の空欄には、①五段活用、②上一段活用、③下一段活用、④カ行変格活用、⑤サ行変格活用が正解として入ります。国語の時間には「動詞に‘ない’をつけてみて、直前の母音が‘a’になるものが五段活用の動詞である」と習っていますが、そのルールで五段活用（Ⅰグループ／U verb／グループB）の動詞だけはまず判定できます。④カ変と⑤サ変は「来る」「する」しかないので例外扱いとしてまとめます（Ⅲグループ／Irr. verb／グループC）。残りは②上一段（「見る」のように‘る’の前がiなら上一段）か、③下一段（「寝る」のように‘る’の前がeなら下一段）ですが、これらも日本語教育ではまとめてしまいます（Ⅱグループ／RU verb／グループA）。

　表2①〜⑤の名前も、形容動詞といった名前同様、古典文法を整理するのには有効ですが、現代語を説明するためのものではありません。よって、日本語教育では、表2下段にあるような3分類を用います。ポイントは、上一段と下一段がまとめられること、カ行変格とサ行変格が不規則変化動詞としてまとめられることの2点です。プレタスク3にあった「行く、来る、寝る」ですが、「来る」はⅢグループで、「行く」は「行かない」となり「aない」の形でⅠグループ、残った「寝る」はⅡグループとなります。

そのほか、国語の時間に未然・連用・終止・連体・仮定・命令という呪文のように覚えた活用形も日本語教育では全く違う名前で呼びます。これも古典の枠組みに現代語をはめ込んだもので、現代語を説明する名前としては機能しないからです。それぞれの名前——代表的なものだけ——は、「打たない」がナイ形、「打つ」が辞書形、「打った」がタ形、「打ちます」がマス形、「打って」がテ形のように、形がそのままネーミングとなっています。国語教育の名前よりは覚えやすいのではないでしょうか。たとえば「打つ」のテ形「打って」は、国語教育で連用形促音便などと呼んでいたわけで、ずいぶんものものしい名前ですね。テ形については4.2で詳述しますが、このルールを覚えることが学習者にとっては非常に大きな負担で、日本語教育初級のひとつの山場になっています。

3. 日本語教育の規範

　日本語教育は大きく分けて、初級・中級・上級という3分割がなされています。この3分割は日本語教育関係者に広く共有されており、「あの人はいつまでたっても初級だ」とか「中級になったらテキストが難しくなった」などのように教育現場で使われています。このような暗黙のうちに共有されている教育の段階性を本章では、日本語教育の規範と呼びたいと思います。あまり定義を考えずに初級・中級・上級という用語を使っている人もいますが、旧日本語能力試験の出題基準に照らし合わせると、この3分割は漢字・語彙・文法といった学習内容ベースに定義されていることがわかります。しかもそれぞれの学習時間も一律に設定されています。

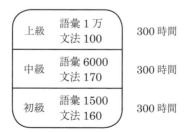

図2　日本語教育の規範
日本語教育編（2005）国際交流基金ほか（2002）を基に作成

この規範は、旧日本語能力試験と連動しており、初級が3・4級、中級が2級、上級が1級に対応していました。この初級・中級・上級という区分けは、総合教材のタイトルに利用されることで、教育現場の隅々に浸透しており、たとえば初級教材には今でも3・4級の文法項目がしっかり採用されています。日本語能力試験は2010年から新しくなり、N1〜N5までの5段階となりましたが、教科書は変わっていないため文法数や語彙数で決められる初級・中級・上級の区分は今も規範として機能していると言えます。

一方で、近年話題になっているCEFR（Common European Framework of Reference for Languages: Learning, teaching, assessment ヨーロッパ言語共通参照枠）（第8章）を見ると、日本語教育の規範とは全く違うシステムで動いていることがわかります。6段階評価の基準は、can-do statementと呼ばれる例示的能力記述文（illustrative descriptors）によって示されています。たとえば、表3では、基礎段階のA2に「…買い物、近所、仕事など…よく使われる文や表現が理解できる」という記述があり、その人の言語運用能力を判定しようとする姿勢が見て取れます。一方、図2は対照的に語彙や文法の数が明示されているだけで、それを使って何ができるかという発想ではありません。第1節では大きな流れとして、教師の関心における文法の存在感が薄れてきているという指摘をしましたが、日本語教育の現場は依然、文法の存在感が強いということがこの図2と表3を比べてみるとよくわかるのではないでしょうか。

表3 CEFR（ヨーロッパ言語共通参照枠）全体的な尺度

熟達した言語使用者	C2	聞いたり、読んだりしたほぼ全てのものを容易に理解することができる。いろいろな話し言葉や書き言葉から得た情報をまとめ、根拠も論点も一貫した方法で再構成できる。自然に、流暢かつ正確に自己表現ができ、非常に複雑な状況でも細かい意味の違い、区別を表現できる。
	C1	いろいろな種類の高度な内容のかなり長いテクストを理解することができ、含意を把握できる。 言葉を探しているという印象を与えずに、流暢に、また自然に自己表現ができる。 社会的、学問的、職業上の目的に応じた、柔軟な、しかも効果的な言葉遣いができる。 複雑な話題について明確で、しっかりとした構成の、詳細なテクストを作ることができる。その際テクストを構成する字句や接続表現、結束表現の用法をマスターしていることがうかがえる。

自立した言語使用者	B2	自分の専門分野の技術的な論議も含めて、抽象的かつ具体的な話題の複雑なテクストの主要な内容を理解できる。 お互いに緊張しないで母語話者とやり取りができるくらい流暢かつ自然である。 かなり広汎な範囲の話題について、明確で詳細なテクストを作ることができ、さまざまな選択肢について長所や短所を示しながら自己の視点を説明できる。
	B1	仕事、学校、娯楽で普段出会うような身近な話題について、標準的な話し方であれば主要点を理解できる。 その言葉が話されている地域を旅行しているときに起こりそうな、たいていの事態に対処することができる。 身近で個人的にも関心のある話題について、単純な方法で結びつけられた、脈絡のあるテクストを作ることができる。経験、出来事、夢、希望、野心を説明し、意見や計画の理由、説明を短く述べることができる。
基礎段階の言語使用者	A2	ごく基本的な個人的情報や家族情報、買い物、近所、仕事など、直接的関係がある領域に関する、よく使われる文や表現が理解できる。 簡単で日常的な範囲なら、身近で日常の事柄についての情報交換に応ずることができる。 自分の背景や身の回りの状況や、直接的な必要性のある領域の事柄を簡単な言葉で説明できる。
	A1	具体的な欲求を満足させるための、よく使われる日常的表現と基本的な言い回しは理解し、用いることもできる。 自分や他人を紹介することができ、どこに住んでいるか、誰と知り合いか、持ち物などの個人的情報について、質問をしたり、答えたりできる。 もし、相手がゆっくり、はっきりと話して、助け船を出してくれるなら簡単なやり取りをすることができる。

（Council of Europe2004　吉島・大橋ほか訳　p.25 より）

4. 初級文法

　第3節の図2で示したように、初級は約160種類の文法形式から構成されています。これらは大きく分けると3期に分類できます（庵・山内編2015の「あとがき」）。全体像が見えるように、初級の定番教材『みんなの日本語初級Ⅰ（第2版）』（スリーエーネットワーク）（以下、『みんなの日本語』）で対応する課とともにまとめると表4になります。この節では、以下の全体像を基にA期・B期・C期の順に見ていきたいと思います。

表 4　初級の全体像

	『みんなの日本語』
A 期　丁寧形の文法	第 1 課 – 13 課
B 期　動詞の活用（普通形）	第 14 課 – 20 課
C 期　普通形接続を必要とする文法項目	第 21 課 – 50 課

4.1 A 期　丁寧形の文法

　日本語教育の多くの初級教材で、最初は A 期「丁寧形の文法」を学びます。ここでは一般に、名詞述語文→動詞述語文→形容詞述語文の順で導入されます。「○○述語文」とは、文末にどんな品詞が来るかで決まる文の種類ですが、上の順で具体例をあげると「学生です」「行きます」「遠いです（イ形容詞）／好きです（ナ形容詞）」となります。これらは肯定／否定、非過去／過去の対立があるため、それらを体系的に指導していくことになります（表 5）。この表を丁寧形の文法と呼びます。

表 5　丁寧形の文法

	肯定	否定
非過去	学生です 行きます 遠いです 好きです	学生では（じゃ）ありません 行きません 遠くないです 好きでは（じゃ）ありません
過去	学生でした 行きました 遠かったです 好きでした	学生では（じゃ）ありませんでした 行きませんでした 遠くなかったです 好きでは（じゃ）ありませんでした

　これに付随して「私は学生です」「学校へ（に）行きます」「学校は家から遠いです。」「私は猫が好きです」のように関連する助詞を指導します。
　表 5 に示した一覧は動詞の活用を本格的に学ばなくても理解・運用できるため、とてもシンプルです。「行く」という動詞を例にすると、「行き」に「ます」「ません」「ました」「ませんでした」を接続すればいいだけです。実は、この

A期の「丁寧形の文法」だけで初級にしてはどうか、という議論が出てきています。根拠は、会話能力試験（OPI）で中級を取る人のデータを集めてみると、これらの文法形式を使いこなせれば取れることがわかってきているからです（山内 2009）。これは定番の教科書『みんなの日本語』で言うと第 50 課まである初級を第 13 課まででいったん区切るという提案です（表 4）。A 期「丁寧形の文法」を初級のひとつの区切りにするという発想（表 5 だけのシンプルな初級）はすでに『まるごと　日本のことばと文化』（三修社）、『いっぽにほんご さんぽ——暮らしのにほんご教室初級』（スリーエーネットワーク）、『にほんごこれだけ』（ココ出版）などで実用化されています。

4.2 B期の冒頭　テ形

「打つ」という動詞は「打つ＋て」という連用形に 'て' が続くとき「打って」という音便形になりますが、これがテ形です。表 4 の B・C 期にはたくさんの活用形を勉強しますが、その中でテ形といういちばん学習負担がかかる活用を取り上げ、ここではその学習について考えてみたいと思います。表 4 の B 期の冒頭にテ形が出現しますが、B・C 期の全体像は 4.3 で紹介します。学習者は、動詞を 3 種類に分類した上でそれぞれの変形ルールを学ぶことになります。2.2 の表 2 で紹介した活用の 3 分類がここで活躍することになります。表 2 を一部修正して表 6 として再掲します。

表 6　動詞の種類とその呼び方

動詞の例	打つ	見る	食べる	来る	する
呼び方 （国語教育）	五段活用	上一段活用	下一段活用	カ行変格活用	サ行変格活用
呼び方 （日本語教育）	Ⅰグループ U verb グループB	Ⅱグループ RU verb グループA		Ⅲグループ Irr. Verb グループ C	

4.2.1 活用の 3 分類とその呼称

日本語教育での呼び方を 3 つ紹介しましたが（表 6）、それぞれに特徴があります。Ⅰ・Ⅱ・Ⅲという呼び方は『みんなの日本語』が採用していて、教

材の普及に伴ってこの用語も広く普及しています。U・RU・Irr. verb というのは、それぞれのグループの動詞の形を表しています。RU（'る' と発音）は、このグループの動詞（食べる、寝る）が 'る' で終わるという形から来ています。Irr. は Irregular で不規則変化を意味します。U は母音の 'u' で終わるという意味です。しかし、RU 自体母音の 'u' を含んでいることや、U verb にも「狩る、切る、刷る、蹴る」など RU で終わる動詞があるため、U・RU は完全に排他的なネーミングにはなっていません。ただ、名前を形とリンクさせようとする姿勢は支持者も多く、欧米圏の学習者にはこういう呼び方で学んでいる人がたくさんいます。

　A・B・C は、Ⅰ・Ⅱ・Ⅲ の順番を並べかえたものです。Ⅰ・Ⅱ・Ⅲ という名前が広がるにつれて問題点として指摘されてきたのは、この順で動詞の活用を練習しようとするといちばん難しい Ⅰ グループから指導が始まり学習者のやる気を削ぐというものでした。この後で説明しますが、テ形のルールは Ⅰ グループがいちばん複雑で、Ⅱ グループは非常にシンプルです。それなら、簡単な方から学んでもらった方がいいのではないかという指摘が以前からあったわけです。こういった背景で出てきたのが、A・B・C という名前です。このネーミングは、理念的にはすばらしいのですが、あまり普及していないところが難点です。本章ではテ形のルールの難解さを示すのが目的ですから、A・B・C という名前を採用して進めていきます。

4.2.2 テ形の作り方

　学習者が学ぶテ形のルールは、次ページの表 7 のようなものです。母語話者はこれらを自然習得して使っているので、突然この表を見せられてもよくわからないかもしれませんが、テ形のルールを言語化するとこうなります。日本語を客観的に見るというのはこういうことです。

　表 7 のグループ A はシンプルで、動詞の 'ます' を取って、'て' をつけるだけです。グループ C は 2 例しかないので覚えるしかありません。残ったグループ B は非常に複雑で、動詞の形によりルールが細分化してゆきます。「だします」のように 'し' + 'ます' の動詞は、'して' となり、「かきます」のように 'き' + 'ます' の動詞は、'いて' と変化します。ところが「いきます」は例外で、「いいて」とはならずに、「いって」となります。また、'い' 'ち' 'り' + 'ま

す'の動詞は'って'となり、・・・こういったルールをひとつひとつ暗記して
いくことで、テ形の全体像が学習者にも理解できるようになります。

表7 テ形ルール

グループ A（IIグループ、RU verb）		
たべます	→	たべて
ねます	→	ねて
みます	→	みて
かります	→	かりて

グループ B（Iグループ、U verb）		
だします	→	だして
かきます	→	かいて
およぎます	→	およいで
*いきます	→	いって
もちます	→	も
きります	→	き }って
いいます	→	い
あそびます	→	あそ
よみます	→	よ }んで
しにます	→	し

グループ C（IIIグループ Irr. verb）		
します	→	して
きます	→	きて

4.2.3 テ形の教え方

　ルールを教えてそれぞれの動詞に適用するというのは、規則提示型の指導
と言えますが、現在の日本語教育の現場ではこの規則提示型が採用されてい
ます。表7のルールを学習者に覚えてもらおうという姿勢です（これは教材
が規則提示式になっているというだけのことで、現場の教師が選択している
わけではありません）。一方、日本人の母語習得は規則提示ではなくて、個別
例積み上げ型で行われています。私の子どもは、「スプーン取って」とは言え
ますが、「「取って」を辞書形にしてみて？」、とか「マス形は何？」と私が言っ
ても変形はできません。「取って」という形を運用場面と一緒に暗記している

だけなのです。つまり、言語運用は、その場面で必要な動詞が適した形で出てくるかどうかで決まります。脳の電気活動を記録する実験でも、母語話者はテ形を個別例積み上げ型で処理している可能性が示唆されています（小林2014）。

表7のような複雑で長いルールを暗記しても、言語運用の役に立たないことは自明であるのに（長いルールは思い出しているうちに時間が経つので、会話のときは使えません）、どうして日本語教育では規則提示型の指導がなされているのでしょうか。まず、規則提示型の指導は、試験対策に有効だと言えます。ある動詞を活用しなさいという問題があったとします。それが未知動詞であったとしても、ルールベースなら類推が可能です。日本語能力試験の4択問題などでは、その力を十分に発揮することになります。個別例積み上げ型では未知動詞にはうまく対応できません。もうひとつの理由は、ルールの仕組みを知りたいと思う学習者は必ずいるということです。どういうルールなのか教えてほしいと言われたら教師としては教えざるを得ない、これは意外と強い理由ではないでしょうか。

4.2.4 柔軟な対応が大切

我々が英語の不規則変化動詞を学んだときは、個別例積み上げ型で学んでいます。思い出してみてください、「ひとつひとつ暗記しなさい」と言われたはずです。言語の原則として、身近で頻出の動詞ほど不規則変化になるため、英会話などは個別例積み上げ型の知識がフル稼働されます。同じように日本語を個別例積み上げ型で指導することは可能ですが、そうはなっていません。日本語と英語の違いは何でしょうか。それは、日本語にはがんばれば理解できる程度のルール（表7）が存在するという点です。これによって、規則提示型が採用されることになります。この「がんばれば」という点が難点で、実はテ形でドロップアウトしてしまう学習者がたくさんいるのも事実です。

これを読んでいる人も自分が外国人だったらと仮定して考えてみてください。表7にあるルールをしっかり教えてもらって覚えたいと思いますか（規則提示型）、それともコミュニケーションに頻出する動詞50程度に絞って、そのテ形だけ覚えたいですか（個別例積み上げ型）。学習者のインタビュー形式のやり取りを集めたコーパス——言語資料をデータベース化したもの：ここ

では KY コーパスを使用──では、頻出動詞 50 を覚えればやりとりの 80%
以上カバーできることがわかっています（岩田 2018）。好みはいろいろある
でしょうが、教師は学習者によって指導方法の相性が異なるという点を理解
しておくべきです。

　テ形が重視されるのは、それ自体の機能というよりも接続形式が多い点で
す。「ています、てあります、ておきます、てみます、てしまいます、てあげます、
てもらいます、てくれます、ていきます、てきます…」このように多くの文
法形式と接続できます。現行の教科書では、テ形自体の機能を教えるという
よりは、こういった形式をたくさん導入する前の基礎学習という位置づけで
扱われています。これは次の節で紹介する B 期の普通形と同じ扱いです。

4.3 B 期・C 期　普通形とそれに接続する文法項目

　表 4 にある A 期「丁寧形の文法」に続く、B 期「動詞の活用（普通形）」、
C 期「普通形接続を必要とする文法項目」についてここで紹介したいと思い
ます。B・C 期は関連が強いため、ここではまとめて扱います。動詞の活用
が本格的に入るのが B 期の段階で、一般にはため口と言われる普通形の体系
（表 8）が提示されます。『みんなの日本語』では第 14 課 –20 課でこの形式が
導入されますが（表 4）、4.2 で取り出して論じたテ形もこの間に出てきます。

表 8　普通形の文法

	肯定	否定
非過去	行く	行かない
過去	行った	行かなかった

4.3.1　B 期は C 期の準備期間

　これらは使いこなせた方がいい形式なのですが、単独で普通形のため口を
学習者に使わせるのが B 期の目的ではありません。これらの形にいろんな接
続形式をつないで表現を広げるのが目的です。「行く」には、「ことができます、
と思います」などが接続し、「行った」には「ことがあります、ほうがいいです」
などがつながることで表現が広がります。こういった接続する文法形式を学

ぶのはC期なので、B期はC期の準備であるとも言えます。それにもかかわらず、ここは学習負担が非常に重い期間となります。表7のテ形ルールを思い出してください。非常にルールが複雑だったと思いますが、タ形（表8の「行った」）もルールは同じです。

　続くC期「普通形接続を必要とする文法項目」では、B期で扱った活用に接続する文法形式、およびB期に扱わなかった活用などがたくさん導入されます。『みんなの日本語』で第21課-50課の間に相当する長い期間（表4）、この文法積み上げは続いていきます。具体的には、この間に「のだ、と思う、ほうがいい、かもしれない、ようだ、そうだ、でしょう、ところだ、ばかりだ、はずだ・・・」などの文法形式が出てきます。活用も「行く」を例にすると、意向形（行こう）、命令形（行け）、ば形（行けば）、可能（行ける）、受身・尊敬（行かれる）、使役（行かせる）、尊敬（いらっしゃる）、謙譲（うかがう）などとさまざまなパターンが目白押しです。

4.3.2　よく使う文法・そうじゃない文法

　ちょっと考えてみましょう。以下の文法形式はこのB・C期で学ぶものですが、いくつかピックアップして並べてみました。私たちが日常生活でしばしば使っている項目——高頻度項目——はどれでしょうか、表9から選んでみてください。

表9　初級文法の例

CDのセールスは落ちてきている<u>そうです</u>。
どうした<u>んですか</u>？　もう疲れた<u>んです</u>。
パンはいま焼いている<u>ところです</u>。
課長は会議室にいる<u>はずです</u>。
パーティーに行く<u>かもしれません</u>。
たぶん彼は来る<u>と思います</u>。
明日は雨が降る<u>でしょう</u>。
今、ごはんを食べ<u>ています</u>。
先生にしか<u>られました</u>。

　私たちの日常生活における言語使用の実態と初級文法の関係をデータから

分析した論文があります（岩田・小西 2015）。そこではコーパスという大きな言語データを用いて初級文法項目がそれぞれどれくらい使われているのかを示していますが、その論文から表9にある文法形式だけ抽出してみると、以下のようになります。

表10　話しことば・書きことば別初級文法の出現頻度（論文より一部抜粋）

	話しことば	書きことば
そうです	41	2
んです。	10112	2263
ているところです。	12	83
はずです。	87	64
かもしれません。	566	194
と思います。	2522	843
でしょう。	1436	762
ています。	11058（テル）、669（テイル）	7624
られました。	1597	4972

　表10の数値に目を通すと、初級後半の文法項目にはずいぶん頻度の差があることに気がつくでしょう。100万語（厳密には形態素）のデータから頻度を出しているので、「んです、ています」など1万を越える形式は非常に頻度が高いことがわかる一方、「そうです、（ている）ところです」のように、ほとんど出現しない形式も目につきます。

　この表では、話しことばと書きことばに分けて提示しているところがポイントです。初級教材は会話能力を目標に掲げていることが多いのですが、それなら話しことばでよく使う文法項目に絞って提示すべきではないでしょうか。

5. 中上級文法

　第3節冒頭で紹介した図2には中級・上級文法というものがありましたが、具体的にどのようなものでしょうか。国際交流基金ほか（2002）からいくつ

かの文法形式をピックアップして以下に例文を作ってみました。

表11 中上級文法

中級文法
家に着いた<u>とたん</u>、電話が鳴った。 言ってはみた<u>ものの</u>、まだ気になっている。 朝食を食べた<u>にもかかわらず</u>、もうお腹がすいた。 今日はかぜ<u>ぎみ</u>だ。 泥<u>だらけ</u>になった。

上級文法
泥<u>まみれ</u>になりました。 散歩<u>がてら</u>、遊びに来た。 家に着く<u>がはやいか</u>、すぐにカバンを開けて宿題を始めた。 お金を貸した<u>が最後</u>、二度と返ってこない。 今日はいいこと<u>ずくめ</u>だ。

　これらは読んでみてどういう印象を受けますか。複雑な表現が並んでいますね。たとえば、「家に着いた<u>とたん</u>、電話が鳴った。」は「家に着いて<u>すぐに</u>、電話が鳴った」、「言ってはみた<u>ものの</u>、まだ気になっている。」は「言ってはみた<u>けれど</u>、まだ気になっている。」とそれぞれ初級文法に置き換えができます。豊かな表現を学ぶというのはこういうことで、言い換えれば、なくても困らない文法のリストを習得することが学習者には求められていくのです。ところが、これらの文法形式は、何を目標にしているのか国際交流基金ほか（2002）にも明記されていないため、覚えたらどんなときに役に立つのか不明です。目標も定まらないまま、言語表現は豊かになっていくのです。

　これらは日本社会で使われている文書類とどのような関係にあるのでしょうか。実際の文書を集めて調べてみるといろいろなことがわかります。たとえば、看護師国家試験、自治体が発行する公用文、クラウドソーシングの求人情報——ウェブ上で不特定多数の人に向けて書かれた仕事の募集情報——などといった各種文書類には、中級・上級の文法がほとんど出てこないことがわかっています（岩田 2013・2014・2019）。これらは、文学の文章ではないという意味で伝達の文章と言えます。中級文法の中の「について、に関して、

に対して」といった複合助詞の類はそれなりに使われているのですが、それ以外は出現頻度が非常に低いのです。さまざまな現場で働く外国人が日本へやってくる今日、そういった人々のニーズに合った指導は工夫が必要であり、総合教材を初級→中級→上級と順に教えるだけでは、現実の言語運用からかけ離れてしまう可能性があります。

6. 日本語教育文法

　ここまで、第3節で日本語教育の規範を紹介し、そこに並んでいる文法形式が必ずしも言語運用場面における重要性と合致しているわけではない、ということを見てきました。初級と言われている文法形式の中で学習者がコミュニケーションに最低限必要なものはほんの一部でしたし（A期「丁寧形の文法」4.1）、B・C期の文法形式にはあまり使っていないものがありました（4.3）。また、中級・上級文法も伝達の文書に使われているものは一部でした（第5節）。コミュニケーションを技能別——読む・書く・聞く・話す——に分けて、各文法形式の機能を考えることで既存の日本語教育を見直していこうという動きがあり、日本語教育文法と呼ばれています。ここまで第4節・第5節で紹介してきた内容も日本語教育文法の流れにあります。

　この研究分野から一例として論文を紹介します。「（彼女は）髪が長いです」という形容詞述語文について考えてみましょう。この形容詞述語文は、4.1で見たとおり、日本語教育の最初のうちに必ず提示される必須項目です。この「長いです」というイ形容詞はどのように指導されているのでしょうか。日本語教育では体系性重視の視点から、各品詞の否定形、過去形、過去の否定形を順に提示し、定着を図っているという現状があります。一覧にすると、以下の体系のようになります。

表12　「長いです」の体系

	肯定	否定
非過去	長いです	長くないです
過去	長かったです	長くなかったです

この表は一見、何の問題もなさそうに見えるかもしれません。体系性という点においてはきれいにまとまっているからです。ところが、コミュニケーションという視点で考えてみてください。「物事の長さを相手に伝える」という機能から考えると、「長くないです」などと言うよりも、「短いです」と言った方がいい場面はたくさんあります。「大きい、高い、難しい、硬い、早い」といったイ形容詞は、「小さい、低い（安い）、易しい、柔らかい、遅い」といった対になるペアを持っているのです。コミュニケーション上は、これらのペアが実質的な否定形として機能しているのです。実際にデータを分析してみると、イ形容詞の否定形はあまり使われていないことがわかります。

このように教科書に採用されている文法項目を既定のものとして受け入れるのではなく批判的に研究していこうという動きが日本語教育文法です。これらは 2000 年代以降に盛んになっている研究分野で、代表的な書籍は、野田編（2005）、庵・森編（2011）、野田編（2012）、庵・山内編（2015）などがあります。上で紹介した形容詞の否定形不要論は、野田編（2005）所収の小林（2005）で展開されています。小林論文では、データを元に形容詞の否定形がいかに少ないかを示した上で、否定形は不要であると主張しています。その他、「動詞の命令形」「つもりです」なども不要なのではないかという提案を行なっています。こういった規範を疑ってみるタイプの論文は日本語教育文法として、たくさん出ています。興味がある人は、ここで紹介した文献をぜひ一度読んでみてください。

7. これからの教師に求められる文法センス

日本語教育の規範が成立したのは 1980 年代です。そして、その規範は現実の言語運用と合わない面が出てきていることをここまで各節で紹介してきました。これからの日本語教師には、規範をそのまま信じるのではなく批判的に見る目が求められていると言えます。自分が使っている教科書に掲載されている文法をぜひ批判的に見てください。

ここでは最後に追加例を紹介したいと思います。4.1 の表 5 では丁寧形の一覧を紹介しましたが、実はこの否定形式は「ないです」形式と「ありません」形式、それぞれが 2 パターンずつあります。全体像を表にすると以下のよう

になります。

表13 丁寧形の否定形式

	否定
非過去	学生では（じゃ）ないです／ありません 行かないです／行きません 遠くないです／遠くありません 好きでは（じゃ）ないです／ありません
過去	学生では（じゃ）なかったです／ありませんでした 行かなかったです／行きませんでした 遠くなかったです／遠くありませんでした 好きでは（じゃ）なかったです／ありませんでした

　否定形はこのように2種類が存在しており、場面や世代によって使い分けが行われているのです。一般的な話しことばでは「ないです」形式が優勢であることもわかっていますが、改まった場面ではまだまだ「ありません」形式が使われることもあります。こういった現状を背景に、教科書ではどちらの形式を採用するかが一致していません。つまり、表13の形式は、教科書が変わると変わってしまうものもあるのです（ポストタスク5で掘り下げています）。4.2で紹介したように、教科書に採択されていても実際にあまり使わない文法がたくさんあることを勘案すると、これからの日本語教師は教科書にある形式を決して鵜呑みにしてはいけません。コーパスが整備されつつあるので、たとえば『少納言』『NINJAL-LWP』（ともに国立国語研究所のホームページからアクセスできるコーパス検索ツール）などのサイトで「本当にこんな言い方するかなあ？」と検索をかけてみるだけでもいいと思います。

8. 文法から語彙へ

　本章では日本語教育における文法がテーマでした。規則提示型の指導をはじめ文法ルールの指導はまだまだ授業の中心で、各種文法形式が日本語教育の規範を構成していることをここまでに見てきました。ただし、語彙の重要性も見逃してはいけません。クラッシェン・テレル（1986:195）でも「語彙

はコミュニケーションにとって基本的なものである」と指摘しているように、コミュニケーションを目標に置けば自ずと語彙の重要性に行きつきます。今、日本語教育の中で、語彙を重視するような教育の提案が行われています。たとえば、以下のような推量を表す表現を見ると、下線部にはさまざまな動詞の活用と文法形式が使われていますが、すべて B・C 期で習う学習項目です。ところが、「たぶん」や「必ず」を適切に使うことができれば、動詞はマス形のままで同じ機能は果たせるのです。

<blockquote>
明日の飲み会、行く<u>かもしれません</u>。
　　　　　行く<u>つもりです</u>。
　　　　　行く<u>予定です</u>。
　　　　　行<u>こうと思います</u>。

⇒ 明日の飲み会、 たぶん 行きます。 必ず 行きます。
</blockquote>

　以下のペアも同じです。枠で囲っている副詞や名詞を適切に使えれば、下線部のような動詞の複雑な活用は不要です。

<blockquote>
宿題はや<u>ってしまいました</u>。
　⇒ 宿題は もう やりました／ 全部 やりました。

宿題はや<u>っていません</u>。　　⇒ 宿題は まだ です。

忘れ<u>てしまいました</u>。　　⇒ すっかり 忘れました。

電車におくれる<u>ところでした</u>。　⇒ ギリギリ でした。
</blockquote>

　学習者のニーズが多様化し、短期間でコミュニケーションの上達を必要とする人が増えていくと、時間のかかる文法よりも語彙の指導に注目が向くはずです。文法指導に時間がかかることは表 7 のテ形ルールを見れば一目瞭然で、語彙を選別して指導に生かしていこうという動きは、これからますます盛んになっていく可能性があります。

＊この章では、初級・中級・上級の指導項目を国際交流基金ほか（2002）に基づき文法という用語で表していますが、教育現場ではパターンとして提示されるため文型という用語が使われています。

1. 英語と日本語のペアを見ながら、日本語の品詞を書きましょう。

英語	日本語
want （動詞）	欲しい （　　　　　　　）
like （動詞）	好き （　　　　　　　）
old （形容詞）	年を取っている （　　　　　　　）
different （形容詞）	違う （　　　　　　　）

2. 102 〜 103 ページにある図 2 と表 3 を比べてみて、日本語教育のような語彙と文法の数で規定する規範の長所を考えましょう。

3. 以下の動詞を I グループ（B グループ）、II グループ（A グループ）、III グループ（C グループ）に分けてください。

たべる	たたく	のむ	みる	きく	はなす	くる
起きる	おく	勉強する	およぐ	切る	着る	ねる
しぬ	しる	かう	帰る	変える		

4. 次の川柳のおもしろさを、動詞の活用という視点で分析しましょう。

「課長いる？」 返ったこたえは 「いりません！」

（第一生命サラリーマン川柳第 17 回 1 位作品　雅号：ごもっとも）

5. 初級の教科書を 1 冊取り上げ、116 ページの表 13 のどの形式が採用されているか調べましょう。その際、名詞、動詞、イ形容詞、ナ形容詞に分けて整理しましょう。

The Value of Learning Japanese Online (USA)

Gretchen I. Jones, Ph.D.
Associate Dean, Curriculum and Programs
The Undergraduate School
University of Maryland Global Campus

For the past 12 years, I have worked at an American university that specialized in teaching and learning online. Specifically, my role has been to oversee the foreign language program and teach Japanese. Over the years, many people have asked me, is it really possible to learn Japanese language online?

I think the answer is Yes! Japanese can absolutely learned online.

In fact, there are several possible advantages to learning Japanese online: As with online learning in general, the online format for learning Japanese language online can be helpful to students who are shy about speaking up in class, or who like to carefully review work before submitting it. In language learning, an advantage of online delivery is that students can listen again and again to audio or video clips until they can understand; in a face to face class, the teacher is not likely to repeat again and again for a single student. For students who are more visual learners, the online environment can provide the backup of printed text for most audio clips as well, so students can practice in both modalities. Online technology can provide nearly endless practice opportunities as well, since for some tasks, the computer can take the role of the instructor by providing cues.

Of course, just interacting with a computer or reading a textbook has its limitations, and so I believe it is essential for the Japanese language class to have a dedicated instructor (and/or teaching assistant) who offers weekly appointments to students for real time "live" practice. At my university, students receive at least 15 minutes of one-on-one time with a faculty member per week – more focused time than many regular classroom students receive. There are various tools for practicing virtually – Skype being the most familiar, that allow students and faculty to interact virtually. Ideally, there are similar opportunities for students to virtually "meet" and practice with one another (usually one on one to make the scheduling easier). Most students find this fun and helpful as well.

However, online learning is not suited to all students and learning styles. Online learning generally requires that a student be very organized about learning and have motivation to log in and work through written material. Students who do not have internal motivation and good time management skills may find online learning challenging, although I think that all students can develop the self-discipline to learn online if they try.

One of the reasons why I believe that online delivery of Japanese language is so important is that online allows students in remote areas to study and gain knowledge. With a language like Japanese, which is somewhat uncommon in the US, having online courses allows students who live in distant locales to still study together, virtually. As students progress to higher levels, access to courses becomes even more restricted as the number of students naturally becomes fewer, but online access allows these students to come together to learn and practice. Without this opportunity, many students would have to discontinue their language learning. Online language classes could be very useful for those with highly advanced language skills to practice translation or hone skills in a particular area, such as business, medicine, or law.

第 **6** 章

教えるための文字・語彙

プレタスク 第6章を読む前に

1. ローマ字（A, B, C…）以外の文字を使って表記される言語にはどのような言語があるか調べてください。そして、使われている文字を分類してみてください。

2. あなたが日本語の文字（ひらがな・カタカナ・漢字）を「読んだり」「書いたり」できるようになるまで、どのように勉強してきたかを思いだしてみましょう。

3. 小学校1年生が学ぶ「学習漢字」80字を見て、なぜそれらの字が1年生に配当されているのか、1字ずつその理由を考えてみましょう。

（「学習漢字配当表」は、文部科学省HP http://www.mext.go.jp/ などにあります）

1. 文字・語彙は、日本語学習の最大の難関

　どんな外国語でも、勉強していて難しい、と思うところがあります。どこが難しいのか、ということは、そのことばによって、あるいは学ぶ人によってさまざまですが、一般的には、自分の母語、あるいは既習の外国語にはない概念や事項を「難しい」と感じるものです。

　たとえば、それまで全く発音したことがないような音声を出さなければならないとか、そんな考え方があるとは思ってもみなかったような文法規則を勉強したりすることが「難しい」のです。それは「なぜこんなことを学ばなければならないのか」という疑問が起きてしまうのと同時に、勉強の方法自体がわからず「どうやって覚えればいいのか」と途方に暮れてしまうからです。

　このように、母語や既習の外国語にない事項があると、それが、学習上の障害・難関になってしまいます。そのとき、教師がその難関をうまく乗り越える方法を学習者に伝えることができれば、その外国語をマスターすること

が容易になるわけです。それでは、日本語の学習者が難しいと感じるところはどのようなことか考えてみましょう。

千野（1986）によれば、「外国語を学ぶための重要な前提」となるのは「発音」です。ただ、発音については、考えて理解するような要素はあまりなく、しかも、学習の最初の段階が最も重要だ、と述べています。

さらに千野は発音以外に「（外国語の学習で）覚えなければいけないのは、たったの２つ。語彙と文法」といっています。では、日本語の学習について、この３つの要素の難しさ、を考えてみましょう。

まず発音ですが、日本語の音素の数は 24 程度で、世界のさまざまな言語と比べて多くはありません。特殊な音素はなく、開音節——音節が母音で終わる——が基本となり、子音が連続することもなく、声調もないので、どちらかというと易しい、と言っていいと思います。

「文法」の難しさを測定することは、簡単ではありませんが、どんな外国語を学ぶときにも、学習者がつまずく箇所である動詞の変化（活用）は、日本語では２パターン＋不規則変化２動詞しかありません。名詞の格も９程度（格助詞の数）で、名詞・形容詞ともジェンダー（性）や単複の区別などがありません。やや面倒なのが「敬語」ですが、敬語は文法的な規則が複雑なのではなく、「ウチとソトの人間関係」のような文化的背景に基づく運用規則を身につけるのが難しいのだと思います。日本語母語話者でも敬語を使いこなすのに苦労するのは、そのためです。そう考えていくと総体的にいって、日本語の文法は、特に難しくはない、と言えるのではないでしょうか。

さて、残るのは「語彙」です。語彙の難しさ、というのは、どの言語でも大差ないと思いますが、日本語には、語彙の「読み書き」に関して大問題が存在します。それは、書き方（表記法）がとても特殊なことです。日本語の表記法がどのように特殊か、列挙してみましょう。

1.1 異なった文字の混用

(1)「ひらがな」「カタカナ」「漢字」と３種類の文字を使う

(2) しかも、２種類は表音（音節）文字だが、１種類は表意（表語）文字である

(3) 文字種の使い分けは、語種（和語・漢語・外来語）を原則とするが、それに加えてだれがどのような目的で、どのような読み手を想定して書いたか、によっても微妙に変化する

1.2 漢字とその使用の難しさ

(4) 漢字を 1,000 字から 2,000 字ぐらい覚える必要がある

(5) 形が非常に複雑なものがある

(6) ひとつの字にいくつもの発音と意味がある

(7) 訓読みについては、字形（構成）と発音の間に関連性や法則がない

このように日本語の表記法は、非常に複雑なのです。大人が外国語を学ぶときに、語彙を音声だけで記憶していくという学習法はあまり実用的でなく、音声と文字を一緒におぼえていくのが普通です。そのとき、日本語の表記法の複雑さが問題になります。

特に日本語の漢字の難しさは独特です。数が多くて形が複雑だということだけではなく、その使用法が複雑なのです。中国語も漢字を使いますが、中国語を習得するときに難しいのは (4) と (5) だけで、 (6) (7) のような使用上の複雑さはありません。

さらに、人類の長い歴史の中で、同じ形の文字を表音的に使ったり、表意的に使ったりする例は数多くあったそうですが、異なった形の表意文字と表音文字を混在させて使った言語というのはないそうです[1]。つまり、日本語の記述法は長い人類史上でも、まれに見る特殊例だと言うことになります。

このように独特で複雑な表記法なので、まずその概念・規則を理解するだけで大変です。その上、それを使いこなせるようになるまで、長い学習時間が必要になります。漢字を覚えていくためには、母語話者でも大変な時間をかけています。小学校で覚えなければならない「教育漢字」は、1006 字ですが、日本の小学校では、これを 6 年かけて教えています。

つまり、日本語の学習は「聞く」「話す」に関しては、他の外国語学習と同じか、やや易しいと言ってもいいくらいなのですが、「読む」「書く」ことをマスターしようとすると、他の言語よりもずっと多くの時間と努力が必要になるのです。このように 4 技能の習得の間に大きな難易差がある言語というのも、めずらしいと言えます。

---

(1) たとえば、朝鮮・韓国でごく短い期間「ハングル漢字交じり文」が使われたことがありますが、日本語のように漢字を「訓読み」することはありませんでした。また、世界各地で文字の創成期にひとつの文字を同時に表音的にも表意的にも使ったケースが見られますが、2 種類の文字を混在して使い、しかも、それが 1000 年以上続いているのは、日本語だけだと思われます。

以上のように日本語の「文字語彙」の習得を考えるとき、特に難しいのは「文字」の習得であるということができます。そこで、まず「文字」の習得について考えたいと思います。

2. 国語教育との比較

　文字習得に関する大きな問題はもうひとつあります。それは、日本人がこのような記述法をあまり「特殊だ」とか「難しい」と意識していない、ということです。さらに、日本語教育の関係者がそのことを十分に自覚していない、というのが、もっと大きな問題だと思います。それは、初級の日本語教科書を開いてみればよくわかります。

　多くの教科書は、すべての漢字にルビを振っています。また『げんき』や『大地』のように、初めの課をすべてかな表記にしている教科書もあります(2)。しかし、それ以上の配慮をした教科書は、ほとんど見られないのです。

　たとえば、文法項目であれば、ほとんどすべての教科書が、各課で新出項目と既習の文法（文型）しか使わない、という方針をとっています。したがって、学習者は段階的にシンプルな表現から、複雑な表現へと習得を進めていくことができます。しかし、漢字について同じように段階的な配置をしている教科書は見られません。

　さらに、ほとんどの教科書は、巻末に各課で学習する文法項目や文型、表現などのリストを掲載しています。これに対して、漢字のリストを掲載している教科書は、ほとんどないようです。

　これと対照的なのが、母語話者を対象とする「国語」教育です。現在の国語教育では、ひらがなとカタカナを「書く」学習に小学校1年生の、まるまる1学期間を使っています。2学期に入ってやっと漢字の学習が始まりますが、1年生に配当されている漢字は、わずかに80字ですから、1か月に10〜20字というゆっくりとしたペースで習得していけばよいのです。

　2年生以降は、毎年200字前後の漢字を学習していきます。その間、教科

---

(2)『げんき』は2課まで、『大地』は3課までが「かな」だけの表記になっています。さらに『げんき』は、教科書の1/3が「読み書き編」となっており、各課に新出した漢字の一部を勉強します。この2冊は、現在最も文字語彙の学習に配慮をしている教科書と言えるでしょう。

書の各単元の表記は、既習の漢字とその単元で新たに学習する漢字だけを使うという配慮が徹底されています。

国語教育は、母語話者の児童を対象にしています。母語話者の児童は就学前に「聞く」「話す」ことについては、——年齢相応にですが——十分習熟しています。したがって国語教育では、最初から「読む」「書く」ことを授業の中心にすえることができます。

その点、まず、日本語を聞いたり話したりすることから学習しなければならない日本語教育では、同じように学習を進めることが難しいのは確かです。だからといって、日本語教育でも文字——および語彙——教育を軽視してよいということにはなりません。読むことと話すことを習得することは、日本語学習者にとっても重要ですし、特に成人学習者の場合は、日常生活に不可欠な技能だからです。

日本語教育において文字教育があまりしっかりと行われていると言えないことは、研究論文の数にも表れています。第 5 章でも引用していますが、「日本語教育学会」の学会誌『日本語教育』の 101 号（1999 年）から 170 号（2018年）に掲載された研究論文は 280 本で、その 280 本のうち、文字（漢字）の学習をテーマとした論文は 8 本程度、つまり全体の 3％に満たない数しかありません（本田ほか 2019）。

つまり、日本語学習・習得の際、最も大きな障壁となると言ってもおかしくない文字語彙の教育について、多くの日本語教科書も日本語教師もそれほど関心を持っていない、というバランスを欠いた状況があるわけです。

3. 母語による学習者間格差の表面化

なぜ、これまで文字語彙の学習・教育にあまり注意が払われてこなかったのでしょうか。その最大の理由は、第 1 章で学んできたとおり、明治期以降、日本語教育の主な対象者が「漢字圏出身」の人たちに集中していたことにあると思われます。

歴史的に東アジア地域では、「書きことば」（文字）に漢字を使用してきました。この地域には、いくつかの異なった系統に属する言語があります。しかし、言語の系統が異なっていても、書きことばに漢字を使用するという点

は共通していたのです。そこで、日本語教育の関係者は、この地域の日本語学習者を「漢字圏出身者」、他の地域の学習者を「非漢字圏出身者」と呼んで区別してきました。

漢字圏出身者は、あらためて漢字の仕組み——構成と意味——を学ぶ必要がありません。たとえば、中国語を例にとると、中国語と日本語では、使われている漢字の字体に若干の違いがありますが、漢字の構成法がわかっている学習者であれば、日中の字体の差異を頭の中で修正して理解するのは、ごく簡単です。ですから、中国語母語話者は、日本の漢字を覚えるのに、ほとんど時間はかかりません。

語彙についても、日本語の漢字語彙の多くが、中国語と共通しています。もちろん、中には意味が異なっているものもありますが、その場合も多くが類推可能です。筆者が中国語を学び始めたとき、先生が「中国語の『新聞』は、日本語の『ニュース』の意味で、日本の『新聞』は『報紙』と言いますから注意してください」と教えてくれましたが、それを覚えるのに苦労した、という記憶は全くありません。それは、中国語を母語にする日本語学習者にとっても同じです。

そのため、中国語母語話者は「書かれた日本語」を理解することについて、それほど長い学習時間をかける必要がありません。1910 年代に数多くの「清国留学生」が来日したのも、日本語は勉強しやすいということが大きな理由となっていました（第 1 章）。そして、このような事情は、漢字圏出身者に共通しています[3]。

第 1 章と第 2 章で見てきたとおり、明治時代からごく最近まで、学習者の比率は、漢字圏出身者が圧倒的な比重を占めてきました。そのため、実質的に、日本国内で行われる日本語教育は、漢字圏出身者を対象とするものがスタンダードになっていました。

このように学習者が漢字圏出身者に偏っていたことが、教室活動の中心が聞くことと話すことの学習となり、読むことや書くことの学習にそれほど注意が払われていない、現在の教科書やシラバス、カリキュラムに表れている

---

(3) ただし、現在の韓国では、かつてのようには漢字教育が行なわれておらず、世代によって漢字の理解度に相当の差があります。なお、ベトナム語にも相当数の漢字語彙（漢越語）が使われています。ただ、それを日本語の漢字語彙と結びつけて学習することがあまりなかったため、一般的には「非漢字圏」とされることが多いようです。

のだと言えるでしょう。

　ところが、近年になって、韓国人や台湾人の学習者がかなり減って、中国人学習者もやや減少傾向にあります。それに代わって、ベトナムをはじめとする東南アジアやネパールなど南アジアの学習者が増加しています（第2章）。

　非漢字圏出身者も、聞くことと話すことを学ぶのに必要な時間は、漢字圏出身者と変わりません。彼ら、彼女らはそれに加えて読むことと書くこと、つまり文字語彙をいちから学ばなければならないのですから、同じ学習時間、同じ学習内容——シラバス、カリキュラム——で授業をすると、しだいに習得状況に大きな差が生まれてしまいます。このような格差は、現実に表面化しています。

　日本語教育振興協会（日振協）は、全国の日本語学校が集まった組織です。すべての日本語学校が加盟しているわけではありませんが、加盟校には、日本での進学を目標とする留学生が数多く在籍しています。

　この日振協が発表した統計データから、学習者の出身地による進学率を見てみましょう。

表1　日本語学校修了後の進路（出身地別・在籍数順：単位は人）

国籍	進学者	帰国者	その他	計
中国	9,838 (83.2%)	1,363 (11.5%)	613 (5.2%)	11,814
ベトナム	5,874 (81.5%)	576 (8.0%)	752 (10.4%)	7,202
ネパール	1,383 (95.3%)	26 (1.7%)	41 (2.8%)	1,450
台湾	584 (42.2%)	632 (45.7%)	167 (12.1%)	1,383
スリランカ	1,042 (89.7%)	75 (6.5%)	45 (3.9%)	1,162

出典：日振協「日本語教育機関実態調査」2018年度

　表1は、在籍者数の多い順に5つの出身地ごとの日本語学校修了後の進路をまとめたものです。台湾以外の出身者は8割以上が進学しており、日振協加盟の日本語学校で学んでいる人の大多数が進学を目的としていることがわかります。ただし、台湾だけは、他の地域に比べて帰国者の比率がきわだって高いことから、進学以外の目的をもって学習している人が多いことが推測

されます。

　表1を見る限り、日本語学校で学んだ学生は、出身地に関わりなく同じように進学しているかのように思われます。しかし、その進学先を見るとそこに違いあることがわかります。表2は進学者がどんな教育機関に進学したか、という内訳をまとめたものです。これをみれば一目瞭然ですが、非漢字圏出身の学生は、大学へ進学する比率が低く、8割前後が専修学校や各種学校へ進学しています。中国出身の学生とは、その比率が大きく異なっているのです。

表2　進学者の進学先

国籍	大学院	大学学部	専修・各種学校
中国	1,724 (18.7%)	3,782 (38.4%)	3512 (35.7%)
ベトナム	10 (0.2%)	877 (14.9%)	4,626 (78.8%)
ネパール	2 (0.1%)	123 (8.9%)	1177 (85.1%)
台湾	44 (7.5%)	125 (21.4%)	394 (67.5%)
スリランカ	1 (0.1%)	78 (7.5%)	892 (85.6%)
総計	1,870 (8.7%)	5,997 (28.4%)	12,311 (58.4%)

出典：　日振協「日本語教育機関実態調査」2018年度（大学院・大学への進学者数は正規
　　　　生のみ。研究生、別科生などとしての進学者は含まない）

　もちろん、専修学校や専門学校でしか学べないこと——たとえば料理や理美容、あるいはアニメーションなど——もありますから、来日前から専修学校で学ぶことを目標にしてきた学生もいるでしょう。しかし、全体的な数値を比較すると、漢字圏出身か否かで、進学先が大きく変わっていることがはっきり見てとれます。

　現実的には、すでに出身地に数多くの大学が設置され、自国内での進学機会が十分に保障されている中国・台湾の学生よりも、ベトナム・ネパール・スリランカの学生のほうが、大学進学を希望している者の比率が高いと考えるのが自然です。ところがそうはなっていないことから、この数値には、文字語彙学習にかかる時間の差、そこから生まれてしまう留学生の「出身地格

差」が顕著に表れているのだろうと思います。

　このように、日本語の表記法の特殊性とその学習方法は、非漢字圏出身の学習者がさらに増加することが予想される現在、日本語教育に関係する人々が、あらためて真剣に取り組まなくてはならない大きな課題だと言えるでしょう。

4.「異なった文字の混用」について教える

　第2節で述べたように「文字をどのように教えるか」ということについては、研究があまり進んでいません。そのため、具体的な指導法として言えることは、あまりありませんが、文字を教えるためにどのようなことに注意すればよいか考えてみましょう。

　まず、第1節でまとめた日本語の表記の特殊性について、それをどのように教えていくか、ということを考えてみましょう。まず「異なった文字の混用」です。

（1）文字を3種類（以上）使用する
（2）しかも、2種類は表音（音節）文字だが、1種類は表意（表語）文字である
（3）文字の使い分けは、語種を基本とするが、書き手や読み手によっても変化する

　すでに述べたとおり、表音文字（2種類）と表意文字を混在させて使用する言語は、ほぼ日本語以外にありません。したがって、まず、その概念、あるいは仕組みを理解してもらうことが、文字語彙を教える第一歩になると思います。その際、入門・初級レベルの学習者に日本語でその概念を説明することはできませんから、学習者の母語か理解できる言語を使用することが必要になってきます。

　内容としては、漢字が表意文字であることと表意文字というものの説明、さらに漢字がわからなくてもひらがなで代用することができること、ひらがなとカタカナの使い分けなどについて、ということになるでしょう。

　従来、日本語教育のコースの初めにそのような説明をすることは、想定さ

れてきませんでした。しかし、今後は、全く日本語に関する知識を持たずに来日する非漢字圏の学習者が増えることが予想されています。そのために、学習者の母語で書かれた解説を準備するなど、現在の日本語入門レベルのさらに一歩手前からの文字語彙教育を考えなければならないと思います。

　そして、その次に必要なことは、ひらがなとカタカナをしっかりと「手で書ける」ようにすることだと思います。いろいろな機会に、いろいろな人に聞いてみると、日本国内の日本語教育機関では、十分な時間をとって「かな」の書き方を教えているところはあまり多くないのです。そして、これが非漢字圏出身者の文字語彙習得が進まない最初の「つまずき」になっているのではないかと思われます。

　日常生活の中で「書く」ということが、ほとんどスマートフォンやパソコンで行われるようになった現在、ひらがなもカタカナも見てわかれば十分という考え方があります。日本語が、かなだけで表記されているのなら、それでもいいのかもしれませんが、そうではありません。

　かなのストローク——筆画：鉛筆などの動かし方——と書き順は、漢字の書き方と書き順に直接つながっています。特にカタカナは、漢字の一部分をとったものなので、カタカナを自分の手で正しく書ける、ということは、漢字を習得するために絶対に必要なことなのです。

　また、文をすべてかなで正しく、特に特殊拍や拗音に注意して書けるようになるということも重要なことです。これはスマートフォンやパソコンで文を書く——打つ——場合、正しいかな表記が書けないと、変換できなかったり誤変換してしまったりするからです。

　すでに述べてきたとおり日本の小学校では、1年生の1学期間をかけて、かなの書きかたを教えています。かなの形を見てわかるだけではなく、正しい書き方——ストローク・筆画——と書き順を徹底的に指導するためです。筆記用具の使用に慣れていない児童と成人の日本語学習者では、教えるときに注意すべき点にも違いがあると思われますが、学習の最初に正確な「書き方」をマスターしておくべきことは共通していると思います。

　ひらがなとカタカナの使い分けも重要です。上で「かなの書き方」の指導が十分とは言えないのではないか、と書きましたが、カタカナについて言えば読み方——発音と綴りの関係——の指導も必要です。ひらがなとカタカナで

長音の表記が異なっていることは、学習者にとって理解が難しい点のひとつになっています。さらに、カタカナで表記する語彙には、ひらがな（和語）では使わない「ティ」「チュ」など小文字の「ァィゥェォ」「ャュョ」を使う音節があります。自分の名前や出身地の地名にそのような音節がある学習者も少なくないので、発音とカタカナ表記についても時間をとって教えるべきでしょう。

5.「漢字を使用する難しさ」を乗り越える

　続いて第1節でリストアップした「漢字の難しさ」(4)〜(7)とそれを乗り越える方法について考えていきましょう。

(4) 漢字は 1000 字から 2000 字ぐらい覚える必要がある

　　表音文字や音節文字は、理論的にそれほど多くなりません。20字〜50字が普通で、100字を超えることはまれですから、その10倍以上の文字を覚えなければならない、ということに多くの学習者が大きなプレッシャーを感じます。

(5) 形が複雑なものがある

　　日常生活に多用される漢字の中にも「曜」「園」さらに「漢」など複雑な形のものがあります。後で説明するとおり、初学者の多くは、漢字の形をまるごと画像として記憶しようとしていることが多いので、複雑な字形を見るだけで必要以上に「難しい」と感じることがあります。

(6) ひとつの字にいくつもの発音と意味がある

　　ひとつの字に複数の発音があるのは、世界史上でみてもアッカド語——楔形文字を使用する——など、古代の言語にいくつか例が見られるだけだそうです。中国語も漢字を使いますが、ひとつの漢字には、原則としてひとつの発音しかありません。

(7) 訓読みについては、字形（構成）と発音の間に関連性や法則がない

　　漢字の90%を占めるといわれる形声文字は、字の中に音を表す要素があるため、字形から発音を類推することがある程度可能です。音読みでは「青」「清」「請」「晴」「静」はみんな「セイ」となります。と

ころが、訓読みは「青い」「清い」「請う」「晴れる」「静か」となり、字形から発音の類推ができません。それぞれの訓読みを記憶するしかないのです。

前節で、スマートフォンやパソコンの時代になっても、自分の手でかなが書けるように教えるべきだ、と述べました。それは、漢字についても同じことがいえます。

スマートフォンやパソコンで漢字を書く場合、かなで書いて変換します。ローマ字入力の場合は、ローマ字→かな→漢字と変換することになります。画面に変換の候補が表示されるので、その中から漢字を選べばいいのですが、そのとき母語話者および中国語話者は、漢字の形を一瞬で判別して正しい漢字を選択することができます。なぜ、このようなことができるか考えてみたことがありますか。

日本の小学校や中国の小学校では、漢字を教え始めるときに部首と画数に注意を向けて覚えるように、かなり徹底して指導しています。ですから、日本や中国で初等教育を受けた人は、口頭でも電話でも、偏や旁などの名称を言って、どの漢字を使うのか伝えることができます。

プレタスクで、小学校1年生に配当されている漢字について考えてもらいましたが、その多くが、他の漢字のパーツ——部首——に使われているような漢字であることに気づいたと思います。このような教育によって、漢字圏の人々は、漢字を「記号」として認識することを覚えていくのです。

つまり「記号」として漢字を認識できるのは、漢字の構成（偏と旁、冠と足など）に習熟しているため、違っているパーツだけを比較することができるからなのです。だから、よく似た形の漢字を一瞬のうちに選択することができるのです。

それに対して、非漢字圏の学習者の多くは、教室で学ばない限り、漢字を「画像・イメージ」としてしか理解できません。記憶するときも「絵」として、全体のパターンを覚えようとするわけです[4]。この方法だと特定の漢字——よく目にする「日本」など——だけは、なんとか覚えられるのですが、漢字の数

---

(4) 実際には「字」ではなく「語」全体を映像として覚えようとする人が多いと思います。たとえば、ある学生は「兼六園」（金沢市）を「真ん中の下が空いていて、右側が四角」というふうに記憶していました。授業で「六」を勉強して初めて「3つの字」が見えたそうです。

が増えると、全くついていけなくなります。

　漢字をパーツの組み合わせとして認識できるようになるために、基礎的な漢字、つまり他の漢字のパーツとして使われるような漢字を、自分の手で書いてみる、書けるようになる、という練習が欠かせないのではないでしょうか。

　なお、日本では小学校1年生から国語の中に「書写」（習字、書道）の時間を設けています。書写の授業では、自然にストローク（筆画）や書き順に強い注意が向けられるので、できることなら、初級レベルの日本語の授業でも導入するとよいと思います[5]。筆を使って文字を書く授業をすると、日本文化の伝統を学ぶことができる、と多くの学習者が喜びます。

　このように入門・初級レベルの授業で、文字を手で「書く」ことをしっかり教えることができれば、それ以降は、スマートフォンやパソコンを使って、漢字かな交じり文が書けるようになるだろうと思います。また、わからない漢字があるときにも、ウェブサイトや電子辞書を使って検索することができるようになるはずです。

　このように、さまざまな情報機器や辞書を使って自分で漢字と語彙を調べられるようになるところまでが、日本語教育の「文字語彙」指導の範囲だと考えられます。今まで述べてきたとおり、漢字の構成法がわかり、パーツに分解し、記号として識別（区別）できるようになることが、そのレベルでしょう。

　小学校の教育漢字配当表を見ると、1・2年生の漢字は、まだ他の漢字の一部となる基礎的な漢字が多いのですが、3年生になるといくつかのパーツで構成された漢字が増えます。このレベルまでの漢字が理解できていれば、自分で漢字を調べることができるようになるのではないかと思われます。字数でいうと440字（1年生80字・2年生160字・3年生200字）です。

　しかし、前に述べたとおり、そこにいたるまでの指導方法は、十分に研究されているとは言えません。また、現行のシラバス、カリキュラムにそれをどのように配置していくのか、非漢字圏の学習者が現在の標準的な学習時間でどこまで到達できるのか、総学習時間を増やすことを考えなければならないのではないかなど、コース運営そのものについても、検討する課題はたくさんあります。

---

(5) 墨ではなく、水で書く筆と特殊な用紙のセットが学校教材用に販売されています。それを使えば、日本語教育でも手軽に授業に取りいれることができます。

6. 教えるための語彙

　漢字は一般には「表意文字」と呼ばれることが多いのですが、専門家は「表語文字」と呼ぶことが多いようです。たとえば「雨」という漢字は、文字であると同時に単語でもあるからです。動詞でも、たとえばクラスで「食」という漢字を教えるときに、漢字だけを教えて、「食べる」という単語（動詞）を教えないということは、たぶんないでしょう。

　このように、漢字を教えることは、文字教育であると同時に語彙教育でもあります。文字、特に漢字の教育と語彙教育は不可分の関係にあるとも言えるのですが、この節では、あえて語彙に絞ってその教え方を考えてみたいと思います。

　最初に留意するべきことは、日本語における語彙教育の重要性です。松下（2016）は、「読解力に占める語彙力」について、「日本語では語彙力の占める割合が英語よりさらに高いようである。概ね読解力の半分が語彙力で説明されると言ってよいであろう」と言っています。

　このように語彙教育はとても重要なのですが、一方、語彙を教えることについては、教科書があまり頼りにならない、というのが実情です。田中（2016および2018）が、1955年から2005年に刊行された21の初級教科書(6)に掲載された語の掲載頻度を集計した結果、異なり語数は8,306に達しましたが、そのうちすべての教科書に掲載されていた語は、わずか138語（1.6%）しかなかったそうです。

　この調査結果からわかることは、日本語の学習においては「基礎語彙」「基本語彙」というものが、ほとんど考慮されていない、あるいは、できないということ、そして、教科書が作られるときに、語彙の選択には、それほど注意が払われていないのではないか、ということです。

　これは、初級教科書で学習する文法形式が、160種類程度で、それが3段階に分かれて提示されることがほぼ確定しているのと比べ非常に対照的です（第5章）。なぜそのようなことになったのでしょうか。

　日本語の語彙が、その来歴によって和語、漢語、外来語に分かれることは、知っていると思います。そして、異なり語彙の半数以上が漢語と外来語で占

---

(6) 複数に分冊された教科書があるので冊数としては34冊になります。

められています。日本人が新しい語彙を受け入れることに抵抗がないことは、耳慣れない外来語が常に周囲にあふれていることでもよくわかります。

さらに、日本語では、新たなことばが流入したため古いことばが駆逐される、ということもあまりないように思われます。同じような意味のことばが、和語と漢語と外来語で共存し、語感の差で使い分けられていく、という現象がよく起こります。

しばしば例にあげられるのは「やど(宿)」「旅館」「ホテル」の組み合わせです。この3種類の施設は「旅行者に営利目的で宿泊する部屋を提供する」という同じ機能を持っています。それを考えれば、「旅館」という語が日本語に取り入れられた時点で「やど」が、「ホテル」が入ってきた時点で「旅館」が使われなくなっても不思議ではありません。ところが、実際には、それぞれ異なった語感をもって3つの語が併用され続けています。つまり、語彙数が増えたわけです(7)。

このようなことがあるせいか日本語は、他の言語と比較して語彙数が多い言語であると言われています。

それぞれの言語の異なり語数を数えるのは簡単ではありませんが、玉村(1989)によれば、フランス語・英語・ドイツ語は、使用頻度の高さの上位1000語で、日常会話の80％がカバーできるが、日本語では60％程度しかカバーできず、80％カバーするためには5000語が必要だそうです。この数値が上に述べた、和語と漢語と外来語の語感の差による使いわけに起因していることは、十分に考えられることです。

ここから言えることは、日本語の単語はひとつの語が意味する範囲が狭く、ほぼ同じような意味の、しかし、微妙に異なった語感を持つ語が、場面や目的に応じて細かく使い分けられている、ということではないでしょうか。ということは、日本語を学習するときには、学習者の日本語習得の目的や使われる場所、場面にあった語彙を選択して、まず、必要な語彙から覚えていくのが最も効率的だ、ということになります。

これは、英語などの学習法とは、かなり対照的であると思います。たとえば、英語の学習法では have, get, go, see のような基礎的な動詞をできるだけ広い範囲で使いこなすことが重要だといわれます。また、基本単語1000語だ

---

(7) 同種の語で「はたご」のように使用されなくなったものもあります。

けを使って書かれた——リライトされた——読解教材といったものも数多く刊行されています。これは、ひとつひとつの単語の守備範囲が広く、さまざまな意味で使われるという英語の性質によるものでしょう。

　一方、日本語では、このような数少ない基本語彙を覚えて使い回す、といったことができません。それが、初級レベルの21の教科書の異なり語数が8,000を超える、という調査結果となって表れているのです。つまり、「どこでも使える日本語」をマスターするまでには、膨大な数の語彙を習得しなければならないのです。

　このように言うと、日本語の学習は英語よりずっと難しそうに感じますが、現実的には、そうでもありません。というのは、英語の場合と違って、日本語を学習しようとする人は、それぞれ「なんのために日本語を学ぶか」という具体的な目標を決めてから学習を始めることがほとんどだからです（第2章）。ということは、その目的を達成するために必要な語彙を選んで習得すればよい、ということになります。

　日本語を学ぶ目的が絞られていれば、実際に覚えなければならない語彙数がそれほど多くなるということはありません。また、ひとつひとつの単語の守備範囲が狭い、ということは、学習目的に応じて確実に使われる単語だけを選んで覚えることができるという有利な点もあるわけです。

　実際に現在、使われている教科書のほとんどが、留学生向け、研修者向け、帰国者向けといった学習者を想定した上で作られています。多くの教科書の「はじめに」などにそれが明記されています。

　現在、このような目的別の語彙習得がシステムとしていちばん進んでいるのは、看護や介護の知識・技術を習得するために来日して研修を受けているEPA（経済連携協定）の看護師・介護福祉士候補者の人たち向けの日本語教育でしょう。この分野では、目標言語調査も進んでおり、できるだけ効率的に語彙を選択して教えようという努力がされています。ただし、その背景には、候補生は、一定の期間内に国家試験に合格しなければならず、学習時間にきびしい制限があるというあまり好ましくない事情があることもつけ加えておかなければなりません。

　また、これはある学生から聞いた話ですが、彼女がアルバイトをしているコンビニでは、コンビニの仕事で使うことばがリストにまとめられていて、

新しくアルバイトを始める留学生はそれを見て勉強するのだそうです。歴代のアルバイト留学生の誰かが作ったものらしいのですが、日本語の語彙習得には、このような目的別、場面別の語彙リストを作成することが有効だと思われます。

このようなことから、日本語の語彙の教え方としては、まず、学習者が何のために日本語を学ぼうとしているのか、そこでは、どのような日本語が使われているのか、ということを調べ、そこから確実に必要な語彙を選んで教える、という方法が最も有効だと思います。

理想的には、上に書いたコンビニのように、日本語学習者自身の手によって語彙リストが作られるとよいのです。初級レベルの授業で行なうことは難しいと思いますが、たとえば、大学の日本語クラスなどで、授業（専門科目）で使われることばのリスト作りをグループワークのテーマとすることなどが可能かもしれません。

また、そのようにして、いろいろな学習者・教師が作った分野・場面・目的別のリストを WEB 上に掲載し、広く公開することも考えられなければならないでしょう。

なお、非漢字圏出身の学習者に比べて、漢字圏出身の学習者の語彙習得は容易です。しかし、文字（漢字）の意味がわかることに頼りすぎて、発音を覚えていないので、会話で語彙を使いこなせない、外来語を覚えるのが苦手、といった問題がしばしばみられます。

7.「やさしい日本語」と文字語彙指導

この章の最後に、全く別の角度から「教えるための文字語彙」について考えてみたいと思います。それは、日本語母語話者の側も日本語の表記について考えなおすことが必要なのではないか、ということです。

第7章でも取りあげていますが、「やさしい日本語」という考え方があります。「やさしい日本語」とは、「メッセージを相手にわかりやすく伝えるための日本語。主に外国人を対象としていて、簡単な表現、ことば、短い文で伝えようというもの」（岩田 2019）を意味します。さらに、そのような目的で書かれた平易な日本語だけではなく、その考え方・ムーブメントも「やさ

しい日本語」と呼ばれています。

　このような「やさしい日本語」は、今後も日本社会を安定的に維持していくために重要な考え方だと思うのですが、そのために、まず日本人が考え直していく必要があるのは「表記法」ではないかと思います。

　たとえば、地名の表示です。実は、日本の地名は漢字が読める学習者（漢字圏出身者）にとっても「難読地名だらけ」なのですが、それに気づいている日本人は少ないと思います。

　難読地名というと、「長万部」や「今帰仁」といったアイヌ語、琉球語由来の地名や、「石動」のように熟字訓的な読み方をするもの、「雑餉隈」「匝瑳」のような見慣れない漢字を使ったものを想像しますが、実は、日本人にとっては「やさしい地名」でも、日本に慣れていない外国人の立場から見ると「難読地名」であるものがとても多いのです。

　たとえば、「神戸」「神田」「神奈川」に使われている「神」という漢字は、それぞれ「こう」「かん」「か」という全く異なった読み方をします。しかも、これら３つの読み方は、３つとも初級日本語教科書で勉強する「かみ」「ジン」とも違っています。

　つまり、耳から入ってきた「カンダ」という地名が、教科書で覚えた「神」「田」という漢字と頭の中で結びつくことは絶対にありません。「カンダ」という音と「神田」という漢字を結びつけるためには、それを新たに覚える必要があるのです。同様に「神奈川」も「神戸」もひとつひとつ学習しなければ、読めません。

　しかし、これをかなで表記しておけば、問題は解決します。たとえば、写真１の駅名標に見られるような表記です。

　さらに、街頭の掲示——公共サイン——にも、同じことが言えます。写真２には「禁煙マナーを遵守願います」「販売・勧誘などの行為は禁止です」という「やさしい日本語」の対極にあるような表現が使われています。これでは、日本語を学んでいる人たちの中には、わからない人が多いでしょう。ふりがなが振ってありますが、「じゅんしゅ」や「かんゆう」といった単語はかなで読んでも決して「やさしく」はなりません。

　しかし、同じ内容を最初からかな書きで表現することを考えたら、どのような文になるでしょうか。「（ここで）たばこをすわないでください」「（ここで）

ものをうったり、ひとをさそったりしてはいけません」といった表現になる
はずです。そして、このような表現は、いずれも初級レベルの日本語教科書
に出てくる表現、すなわち「やさしい日本語」になっています。また、この
ようなかな書きにすると日本語母語話者が読めなくなってしまう、などとい
う問題が起きるわけではありません。

　このように、日本語の「文字語彙」の使用については、今一度、日本語を
母語とする人間も考え直す必要があるのではないでしょうか。漢字表記を見
直すだけで、だれにでも伝わる「やさしい日本語」に変えられるケースが少
なくないと思います。

阪急南方駅

金沢駅前

ポストタスク

1. １年生から３年生までの「教育漢字配当表」の漢字を教えやすいようにグルー
   プ分けして、教える順番を考えてみてください（配当表は音読みの 50 音順
   になっています）。できれば、他の人とグループ分けや順番について意見を
   交換してみてください。

2. あなたの好きなこと（趣味など）を１つ選び、それを楽しむために知らなけ
   ればならないことば（必須語彙）を選んでリストを作ってください。リストに
   は「その趣味でしか使わないことば」「日常的に使うが、その趣味では特別
   な意味をもっていることば」など語彙を分類してまとめてください。

3. 初級の日本語教科書を１冊選び、第１課から第５課までに、語彙と漢字の
   選定にどんな配慮がされているか調べてください。配慮がない、と思われた
   場合は、どのような配慮をするべきか考えてください。

INTEC 日本語教育現場の紹介 (マレーシア)

ヌルアリフ ビン マレク (INTEC 日本語教員)

　私は現在 INTEC（International Education College）に日本語教員として勤めている。INTEC はマレーシアのセランゴール州のシャーアラムにある。マレーシアでは、日本語を学習できる機関がさまざまあるが、今回は INTEC の日本語教育現場について紹介したい。

　INTEC では、日本語のコースだけではなく他の言語、韓国語や英語やドイツ語なども教えられている。INTEC の日本語コースには日本に留学する前のプレパレーションコースがあり、学生は日本の大学や高専（高等専門学校）などに入る前にここで日本語を学ぶ。ここには 1 年生と 2 年生が在籍しており、現在 1 年生は 45 人ぐらい、2 年生は 30 人ぐらいいる。そして、私は 1 年生を担当している。学生の背景はさまざまであり、高校で日本語を習った人もいれば習っていない人もいる。INTEC は大学や高専に入る準備をする学校であるため、ほかに数学、化学と物理の授業もある。科学以外の数学や化学などの科目は、1 年生は英語で習っているが 2 年生になると日本語で学んでいる。

　日本語の授業では「東京外国語大学留学生日本語教育センター」が作った教科書を使用している。その教科書は文法や語彙や読解や聴解などの教科書がある。授業は基本的に日本語で行なわれているが、1 年生の場合は説明や理解しにくいところはマレー語か英語を使用する。しかし、2 年生には日本語のみを使用した直接法で教えており、わからないところがあったら、教員のところに来て直接に聞く学生も多い。このコースでは、1 年生が終わると日本語能力試験の N4 程度のレベルになり、そして、2 年生の修了時には N3 程度のレベルに達する。しかし、教科書にはもちろん N2 の内容も含まれている。

　日本についての知識をたくさん持っている学生もいるが、全く持っていない学生もいる。そのため、少しでも日本に興味を持たせるために日本の文化や習慣などを文法の例文や会話に取り入れている。授業内だけではなく、授業外の活動もある。たとえば、7 月であれば学生に七夕を紹介し、願いごとを書かせて、教室に飾ったりする。また、INTEC 内だけではなく、学外で行われる日本のイベントがあったら、学生にも参加を促す。たとえば、マレーシアでは、時々スタジアムで盆踊りイベントがあり、参加したい学生がいたら、バスなどを用意する。

　マレーシアには多くの日本語教育機関があるが、INTEC の概要は以上のとおりである。学生にはただ日本語を教えるだけでなく、日本に対する興味を持たせるのも我々の目的である。

第 7 章

社会とことば

1. 絶滅の危機にある言語について聞いたことがありますか。
2. 病院で、わからないことばを言われた経験がありますか。
3. 敬語を使うとき、緊張しますか。

　日本語を教えるために、日本語の文法・語彙・表記などの基本的なことに対する知識が必要なことは言うまでもありません。この本でも各章で基礎的なことを一緒に考えようとしています。しかし、日本語を教えるためには、もっと広い範囲のことばの状況を知る必要があります。日本社会の中での日本語の姿を見つめる必要があります。この章では「ウエルフェア・リングイスティクス（Welfare Linguistics）」──福祉言語学とも言われています──の考え方に照らしながら社会とことばを考えていきます。

1. ウエルフェア・リングイスティクス（Welfare Linguistics）とは

　1999 年に当時学習院大学教授であった徳川宗賢（1930-1999）が提唱しました[1]。その主張を要約すると、言語の研究は、研究が楽しくて真理を追究していればいいというだけでなく、社会に貢献し、社会に役立つものでなければならない、しかも、それらは、伝統的な言語学では対応しきれないから、学際的な研究が重要だ、というものです。その具体的な研究の対象として「言語障害」、絶滅の危機に瀕している「小言語問題」、「方言」、世代間のコミュニケーションギャップが問題となる「老人語」、男性優位社会での女性の発言

---

(1) 徳川宗賢（1999）「対談　ウエルフェア・リングイスティクスの出発 The Inauguration of Welfare Linguistics」『社会言語科学』2(1) 89-100

の格差が生まれている「差別・女性語」、外国語教育・日本語教育・国語教育・異文化間教育などの「言語教育」、漢字教育などの「表記」、コンピューターリテラシーの有無によって新しく生まれている問題を扱う「情報機器」、情報の洪水の中からどう選択するかの「情報選択」などの項目があげられています。

　以下に、ウエルフェア——人々のしあわせのための社会的サービス——の観点から、徳川のあげているいくつかの項目と重ね合わせて、社会とことばの問題を考えていきます。

2. 外国人の子どもの言語教育

　21世紀に入って、私たちの周りに外国人が急に増えてきています。道を歩いていても、電車に乗っていても日本語以外のことばがあちらこちらで聞こえます。観光地では大きなスーツケースを持った外国からの客があふれています。旅行者が増えたのは事実ですが、住んでいる人も増えてきています。生活者としての外国籍の人が増えてきたということです。そうなると、外国にルーツを持つ人たちの生活全体が日本と関わってきます。働くこと、住むこと、学ぶこと、遊ぶこと、すべてです。そして、大人の場合は働くために、子どもの場合は学校で学ぶために日本語が必要になってきます。

　大人の場合は自分が選んで自分で決めて日本にやってきたのですから、働くためには日本語が必要だということも、待遇の良い仕事に就くためにはレベルの高い日本語が求められることもわかっています。しかし、子どもにそういう自覚を要求することはできません。親の都合で一緒に連れてこられたのですし、たまたま親が日本に住んだから、日本で生まれたのです。子どもの年齢にもよりますが、5、6歳以上になると、日本語ができるできないが大きな問題になってきます。学校に入ると、今までと全く違う社会が広がっています。それ以前の周囲とは全く違うことばが飛び交い、自分のことを知っている友達もいないし、自分のことばをわかってくれる先生もいないのです。

　学校では、こういう子どものための特別な手当てが必要になります。外国にルーツを持つ子どもがたくさんいる学校では、日本語クラスができていて、日本語教育の専門の先生が教えますが、そういうところは少ないです。学年

に 1 人か 2 人、クラスに 1 人か 2 人という場合が多くて、そこでは特別の
クラスはできません。その代わりに、国語の時間や社会科の時間など、日本
語がわからないとどうすることもできない教科の時間だけ、その子どもたち
は別の部屋へ行って、日本語の初歩から教わることになります。「取り出し
授業」といいます。何か物を取り出すようで、いやな言い方です。適当な呼
び方ではないと考える人もいるのですが、文部科学省でも認めていて、すで
に長く使われている名称です。こういう授業は、毎日あるわけではありませ
ん。子どもにとって、来日して早い時期に集中的に日本語の授業が受けられ
れば、習得も速いし他の教科の理解も楽になるのですが、ある例では週に 2
回、1 回の授業は 2 時間、またある例では週に 10 時間といった程度ですので、
習得にも時間がかかります。その間に日本の子どもとの差がどんどん開いて
いってしまいます。

　日本語を教える教師は日本語教育の専門家ですが、ひとつの学校に所属す
る専任教員ではなく、いくつかの学校を掛け持ちする非常勤の教員です。年
度が替わって日本語教育を必要とする子どもがいなくなれば仕事はなくなる
し、日本語のできない子どもが転入して来るとすぐにも教えてほしいと呼び
出されます。職業としてはあまり安定しているとは言えません。

　子どもの側からすると、日本語ができないだけでなく、ほかの教科の習得
もできない、授業についていけないから、学校へ行ってもつまらない、学校
を休むようになる、同じような子どもたちが集まってきて時間を過ごすよう
になり、しだいに学校が遠くなっていきます。中学校を終えて社会に出て、
自分の場を獲得する子どももいますが、はるかに多くの職場では、高校卒業
程度の学力を必要としています。けれども、日本語をはじめとする基礎学力
の不足が災いして、高校受験の壁が乗り越えられない子どももたくさん出て
います。

　日本に来て、最初から学校にも行っていない子どももいます。2019 年 4
月に文部科学省が初めて行った外国人の小・中学生の調査で、約 2 万人の子
どもが不就学の可能性があると報告されています⑵。その子どもたちが大き
くなったときのことを想像してみてください。義務教育を受ける権利はどこ
の国の子どもにもあります。親の都合や日本語ができないために子どもが不

(2)「外国人の子　文科省初調査　不就学 2 万人の可能性」(朝日新聞 2019 年 9 月 28 日)

利益を受けることがあってはなりません。日本で暮らす以上、日本の子ども
と同じ教育を受ける権利は保証されなければいけないのです。

　もうひとつ、第1章でも述べていますが、外国から来た子どもにとっては、
自分の母語を残すことが必要です。幼児期から日本で生活していれば、幼稚
園や保育園や学校で、日本語を習得していきます。親が意識的に家では母語
を使い続けてバイリンガルに育てる努力をしない限り、母語は失われていき
ます。この場合は日本語の問題は少ない代わりに、親や家族の母語との間に
摩擦が起きます。両親や祖父母とのコミュニケーションが難しくなり、家族
の間の関係がぎくしゃくしてきます。こうした子どもには、親の母語を子ど
もに伝えていく教育が必要です。これを「継承語教育」と言います。

　外国にルーツを持つ子どもたちが自分の居場所を確保するための十分な日
本語教育、それと同時に家族の中での位置も保てるための母語を残す継承語
教育、これらの言語教育はその子どもとその家族にとって重要なだけではあ
りません。いろいろな可能性を持った子どもたちが、自分を活かす場を与え
られないということは、日本社会にとっても大きな損失です。

　平高（2003）では、ウエルフェア・リングイスティクスの視点から言語教
育を、日本語教育・母語の継承教育・国語教育・外国語教育の4つの領域に
ついてとらえ直す必要があると論じています。そして、日本の小学校での実
験授業の結果から、外国にルーツを持つ子どもに十分な日本語教育を行なう
ことは、日本の子どもたちにとっても視野が広がるなど大きなメリットがあ
ると報告しています。

3. 差別とことば

3.1 差別語・不快語

　わたしたちはだれも、汚いことば・悪いことば・嫌いなことばで自分を表
現しようとは思いません。同時に他人からそういうことばで呼ばれたら不快
に思います。

　しかし、昔から、障害・出身・民族・職業・性などを理由に、人を侮辱したり、
罵ったり、不快にしたりする差別語や、不快語があります。近代社会に入って、
個人が人として尊重されるようになり、人の尊厳を傷つける言動はすべきで

はないという人権意識が根づいてきました。そして、昔あった極端に差別的な、侮辱的なことばは姿を消してきました。

　昔は目の見えない人を「めくら」と呼び、「めくら蛇におじず」のようなことわざまで生まれましたが、現在では「視覚障害者」と呼び、「めくら」のつくことわざなども使わないようになってきています。知恵の遅れた人を「白痴」と言いましたが、いまは「知的障害者」です。病名でも以前は「痴呆症」と呼んだのが現在は「認知症」、「精神分裂症」は「統合失調症」に変わりました。「らい病」は今は「ハンセン病」です。

　女性に対する差別語・不快語としては、「女流文学」「処女航海」「嫁をもらう」「美人アナ」などがまだ残っています。「男流文学」がないのに女性の場合は「女流文学」と言うのは、それは女性は男性と一緒にはできない、一段低い存在だと位置づける呼び名であるからです。「男性市長」とは言わないのに「女性市長」と言うのも同じです。市長としては男性も女性も同じはずなのに、あえて「女性市長」というのは、そこに、男性とは違う、男性より劣るという意味が含まれるからです。「美人アナ」のような一見ほめているような表現も不快語です。男性について「美男アナ」とは言いません。女性にだけ使うのは、女性が若さや美しさだけで評価されることを示しています。その人の専門の職業であるアナウンサーとしての実力は無視されていて、大変失礼なことです。

　「男泣き」「男のくせに泣くな」などの表現も差別的です。男はどんなときにも泣いてはいけないという男性に対する縛りから来ている表現です。男性でも女性でも泣きたいときに泣けないのは辛いことです。転んで痛がっているときに、男だからと言って泣くのを禁止するのは非情で酷な話です。

　「女らしさ」「男らしさ」なども女・男を縛ってきた表現です。強さ・優しさ・忍耐・従順・勤勉などその社会や周囲の求める規範の枠の内に「女」「男」を入れて、それを守れば「女／男らしい」が、そこからはみ出ると「女／男らしくない」と言って非難されてきました。まさにジェンダー規範を象徴することばなのです。

　心ない差別と差別語で、アイヌの人や部落出身者、また元ハンセン病患者やその家族は長い間苦しめられてきました。最近では露骨な差別表現は減り、元ハンセン病患者の家族に対する差別では 2019 年 7 月に国の責任を認めて

首相が謝罪しました⑶が、まだ地域によっては職業の選択や結婚で理不尽な差別が残っているところがあります。人間ひとりひとりが個人として尊厳を保証されているはずの近代社会で、こうした差別はあってはならないことです。1日も早い根絶が望まれます。

3.2 ヘイトスピーチとインターネット上の炎上

差別語・不快語は減ってきていますが、2013年ごろから起こった、人を傷つけることばの問題として「ヘイトスピーチ」があります。ある民族・国籍・宗教・ジェンダーなど、弱い立場にいる人に向けてデモをしながら「死ね」「殺せ」「出ていけ」などと叫ぶことばです。人と人との平穏な話し合いを拒否して、街頭で公然と相手を罵倒し抹殺するようなことばの暴力は、およそ、民主主義の社会では許されないことです。2016年6月には「ヘイトスピーチ解消法」が成立しました。同年8月には法務省が川崎市で予定されていたヘイトスピーチデモを人権侵害に当たるとして中止を勧告しました。川崎市は、2019年12月にヘイトスピーチに罰金を課す「差別のない人権尊重のまちづくり条例」を全国で初めて制定しました⑷。法律が施行されてヘイトスピーチデモはやや下火になったとはいえ、まだまだ各地で勢力を保っています。こうしたことばの暴力をやめさせるには、社会全体がその人権侵害を許さないという断固とした姿勢をとるしかないのです。

ヘイトスピーチほど暴力的ではないのですが、過激なことばが飛び交う場がインターネットの世界に起こっています。ブログとか、ツイッターなど、非常に手軽に短時間に多くの人に向けて発信できる手段が生み出され、瞬く間に広がっています。マスメディアがニュースなどを発信するときは、大勢の人々に受け入れられるように多くの足を使って取材をし、慎重に推敲して文章を練り上げ、校閲など多くの点検を経て発信されます。ところが、インターネット上では、非常に簡単にあっさりと発信することができてしまいます。だれかが、何か思いついたり、気になったりすると、その思考のおもむくままに、あるいは感情の走るままに、だれのチェックの手も入らずに、その思考や感情を瞬時に発信することができます。そしてそれは一瞬にして多

---

(3)「首相、ハンセン病元患者に直接謝罪」(日本経済新聞2019年7月24日電子版)
(4)「ヘイト刑事罰条例成立」(朝日新聞2019年12月13日)

くの人々のところに届きます。その結果として、無責任な発言が飛び交ったり、失言や暴言が多くなったりします。ひとたび、刺激的な発言が飛びだすと、それに飛びつく人も出てきます。互いに即時的なメッセージを投げかけ合い「炎上」してしまいます。個人攻撃や中傷発言も飛び出し、人を傷つけ合ってしまうことも起こります。安易な気持ちで発信して予想もしない騒動に巻き込まれることにもなります。

　インターネット自体が成長途上にあって、試行錯誤の繰り返しです。人々のコミュニケーションをスムーズにし、豊かにするために生まれた媒体が、人々を不安に陥れ、傷つけ合うために使われるのでは本末転倒です。手軽な道具であるだけに、その扱いには慎重さが求められます。互いに自分の発信することばに責任を持つことです。利器にも凶器にもなる手段であることを自覚しながら、かしこくつきあっていきたいものです。

3.3 LGBT の人々とそのことば

　最近 LGBT（性的少数者：Lesbian/Gay/Bisexual/Transgender）の人たちへの偏見や差別のことばを見直す動きが出てきています。茨城県・札幌市・福岡市・那覇市・東京渋谷区・同世田谷区など34の自治体（2020年1月末現在）では、同性パートナーシップ条例が成立して、同性のカップルを夫婦と同様に認めるところも出てきています。性的指向はその人に本来備わったもので、異性を好きになる人もいれば、同性が好きになる人もいるし、両性を好きになる人もいます。また、自分の性の認識が生まれたときに与えられた性とは違う人もいます。そうした性的指向や性自認の多様性が徐々に認められるようになってきました。性的少数者は日本社会で 8% を占めているという調査があります(5)。しかし、LGBT の人が、自分がそうであると名乗ること——カミングアウト——は、その後の偏見や侮辱などを考えると、簡単にはできません。カミングアウトすれば理解も増える反面、もっと傷つく場合もあるのです。だから、周囲にそういう人がいたとしても気づかないことが多いのです。

　男性とか女性とかはっきり区別できない人がいる。中間の人もいるし、男の性と女の性を行ったり来たりする人もいます。今では、人を女と男の2つの性に分ける二分法は現実に合わなくなっています。

---

(5) http://jobrainbow.net/lgbt-percentage

LGBTの人たちとことばの関係を見ていくと、従来日本語の特徴のひとつとされている「男性語（男ことば）」「女性語（女ことば）」という性と結びつけた術語の実態があいまいになってきます。男性から女性に性を転換した人が話すことばは男性語でしょうか、女性語でしょうか。Gayの人たちが使う「おネエことば」[6]は男ことばなのでしょうか、女ことばなのでしょうか。

　文末詞の「〜だわ」「〜かしら」は従来女性専用語とされてきました。しかし、今の若い女性はほとんど「そうかしら」などとは言いません。「そうかなあ」と言うでしょう。一方で、あえて「女性らしさを」表現したい男性は言うかもしれません。動詞の命令形は男性専用語とされてきました。今、女性が「さっさと行けよ」と言っています。命令形は男ことばとは言えなくなっています。こうした日常の女性のことばが大きく変わっていることや、性的少数者のことばのありようを見るとき、術語としての「男性語（男ことば）」「女性語（女ことば）」は今や溶解し始めているのではないでしょうか。

4. 新語・流行語

　新しいことばがたくさん生まれては消えていきます。だれかが何かの拍子にふと発したことばが歓迎されて受け入れられることがあります。また、だれかが意図的に今までにない新しい表現を作って、広げようとすることもあります。大きな事故や事件と関連して作られた新語が流行することもあります。

　日本語が乱れるとして、嘆く人もいますが、世相を表すことばとして、毎年「流行語大賞」が選ばれて話題になっています。多くは短い寿命で消えていって、ある年に新語・流行語だったことばが、数年後には死語の列に加わっていきます。中には世の中の動きや変化と一致して、多くの人に受け入れられることばもあります。こうしたことばは、そのまま定着していき、国語辞典にも載るようになります。

　2017年〜2019年の新語・流行語としては、「インスタ映え」「忖度（そんたく）」「そだねー」「半端ない」「＃MeToo」「ワンチーム」「＃KuToo」「タピる」などが新語辞典に載っていますが[7]、はたしてこれらの語がいつまで寿命を保つ

---

(6) 「おネエ」─女性のようなしぐさやことば遣いをする男性─の使うことば。
(7) 『現代用語の基礎知識2020』、『現代用語の基礎知識2019』、『現代用語の基礎知識2018』自由国民社

でしょうか。

　ここで、新語の消長を見る例として、2011 年 3 月の福島第 1 原発爆発事故に関連することば群を見てみます。この、想像を絶する惨事によって、新しく生まれたことばがたくさんあり、また、従来あったことばでにわかに脚光を浴びるようになったことばもありました。

　爆発が起こった直後は、放出された放射能やその量を伝える語が盛んに使われました。「セシウム」「ヨウ素」「ストロンチウム」など、そして「○○シーベルトの地域は危険だから避難を」「○○ベクレルの食品は食べられない」という単位のことばです。住民に避難を呼びかけるときには、原発からの距離や被曝の程度や解除の時期などで区別する名称が与えられました。「警戒区域」「避難指示区域」「緊急時避難準備区域」「計画的避難区域」「居住制限区域」「帰還困難区域」「避難指示解除準備区域」などです。これらの名称は、事態の変化によって刻々と変わっていきました。8 年後の 2019 年時点でもまだ、「帰宅困難区域」は残っています。当初は、単に自分の住むところがどう名づけられたか、自分の家にはいつ帰れるのか、が関心事でしたが、避難指示の区域とそれ以外の区域が道路 1 本隔てて分けられるような事態にも発展して、地域社会に分裂をもたらす結果になりました。

　原発の爆発によって広く使われるようになったことばとしては、「炉心溶融」「炉心損傷」「メルトダウン」「輪番停電」「被曝線量」「汚染水の除去」「石棺」「水棺」「シルトフェンス」「ウエットベント」「ホットスポット」「メガフロート」「除染作業」などなどがあります。実に多くの爆発に関することばが連日マスメディアから流されました。8 年後では、爆発した原子炉の中に取り残された「デブリ」をいかにして取り出すかが問題になっています。こうしたことばは、それ以前には必要とされなかったことば群です。原発事故という予想もしなかった大事故が起こったことで、次々に発生する新しい危険な事態を伝えるために必要となって作られ使われたことばです。これらのうち「輪番停電」「水棺」「シルトフェンス」などは事故後 8 年経過した時点では、もう使われることもなく、忘れ去られようとしています。しかし、「炉心溶融」「石棺」「メルトダウン」「被曝線量」「汚染水」「ホットスポット」「除染作業」などは、8 年後でも使われています。「汚染水」の処理は現在でも大きな問題ですし、「除染作業」は技能実習生として来日した外国人が本人の知らない間

に働かされていたとして問題になったりしています。「ホットスポット」は特に放射線量の高い地点として当初使われましたが、最近では無線 LAN のある場所を指すというように、意味を変えて使われています。

　原発事故という大変悲惨な事故は日本語にも大きな痕跡を残しているのです。

5. 外来語・カタカナ語

　外来語というのは、「インターネット」や「ドローン」など、海外からの考え方や商品などが導入されるとき、入ってきた外国語がそのまま使われ、そのうちに日本式の発音になって日本語になり、カタカナで表記されるようになったことばです。カタカナ語というのは、外来語に「コメ」「キタキツネ」など本来の日本語をカタカナで表記したことばを加えたものですが、一般にカタカナ語というときは、外来語のことを指すことが多いです。

　明治・大正期に新しい文明が日本に導入されたときは、baseball →「野球」、impressionist →「印象派」のように、日本語に翻訳されて日本語に加わったものが多かったのですが、最近では、normalization →ノーマライゼーション、modernism →モダニズムのように、翻訳を経ずに日本語になってしまうことばが多くなりました。ワイパー・バックミラーのような自動車の部品の名前、スポーツ用品、インターネット関連の用語などほとんど外来語という分野もあります。

　外来語が多くなると、理解ができない人も多くなります。コミュニケーションがスムーズにいかなくなることもあります。2018 年 3 月の文化庁調査[8]では、①「外来語や外国語などのカタカナ語の意味が分からずに困ることがあるか」と、②「外来語や外国語などのカタカナ語の使用に関する印象」と2 つの項目で尋ねています。

　①の、カタカナ語の意味が分からずに困ることが、よくあるか、たまにあるか、ないか、の質問に対する回答は、「よくある」23.8%、「たまにはある」59.7%、「困ることはない」15.4% となっています。つまり、頻度は別であっても「困ることがある」人は 83.5% に達しています。年代別では、60 代の人のうち 87.3%の人が「困ることがある」と答えて、いちばん多くなってい

---

(8) 文化庁（2018）『平成 29 年度国語に関する世論調査〔平成 30 年 3 月調査〕』文化庁国語課

ます。

　②では、カタカナ語を使うことをどう感じるかを尋ねていますが、「どちらかと言うと好ましい」が 13.7%、「どちらかと言うと好ましくない」が 35.6%、「別に何も感じない」が 49.1% でした。何も感じない人がいちばん多いのですが、好ましいか、好ましくないかでは、好ましくないと感じる人が好ましいと感じる人よりずっと多くなっています。

　カタカナ語の意味がわからなくて困ることがある人が 83.5% もいるということは、意思の疎通の上で支障が起きやすいということです。また、話の中や書いたものの中に、カタカナ語を使うことを否定的に見ている人が、肯定的に見る人の 3 倍近くもいるということに目を向けたいと思います。これらの数字は、新しい考え方や品物などを取り入れるときに、そのままの外国語を安易に取り入れるのでなく、意味がわかることばに直して導入する努力が必要なことを示唆しています。

6. 高齢者とことば

　日本は 2007 年に、65 歳以上の人口が 21％を超して、超高齢社会に入りました。この高齢化の勢いはまだまだ続きそうです。皆さんの周囲を見回しても、車いすの人が増え、町を杖を突きながら歩く人も多くなり、デイサービスやリハビリ病院などの送迎の車が町中を走っていることに気づくでしょう。

　高齢者が増えると、ことばについても何か変化が起こるでしょうか。7-9 で「やさしい日本語」が、耳や目が悪くなってきた人にも有効だと述べていますが、ほかにはどういうことに注意しなければいけないでしょうか。遠藤（2018）では、高齢者の話しことばの中で、滑舌が悪くなる、発話が遅くなるなど生理的な機能の変化による若い年代との差はあるものの、語彙の選択や語の使い方の面での特徴は見られないと報告しています。外来語や新語をよく使う高齢者もいるので、そうした語彙の選択は、個人差や話題差によると考えられます。一方で遠藤ほか（2019）では、介護施設などで高齢者とのコミュニケーションを円滑にするためには、用語の年代差に留意する必要があると述べています。介護施設などで介護を受ける人は高齢者が多いので、同じ事物の言い方が高齢者の習得したものと、現在の介護スタッフが使うも

のと違うことがあります。「（お）便所へいく」という言い方が一般的だった時代に育った人と、「（お）トイレに行く」という言い方が一般的な時期に育った人とでは、同じ所へ行くにしても使うことばが違ってきます。高齢者でも変化することばに合わせて自分の使うことばを変える人もいるので一概には言えませんが、若いころのことばを使い続ける人もいるし、また高齢になって若いころのことばに戻る人もいるのです。介護の場面では、介護する人と介護される人との年代差も大きく、ことばにずれが起こることもあります。

　ずれが起こるのは介護場面だけではありません。たとえば「やばい」という形容詞は、①「雨に降られるとやばいから、早く帰ろう」という、都合のわるい状況のときに言う否定的な意味の使い方と、②「あそこのチョコレートケーキやばい、また食べに行こう」のように、とてもいいという肯定的な意味で言うときと2つの使い方があります。本来は①だけの用法でしたが、最近では②の用法で使う人も増えてきました。2015年1月の文化庁の調査では(9)、②の意味で使う人が10代で91.5%、20代で79.1%ですが、60代では11.5%、70歳以上では5.1%と年代差が大きくなっています。「やばい」のことば自体は幅広い世代で使われるとしても、「やばい」の意味のどちらを使うかでは差があるのです。

　若い店員が、ブラウスを探している50代の女性に、「そのブラウスやばいっすよ」と勧めたつもりだったのに、客の女性は否定的な意味の「やばい」と言われたと思って買わないで帰ってしまったという事実があります。肯定的な「やばい」を使う若い人は、相手によっては、否定的な面で受け止められるかもしれないということを理解した上で、このことばを使うことが必要です。

7. 敬語

　文化庁では毎年国語についての世論調査をしています。その中で、敬語に関する質問がほぼ隔年に行なわれています。2017年2月の調査では(10)、〔回答票10〕で

---

(9)　文化庁（2015）『平成26年度国語に関する世論調査〔平成27年1月調査〕』文化庁国語課
(10)　世論調査報告書『平成28年度国語に関する世論調査〔平成29年2月調査〕』文化庁文化部国語課

あなたは、敬語を使うことが、人間関係を作っていくのにかえってマイナスになってしまうと感じることがありますか。

と尋ねています。「ある」と「時々ある」と答えた人は25.4％で、その人には、「それはどのようなときですか。この中からあなたのお考えに近いものを幾つでも挙げてください」と、さらに次の質問をして、7つの選択肢から選ぶように求めています。ここでは、7つの選択肢のうちで回答者の比率が20％以上あった4つを記し、それぞれの回答者の比率を記します。

（ア）敬語を使っているために、相手との距離を縮めることができないとき——53.5％
（イ）失礼があってはいけないと、ついつい敬語を使いすぎてしまうとき——33.4％
（ウ）敬語の使い方を間違えてはいけないと思い、言葉がうまく出てこないとき——26.8％
（エ）型にはまった表現になり、自分の気持ちを込められないとき——26.0％

　これまでの敬語に関する調査では、「敬語を使うことに関して」（2012年）、「これからの敬語の在り方」（2016年）のような質問でしたので、敬語のマイナス面を尋ねているのは珍しいことです。敬語使用でマイナス面を感じることが「ない」人が31.9％、「あまりないない」人が42.0％と、敬語を肯定的にとらえる人がずっと多いのですが、それでも、敬語使用でマイナス面を感じる人が4分の1はいるということは注目すべきでしょう。そのマイナス面としては（ア）「相手との距離が縮まらない」が最も多く、次は（イ）「失礼にならないかと敬語を使いすぎる」と、（ウ）「間違いを恐れて言葉がうまく出てこない」が続きます。マイナス面を感じている人を年代別に見ると、30代が35.7％、40代が33.9％、70代以上では19.7％と年代差が大きいのです。中年の人たちがいちばん敬語の使い方で悩んでいて、高齢者ではマイナス面を感じる人が少なくなっています。
　この傾向は最近の敬語研究の結果とも共通しています。井上（2017）では、「『わたくし』の使用率は50代前後のベテラン層がピーク」(p131)「『うかがう』

という、特殊な言い方の難しい敬語を使いこなしているのは高学歴の高年層、ベテラン層」(p136)で、「敬語は成人後に社会人として少しずつ身につけて使いこなすもの」(p 140)としています。つまり、敬語は成人後高年層になって使いこなせるようになるということです。これは、中年の段階では敬語の使用が不安定で失敗を恐れているが、高齢になるとそうしたマイナス面は感じなくなるという世論調査の結果と一致しています。

　これらの結果を若い人の敬語の習得や使用に当てはめてみましょう。成人でも敬語の間違いが不安で、心配のあまり使いすぎてしまうというのです。そうだとすれば、成長の途上にある若い人は、間違いを恐れることはありません。大人になって年を取るうちに、徐々に使いこなせるようになるものと考えて、緊張感を解きましょう。心配したり緊張したりしていては、言いたい肝心のことが言えなくなります。言いたいことを「絵」とすると、敬語はその「額縁」です。額縁は絵を引き立てますが、「絵」が貧弱なものであったらだれも見てくれません。まず、良い「絵」を描くことを考えましょう。「絵」が素晴らしかったら、額縁が少し安物であっても見る人は感動します。特に若い人は敬語で苦しむよりも、豊かな話題を蓄え斬新な発想を磨くことです。外国人への日本語教育でも敬語は重点課題となっていますが、まず日本語で意思が通じればいいと考えましょう。少しずつ豊かな内容のあることが話せるようになるために、最初は、語彙をたくさん獲得することです。異なる言語で育った人が、日本語で自己の思考や感情を伝えるためには語彙力と、文章力を身につけることが、まず、必要です。そうした美しい「絵」が語れるようになれば、最低限の敬語はついてきます。何よりも敬語のプレッシャーから自由になることが先だと、学習者に伝えてください。

　また、遠藤ほか(2019)には、敬語で苦しまなくてすむ、敬語回避の方法も紹介されています。敬語の文章は、終わりにくる動詞を変化させて作ることが多いです。それで、その動詞を言わないで、相手に問いかける形にするのです。「素敵な格好できょうはどちらへいらっしゃいますか」まで言わないで「素敵な格好で、きょうはどちらへ？」ですませるのです。話し方に気をつければ十分敬意は伝わります。また終助詞「ね」を使うと印象がいいという調査の結果も記されています。「きれいです」より「きれいですね」という方がいい印象を与えるというものです。敬語で悩むより、他の方法で気持ち

を伝えることを考えるのもひとつの手なのですね。

8. 医療と介護のことば

8.1 病院のことば

　医療の進歩は目覚ましく、技術も知識もどんどん新しくなり、病院をめぐる環境も大きく変化してきました。医師や看護師と患者との関係も、従来の医療側が一方的に「治してあげる」ものから、患者と一緒に「治す／治る」という関係に変わってきています。医療現場のことばも、医療の専門家だけがわかるものではなく、患者にも家族にも十分理解できるものでなければならなくなっています。

　国語研究所「病院の言葉」委員会（2009）では医療の現場の人々、患者の側の人々への調査をして、どういうことばがわかりにくいか、どう言い換えれば理解されやすいかをまとめています。そして、「医療の専門家でない患者やその家族を相手に、病気や治療や薬の説明をするとき、用いる言葉を分かりやすくする工夫を提案します」（p ⅰ）と述べて、「イレウス・寛解・誤嚥」などをわかりやすく言い換えたり、「腫瘍・ステロイド・頓服」などを説明したり、さらに「尊厳死・糖尿病・副作用」なども踏み込んで解説しています。医療者に向けての提案ですが、現場の医師や看護師が、こうした提案を受け止めて、わかりやすいことばで、患者や家族に接することが求められています。

8.2 介護現場のことば

　介護の現場のことばについても、大切な問題が山積しています。介護は日本社会の高齢化の進行とともに、日本人にとって非常に切実な問題になってきています。祖父母の介護、両親の介護、配偶者の介護など、どの家族も介護を抱えている時代です。介護を必要とする人がますます増えているのに対して、介護の仕事をする人が足りなくて、今では外国からの労働者に頼らなければ現場が回らなくなっています。

　第 2 章でも述べていますが、2008 年には EPA（経済連携協定）の一環として、インドネシアからの看護師・介護福祉士養成プロジェクトが始まりました。以下は介護の候補者だけに焦点を絞りますが、その後、フィリピンとベ

トナムも加わって毎年 750 人ぐらいの介護福祉士候補者が来日して、現場で研修を受けています。4 年間の滞在中に日本語と介護技術や知識をマスターして、介護福祉士国家試験に合格すれば、ずっと介護福祉士として就労できるという仕組みです。

　この EPA で来日する外国人介護従事者への日本語教育学会としての日本語支援は 2009 年に始まりました。そこでわかったのは、介護現場で使われることばには特殊な短縮語や新造語が多いこと、国家試験で問われる介護専門用語がとても難しいということです。体の部分の名称でも、心窩部（みぞおち）、腋窩（わきの下）、下肢（足）、踵部（かかと）など、ルビと（　）の説明がなかったら普通の人は読むこともその部位もわからないようなことばが使われています。しかも、スタッフ間や記録では「下肢挙上」などのことばを使いますが、介護される人には「足をあげてください」と言わなければ通じません。外国から来た研修生たちは、この両方のことばを覚えなければならないのです。遠藤・三枝（2015）、遠藤ほか（2019）では、こうした難しいことばをやさしく言いかえる提案をしています。難しいことばは、外国人従事者にとって学ぶ負担が大きいだけでなく、日本人の介護を受ける人やその家族にも理解できないことが多いのです。介護を受けている人と家族に対して行なったアンケート調査[11]でも「難しいことばを使われると不安になる」「聞いてすぐわかることばを使ってほしい」などの声が聞かれています。「褥瘡・咳嗽・眼瞼」など難しい専門用語の多くは、明治時代の医学や看護の領域で使われていたものです。外国人の労働に頼らなければならない今、100 年以上も前のことばで外国人従事者や介護を受ける人を苦しめているのは、もはや時代錯誤と言えるでしょう。

9. やさしい日本語

9.1 やさしい日本語の必要性

　阪神淡路大震災のとき、関西地方にいた外国人の中には、地震による直接の被害のほかに、復旧過程での情報が得られず、被害がさらに大きくなり、

---

(11) 遠藤織枝・三枝令子（2016）「わかりやすい介護用語を目指して」日本語教育学会秋季大会予稿集 168-173

二重被害を被った人も出てきました。それをきっかけに、弘前大学社会言語学研究室などが、災害時に外国人に情報をどう伝えるかの研究を始めました。いろいろな調査の結果、

① 外国人だからみんな英語がよくわかるわけではない。
② 災害時に多言語の通訳を集めることは困難である。
③ 災害時に多言語に翻訳する時間的余裕はない。
④ 外国人住民が、日常使っていることばで母語の次に多いのは簡単な日本語である。

ということがわかり、「やさしい日本語」を普及することが重要だということになりました。日本語能力試験の N3 の日本語がわかる程度とレベルを決めて、文法項目・語彙・表現・文の長さなどの枠を決めていきました。

　東北大震災の後では NHK でも「news web EASY　やさしい日本語で書いたニュース」というのを放送するようになっています。自治体でもやさしい日本語の整備の必要性を感じて、外国人への窓口の対応や、印刷物の文章の書き方などで見直しが行なわれています。

　2017 年〜 2018 年にかけて首都圏の電車のアナウンスを 23 の路線で 28 時間録音して「やさしい日本語」の視点から分析した調査がありますが [12]、それによりますと、①1 文が長すぎるものがある。②敬語が多い。③漢語で聞き取りにくいことばがある。④情報量が多すぎる。など、電車のアナウンスは外国人にとってわかりにくいという結果が報告されています。公共交通機関を利用する外国人は多くなります。少し日本語がわかる人なら安心して電車や地下鉄に乗れるようにする必要があります。

9.2 やさしい日本語の作り方

　それでは、「やさしい日本語」にするにはどうすればいいのでしょうか。弘前大学の社会言語学研究室のホームページ [13] によりますと、次のルールを守

---

(12) 宿谷和子他 (2018)「電車の日本語は外国人にとってわかりやすいか ― 電車アナウンス録音調査から」『2018 年度日本語教育学会春季大会予稿集』154-159
(13) http://human.cc.hirosaki-u.ac.jp/kokugo/（このサイトは 2020 年 2 月 17 日に閉鎖され、その後はアクセスできなくなりました。しかし、このルールは自治体などでも多く利用されていて、現在でも生きています。）

れば「やさしい日本語」の文ができるということです。

1）難しい言葉を避け簡単な語彙を使ってください。
2）1文を短くして、文の構造を簡単にしてください。文は分かち書きにしてください。
3）かたかな外来語とアルファベット単位記号を使用する時は気をつけてください。
4）擬態語は日本語話者以外には伝わりにくいので使用を避けてください。
5）動詞を名詞化したものはわかりにくいので、できるだけ動詞文にしてください。
6）あいまいな表現は避けてください
7）二重否定の表現は避けてください。
8）文末表現はなるべく統一するようにしてください。

　こうした点に配慮しながらポスターやチラシを作って、災害時の情報を外国から来ている人々に伝わりやすくする努力が求められています。
　実は、「やさしい日本語」は外国人のためだけではありません。高齢化が進んで高齢者が増えると耳が聞こえにくくなる人もいます。目がはっきり見えなくなる人も出ます。そうした人々にとって簡単なことばを使って短く書かれた文は読みやすいはずです。視覚や聴覚に障害のある人にもやさしい日本語は有効です。マジョリティーである日本人にとっても「やさしい日本語」が有効であるとして、『やさしい日本語——多文化共生社会へ——』（岩波新書）の著者、庵功雄は次のように言っています。

　外国人に正確に情報を伝えたり、その人を説得して、何かをやってもらおうとしたりするためには、自分がふだん無意識に（無自覚に）使っている日本語を、相手に通じるように調整しなければなりません。［……］実は「自分の言いたいことを相手に聞いてもらい、相手を説得する」という、母語話者にとって最も重要な言語能力の格好の訓練の場になるのです。つまり、この点で〈やさしい日本語〉は、日本語母語話者にとって「日本語表現の鏡」としての役割を果たすのです。（185-186）

もうひとつ「やさしい日本語」を外国人とのコミュニケーションに積極的に活用して得られるメリットを考えてみます。外国人の未熟な「やさしい日本語」を受け入れることは、初めは戸惑いも多く、もどかしい思いもするかもしれません。しかし、必死で意思を伝えようとしている相手の意図をくみ取ろうと耳を傾けるうちに、相手の表現の特徴がわかってきて、相手の言いたいことが想像できるようになります。少しでも日本語でコミュニケーションができるようになると、話し手はとてもうれしくなり、自信がついてきます。どんどん話すようになります。聞き手は、今まで縁のなかった外国の人の考え方や生活の仕方に接することができるようになります。異文化への道が開けます。外国へ行ったり、本を読んだり、大学で講義を受けることもなく、未知だった世界に入れるのです。まず、相手が話しやすくなるような聞き上手になりましょう。そうするうちに、聞き手のあなたもいつの間にか今まで知らなかった未知の世界に入り込んでいるでしょう。「やさしい日本語」を受容し、使いこなすことは日本人の視野を広げることでもあるのです。

　以上、言語教育から「やさしい日本語」まで、さまざまなことばが現在の社会の中でどう存在しているか、どういう視点で考えなければいけないかを、それぞれポイントだけ簡単に述べてきました。互いに関連がない項目をあれもこれも並べたようにも見えますが、これらはすべてウエルフェア・リングイスティクス（Welfare Linguistics）の考え方で統一されています。みなさんも、興味のある項目について、そこからどんどん掘り下げて考えてみてください。ことばについて、人間の福祉という大きな枠組みの中で考え直してみると、今までの言語の研究方法では見えなかった新しい側面が開けてくるものです。

ポストタスク

1. 日本の子どもの国語教育と外国にルーツを持つ子どもの日本語教育の、共通点と相違点を整理してみましょう。

2. 自分の妻を「ヨメ」と呼ぶ夫がいます。この呼び方が適切かどうか考えてみましょう。

3. 福島第一原発事故によって生まれたことばが現在どうなっているかを、当時の新聞と現在の新聞を見ながら調べてみましょう。

4. SNS で発信するときに気をつけなければいけないと思うことを、できるだけたくさん書いてみましょう。

5. 「やさしい日本語」で、催し物（学園祭など）のチラシを作ってみましょう。

　総合活動型日本語を取り入れて（イタリア）

Marcella MARIOTTI（マルチェッラ マリオッティ）
（ヴェネツィア・カフォスカリ大学アジア・北アフリカ研究学部准教授）

楽しいこと

　いちばん楽しいのは、自分が学生だったときの不満を振り返り、今の学生のために物事を変えられることだ。特に、自分が日本語を習ったときの苦労と楽しさを思い出し、学生たちの期待を聞くこと。この楽しさは、2010年から取り入れた総合活動型日本語のおかげである。この授業は、夢や興味といった学生たちの中にあるものを取り出せる場になる。ビジネス日本語を教えるときも、どうして尊敬語や謙譲語をその場面で使うのか、イタリア語でもあるのか、など学生と一緒に考え、実は尊敬や謙譲の考え方がどの社会にもある共通点だと把握するのが楽しい。

困ること、苦労すること

　学生の「文法崇拝」はいちばん苦労する。それは、私が日本語母語話者ではないからではない。むしろ、学生にとっては自分の考えより、成績のほうが重要であるよう。今までの成績が文法の「正しさ」でしか測らなかったからである。自分の考えを言える人、自分の周りの不平等に注意する人、そんな社会的行為者になればいいのに、学生の興味は、成績を上げるために、たとえば、助詞の違いなどばかりにあるのは悲しい。しかし、どんなに日本語が完璧でも、日本語ができる人が必要であれば、日本で生まれ育った人で良いとなってしまう。総合活動型日本語に出会っても、こうした学生の考え方が簡単には変わらないのは、我々教師の責任でもある。

気づかされること

　学生に気づかされるのは成績というものがどれほど意味がないかということ。先生が言わせたいことを言えるのではなく、学生たちが言いたいことをじっくり考え、それを言えるようになるのを楽しむことが重要なのだ。自己表現によって自由になれるからだ。また、総合活動型の授業は、日常生活と同じく、いつも計画どおりにはいかないということに気づかされた。よって、教師の責任、つまり影響力の強さにも気づかされる。

教えられること

　学生には、人と話したいという気持ちが「ことば」の勉強の中でどれほど重要かを教わった。そのことばでだれかと対話しない限り、喜びはない。また、そのためには考えを伝える場があることが大切で、伝えられる内容があることも大事。さらに、イタリア語から少し遠い言語である日本語で自分の意見を言うことも大事。母語では考えもしなかった内容を考えることもあるから。最後に、総合活動型日本語はまだまだ学生には簡単に受け入れられないこともわかったが、これまでも、過去の学生が「今は先生の教育方針がわかるよ、ありがとう」と言ってくれる。こんな文法中心ではない授業の評価が低くても、我慢して続けたい。自分が社会的行為者であると、学生たちが意識できるようになるには、小さくても貢献しているかもしれないと考えているから。

第3部

日本語をどのように教えるか

How

第 **8** 章

評価

プレタスク　第8章を読む前に

1. 今まで言語能力に関して、どのような評価を受けたことがありますか。テストとテスト以外の評価に分けて、考えてみましょう。
2. 言語教育において、なぜ評価を行なうのでしょう。評価の目的を考えてみましょう。
3. 日本語やその他の言語の大規模テストにどのようなものがあるか調べてみましょう。それらのテストのレベル基準を見て、わかりやすいか考えてみましょう。（英語だと実用英語技能検定、TOEFL® などが大規模テストです）

　評価は、その時代の言語理論や教授法の考え方と密接に関連しています。この章では、評価の目的やテストの基本概念を確認した上で、近年の評価がどのような考え方に基づいて実施されているかということを具体的な例とともに見ていきます。

1. 評価とは

1.1 言語教育と評価

　評価と言うとテストを思い浮かべる人が多いと思います。テストと言っても、授業で行なわれる定期試験のように出題範囲が決まっていて、復習すればある程度の得点が取れるようなテストもありますし、どこから出題されるかわからず試験勉強が難しいテストもあります。また、小論文や作文のテストのように、採点者によって評価が異なる可能性の高いテストもあれば、だれが採点しても同じ結果になる多枝選択形式[1]のテストもあります。そして、

---

(1) 多枝選択形式とは、解答を複数の選択枝から選ぶテスト形式のことです。通常の文章では「選択肢」と「肢」の漢字を書きますが、この章では多枝選択形式の選択「し」は「枝」を使用します。日本テスト学会が 2007 年に出版した『テスト・スタンダード―日本のテストの将来に向けて』で「選択枝」が採用されており、テストに関する専門用語としては「選択枝」を用いることが多いためです。

評価の手段はテストだけではありません。自己評価(self assessment)やピア評価(peer assessment)というような評価手段もあります。この章ではこれら各種の評価を取り上げます。

　評価の手段はたくさんありますが、どのような手段をとるかは、その時代の言語理論や教授法の考え方と密接に関連しています。オーディオリンガル法が主流だったころは、発音や文法、語彙などを分けて測定する部分的測定法によるアプローチ(discrete-point language testing)が主流でした。別々に測定した結果を合計すれば言語能力を表すことができると考えられ、1960年代盛んに行われました。その後コミュニカティブ・アプローチが台頭すると、コミュニカティブなテスト(communicative testing)の作成が目指されるようになります。コミュニカティブなテストでは、言語項目を別々に評価するのではなく、学習者が実際の生活で出会う課題にできるだけ近いテスト課題を設定し評価することを目指しています(ヒートン 1992：22)。その後、学習者中心の教授法が注目されるようになると、教師中心から学習者中心へ、結果重視から過程重視の評価へと関心が高まってきました。その中で、自己評価やポートフォリオ評価(portfolio assessment)などの代替評価(alternative assessment)の方法が模索されます。この潮流の中で、テストは肩身の狭い思いにさらされているようにも思えますが、テスト研究においても、assessment of learning(学習成果の評価)よりも assessment for learning(学習のための評価)が注目されるようになり、学習者に今後の学習の指針を与えられるような診断テストなどが開発されています。

1.2 評価に求められる要素

　運動能力の測定などであれば測定評価は比較的単純ですが、言語能力の評価は非常に複雑です。簡単に客観的な数値で表すことはできませんし、言語を理解する過程を直接目にすることはできません。ですから、言語能力に関する評価では、得られた証拠(evidence)から学習者の言語能力を推論するということになります。証拠の質がよければ正しく推論ができますし、逆に質が悪ければ誤った推論がなされ、決定—クラス分け、授業の進め方、入学の可否など—を誤る可能性もあります。また、証拠の質が高くても、それを解釈する手段を持っていなければ正しい推論はできないということになります。

教室での評価について、Genesee and Upshur（1996:6）は、（1）評価の目的がまずあり、（2）その目的を達成するために適切な情報を収集し、（3）その情報を解釈し、（4）決定を行なうという側面がある、と述べています。（1）については、学習を支援することが目的なのか、能力を判定することが目的なのか、授業改善のためなのか、あるいは複数の目的を持っているのか、を見極めます。（2）の段階では、その目的のためにどのような方法が適しているか検討し情報を収集します。情報収集の方法——評価の方法——が重要であり、教師は評価方法に関する知識を持っている必要があります。そして、（3）の段階では、得られた情報を正しく解釈する手段が必要になります。質的に分析する場合も、量的に分析する場合もありますが、その手段に関する知識が求められます。そして、最後の（4）で、解釈に基づいて、たとえば授業の進め方を決めたり、クラス配置を決めたりします。

2. テスト

2.1 テストの種類

●到達度テストと熟達度テスト

　テストは、目的によって、到達度テスト（achievement test）と熟達度テスト（proficiency test）に大別できます。到達度テストは、学習目標に対して、学習者がどの程度到達したか、その度合いを知るためのもので、教師が作成する定期テストが代表的なものです。到達度テストとしての定期テストは、教授した内容を出題し、教授したことがどの程度習得できたかを確認するものです。そのため、定期テストでは、通常、教授した内容だけを出題します。ときには、読解の授業担当者が定期テストの作成で、すでに授業で読んだものは「理解できるに決まっているから」と、授業では読んでいない別の読解テキストを出題するという事例を聞くことがあります。しかしそれでは、同じジャンルで、同程度の難易度の読み物を使用するのでない限り、到達度テストにならない——教授したことをどの程度習得したかがわからない——可能性があります。学習した内容の到達度を確認するというテストの目的を理解し、それが実現できる方法を選ばなくてはいけません。

　一方、熟達度テストは、学習者の言語能力を判断するテストで、日本語

能力試験などの大規模テストや ACTFL（The American Council on the Teaching of Foreign Languages）の OPI（Oral Proficiency Interview）[2] が含まれます。熟達度テストでは、到達度テストと異なり、教授した内容とは一切関係なく出題され、受験者がどのような言語能力を持っているかを判断します。

●診断テスト

　診断テスト（diagnostic test）というのは、学習者がどの点が強く、どの点が弱いかを判断するために行なうものです。診断テストの結果は、学習者にこれからの学習についてアドバイスしたり、学習者の弱い点を重点的に教授したりするために使用されます。到達度テストや熟達度テストを診断テストに利用することは可能で（靜・竹内・吉澤 2002）、そのような例は多いですが、診断目的に設計されたテストもあります。たとえば「Web 版漢字力診断テスト」では、学習者の漢字能力を診断するために開発されたテストです。初級用診断テストでは、反対の意味の漢字を選ぶ問題、文中の漢字語の読みを選ぶ問題、同じ音読みの漢字を選ぶ問題など 12 の評価項目があり、各評価項目の結果をフィードバックできるよう設計されています（加納・魏 2019）。

●客観テストと主観テスト

　評価方法の観点から、テストは、客観テスト（objective test）と主観テスト（subjective test）に大別することができます。客観テストとは、評定者の主観が入らないテストのことで、究極のものはマークシート形式のテストやコンピュータを利用したテストです。多枝選択形式のテストも、採点者による差異は生じないため、客観テストの代表例と言えます。

　一方、主観テストは、採点者の主観が影響するテストで、会話のテストや書くテストが該当します。採点者によって結果が異なる可能性が高いテストです。会話のテストや書くテストはパフォーマンステスト（performance test）と呼ばれることもあります。パフォーマンステストとは、現実的な課題が設定されているテストで、会話のテストや書くテストの課題が現実場面で起こ

---

(2) 牧野ほか（2001:9）によると、OPI は、「外国語学習者の会話のタスク達成能力を、一般的な能力基準を参照しながら対面のインタビュー方式で判定するテスト」です。

りうるものであればパフォーマンステストとなります。主観テストは、客観テストに比べてより現実的な課題で学習者の実際のパフォーマンスを直接評定できる可能性が高い点で大変魅力的です。そのため、いかに主観テストを信頼性の高いものにできるか、評価方法や評価項目に関してさまざまな工夫がなされています。そのひとつがルーブリック（rubrics）の利用です。ルーブリックとは、「評価の項目や観点」とそれぞれの「到達レベル」をマトリクス形式で示す評価指標のことです。ルーブリック評価のメリットとして、学生と教師が評価の観点やレベルについて共通認識を持つことができること、学生への迅速なフィードバックが容易になることなどがあげられます。日本語教育の例では、山同ほか（2017）が日本語上級前半レベルのクラスでレポート課題の評価に使用するルーブリックを作成しています。山同ほかがルーブリックを作成した目的は「評価の公平性」「到達目標提示」「学習者の自律的な取り組み」にあります。評価の観点は、構成・内容・表現の適切さ・形式の4項目、それぞれに2つあるいは4つの下位項目が設けられています。山同ほか（2017）に記載されているルーブリックの一部を表1に示します。表1にあるように、それぞれの項目について、「A+（とても良い）」「A（良い）」「B（もう少し）」「C（頑張りましょう）」の評価尺度が設定されていて、該当する記述文の□に✓を書き込みます。

表1 山同ほか（2017）ルーブリックの一部

	A+（とても良い）	A（良い）	B（もう少し）	C（頑張りましょう）
(1)構成	□ 序論・本論・結論の3部構成になっており、それぞれの分量が適切である。	□ 序論・本論・結論の構成になっている。	□ 序論・本論・結論の構成を意識しているが、整っていない。	□ 序論・本論・結論の構成が見られない。
	□ 適切な段落に分かれ、1段落1トピックで書かれており、段落間のつながりが自然である。	□ 段落に分かれ、1段落1トピックで書かれており、段落間のつながりが見られる。	□ 段落に分かれているが、1段落にいくつかのトピックが入っており、まとまりがなく、段落間のつながりがおかしい。	□ 段落に分かれていない。

2.2 テストの基本概念

●信頼性

　身長計がここにあるとしましょう。この身長計で身長を測った場合、いつ計っても結果が同じであれば、この身長計は信頼性（reliability）が高いと言えます。身長が伸びていないということが前提ですが。しかし、もしそのつど異なる結果が得られたら、この身長計は信頼性が低いことになります。言語テストは身長の例ほど単純ではありませんが、同じ受験者群がいつ受けても同じ結果が得られないテストは信頼性が低いと言えます。ただし、身長計とは異なり、言語テストでは同一のテストを同じ受験者群に対し複数回使用し、結果を検討することはできません。時間をおかず同一のテストを実施したら受験者がテスト内容を記憶している可能性が大きいですし、時間をおいて実施したら受験者の能力が変化しているかもしれません。そこで、交換可能な言語テストを2種類開発し、同じ受験者群に実施し、双方の結果を比較するということが考えられます。これらのテストの信頼性が高ければ、どちらのテストからもほぼ同じ結果が得られるはずですが、信頼性が低い場合は、テストによって異なる結果が得られるわけです。しかし、交換可能な2種類のテストを作成するというのは非現実的であり、実際にはそのようなことはせず、1回のテスト結果から内的一貫性（internal consistency reliability）を確認することが多いです。

　内的一貫性の確認方法は、折半法（split-half reliability）やクロンバックの α 係数（Cronbach's alpha）を使用します。折半法は、1つのテストを2つに分けて（たとえば、奇数項目群と偶数項目群に分けます）、双方の結果を比較します（相関係数を計算します）。双方の結果が、相関係数が高く同じ傾向にあれば、そのテストの信頼性は高いと判断できます。クロンバックの α 係数は、テストに出題されている項目が測定対象の能力を一貫して測定しているかどうかを示します。この場合、日本語の読解テストなのに、歴史に関する知識が関わっているというような問題項目が含まれていると、折半法による相関係数も α 係数も、数値が低くなります。

　会話テストや作文テストなどの主観テストでは、複数の採点者の間で評定結果がどの程度一致するか統計的に計算して、評定者間信頼性（inter-rater reliability）を計算します。評定者間信頼性を高めるためには、次のような対

策が考えられます。

　・評価項目と評価基準を事前に用意する。
　・すべての採点者が評価項目と評価基準を同様に理解する。
　・採点結果が採点者によって異なる場合、評価項目と評価基準の理解を深
　　め、採点練習を行なう。

●妥当性

　あるテストの信頼性が高かったとしても、そのテストで得られた得点が
測定しようとしている言語能力を真に反映しているかどうかはわかりませ
ん。測定しようとしている言語能力をそのテストが本当に測っているかとい
う概念を妥当性(validity)と言います。妥当性は、内容的妥当性(content
validity)、基準関連妥当性(criterion-related validity)、構成概念妥当性
(construct validity)という3つの観点から検討されることが多かったので
すが、現在では妥当性は構成概念妥当性を中心に1つの概念としてとらえら
れることが多いです(野口・大隅 2014)。構成概念妥当性は、テストが測定
しようとする言語能力の構成概念(テストで測定される能力)を定義し、テ
ストの内容と方法がどの程度適切かを検討するものです。バックマン＆パー
マー(2000：299-300)は、構成概念妥当性を点検するための質問として、テ
ストの言語能力構成概念は明瞭に定義されているか、テストの言語能力構成
概念はテストの目的に適しているか、テスト課題は構成概念を反映している
か、採点手順は構成概念の定義を反映しているか、など10項目をあげてい
ます。

●真正性

　真正性(authenticity)とは、テストの内容が現実場面での言語行動を反映
しているかどうかという概念です。真正性は、タスク、素材などの観点から
検討されます。たとえば、実際の新聞記事を読み、空欄に適切な接続詞を入
れるという課題のテストの場合、真正性はどのように考えられるでしょうか。
素材の面からは実際の新聞記事ということで、真正性が高いのですが、新聞
記事中の空欄に適切な接続詞を入れるというタスクは現実場面ではあり得
ず、真正性は低いと判断できます。近藤(2012:29)は、真正性が高いテスト

であれば、その結果から、受験者が現実場面での言語課題をどの程度遂行できるかということを予測することができると述べています。

●影響

テストが社会や教育組織、個人に与える影響（impact）を指します。テストは学習者の動機づけに強い影響を与えます。学習者ばかりでなく、教師による指導内容もテストの内容に影響されることは知られています。このような影響を波及効果（washback）と言います。影響は、肯定的な場合も、否定的な場合もあります。テスト開発者、テスト使用者は、テストを実施することで、学習者に対してどのような影響を与えるのか、テストを受験する準備の段階から、テストの結果のフィードバック、学習者に下される決定——クラス分け、テストの合否、入学の可否など——の段階まで、それぞれの段階での影響を十分考慮する必要があります。

●実用性

妥当性の高いテストを実施するために、ひとりひとり時間をかけて会話テストをデザインしたとしても、現実に実施できなければ意味がありません。テスト実施に必要な人材や資材を十分に準備できるかという観点から考えるのが実用性（practicality）です。実用性は、人員・機材（コンピュータ・スピーカーなど）・場所・時間・費用などの側面から検討します。

2.3 大規模テスト

大規模な日本語テストとして、日本語能力試験、日本留学試験などがあげられます。以下では、日本語能力試験を例に、2010 年以降の大規模テストの特徴を概観します。

● CEFR の影響

CEFR（Common European Framework of Reference for Languages: Learning, teaching, assessment ヨーロッパ言語共通参照枠）が 2001 年に公開されて久しいですが、2000 年代後半から大規模テストに CEFR の影響が見られるようになりました。

第 5 章でも述べられていますが、CEFR では、6 つのレベルが設定されていて、各レベルの説明は、そのレベルの学習者ができると考えられる言語行動を、具体的な例示的能力記述文（illustrative descriptors）で表されています。この記述文は「～ができる」という表現で書かれていて、このような能力記述文は Can-do statements（以下 Cds とします）と呼ばれます。CEFR が広く認知されるようになると、大規模テストにおいて、評価基準を Cds により例示する試みがなされるようになります。日本語能力試験は、2010 年に改定され、現在は 5 レベルのテストですが、それまでは 4 レベルのテストでした。2009 年までの旧試験の認定基準と 2010 年以降の現試験の認定の目安を比較してみます。最も高いレベルである旧試験の 1 級と現試験の N1 を取り上げます（表 2）。

表 2 日本語能力試験旧試験の認定基準（1 級）と現試験の認定の目安（N1）

日本語能力試験 1 級　認定基準[3]	日本語能力試験 N1 認定の目安[4]
高度の文法・漢字（2,000 字程度）・語彙（10,000 語程度）を習得し、社会生活をする上で必要な、総合的な日本語能力。（日本語を 900 時間程度学習したレベル）	幅広い場面で使われる日本語を理解することができる 【読む】 ・幅広い話題について書かれた新聞の論説、評論など、論理的にやや複雑な文章や抽象度の高い文章などを読んで、文章の構成や内容を理解することができる。 ・さまざまな話題の内容に深みのある読み物を読んで、話の流れや詳細な表現意図を理解することができる。 【聞く】　省略

　表 2 の旧試験の 1 級と現試験の N1 の記述を比較してみてください。どうでしょうか。旧試験の 1 級では、「漢字（2,000 字程度）」「語彙（10,000 語程度）」というように知識の量についての記述があり、「社会生活をする上で必要な、総合的な日本語能力」という抽象度の高い記述がなされています。日本語教

---

(3) 日本語能力試験実施委員会・日本語能力試験企画小委員会監修（2008）『平成 18 年度日本語能力試験分析評価に関する報告書』凡人社
(4) 日本語能力試験公式ウェブサイト　https://www.jlpt.jp/about/levelsummary.html

育関係者であればどのぐらいのレベルかということが想像できますが、外国人を採用しようとする企業の人事担当者がこの記述を読んで、具体的にどのような言語能力なのかをイメージすることはできないでしょう。一方、N1のほうは、知識の量に関わる記述はなく、具体的な言語行動に関わる記述になっています。これであれば、企業の人事担当者が読んでイメージしやすいのではないでしょうか。ここでは「読む」だけを例示しましたが、「聞く」についても同様に、言語行動記述文で記載されています。4技能のうち「読む」と「聞く」しか記載されていないのは、日本語能力試験は「書く」と「話す」の試験がないからだと思われます。

　ところで、表2で見た、現在の日本語能力試験の認定の目安は、実施団体が策定したものですが、はたして本当にN1合格者はこのような行動が日本語で遂行できるのかという疑問が生じます。その疑問に答えるためか、日本語能力試験では、実際の合格者を対象にCds自己評価調査[5]を実施し、合格者がどのような言語行動が遂行できると考えているかを分析し、Can-do自己評価リストとして報告しています。図1は、「話す」のCds 20項目について各レベルの合格者（合格ライン付近の合格者）[6]がどの程度できると考えているかを視覚的に示したものです。該当レベルの合格者の75%以上が「できる」と回答した項目は濃い色、50%以上75%未満が「できる」と回答した項目はやや濃い色、25%以上50%未満が「できる」と回答した項目は薄い色、25%未満が「できる」と回答した項目は白で示されています。N1の合格者は多くのCdsについて「できる」と回答して、N5の合格者は「できる」と考えている項目が少ないことがわかります。

　日本語能力試験のCan-do自己評価リストのような一覧は、TOEIC®や実用英語技能検定などの大規模テストでも作成し、公開しています。いずれも自己評価に基づいていますが、その方法は各試験によって異なっています。

　また、実用英語技能検定、TOEFL®などのように、テストのレベルや得点

---

(5) Cds自己評価調査とは、学習者に具体的な言語行動場面を記述した短い文を提示して、それに対して「できる」「できない」を自己評価により回答させる質問紙調査のことです（島田・三枝・野口 2006:75）。

(6) 日本語能力試験公式ウェブサイトによると、「合格ライン付近の合格者」の結果を使用しています。具体的には、合格者のうち成績が下から3分の1までの者を対象にしています。
https://www.jlpt.jp/about/candolist.html

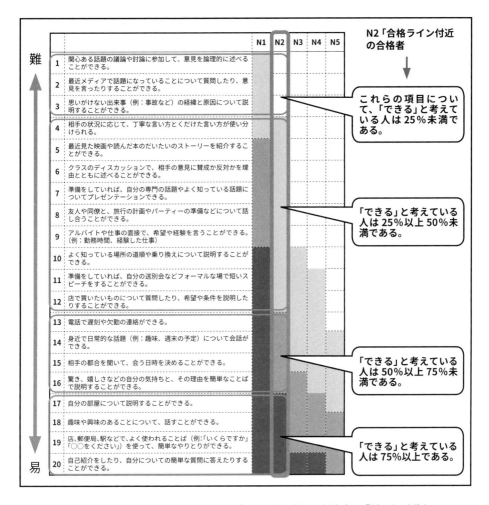

図1 日本語能力試験「各レベルの合格者が「できる」と考える割合（N2「話す」の例）」
出典：日本語能力試験公式ウェブサイト　https://www.jlpt.jp/about/candolist.html

範囲を CEFR のレベルに対応づける大規模テストも増えています。日本語の
テストでも、CEFR のレベルに対応づける大規模テストが 2019 年にスター
トしました。それは、国際交流基金日本語基礎テストです。このテストでは、
「主として就労のため日本で生活する日本語を母語としない人が来日後に遭

遇する生活場面でのコミュニケーションに必要な言語能力を測定」[7]することを目的としていて、レベルは、CEFR の A2 とされています。レベル設定に CEFR のレベルを用いる公的な大規模日本語テストは、このテストが初だと思われます。

● IRT の利用

　日本語能力試験が改定され、もうひとつ大きく変わった点があります。それは、項目応答理論（IRT：Item Response Theory）が導入されたことです。日本語能力試験の公式ウェブサイトでは、IRT を利用することにより、正確な測定ができるようになったと言われています[8]。旧試験では、古典的テスト理論（classical test theory）が使用されていました。たとえば、「学校」の読み方を選ぶというような文字の問題項目を考えてみましょう。古典的テスト理論による分析の場合、中級のクラスで実施すると、正答率（つまり難しさ）は 0.9（90%）程度かもしれませんが、初級のクラスで実施すると、正答率は 0.5（50%）ぐらいかもしれません。そうなると、この問題の難しさというのはいったいどう表したらいいのでしょうか。正答率は受験者のうち正答した者の割合で表すため、項目の難しさはどのような受験者が受験したかによって結果が異なってしまうのです。一方、IRT では、問題の難しさが受験者集団とは独立して決定されます。その方法は少々複雑なので、ここでは説明しませんが、野口・大隅（2014）、別府（2015）が参考になります。

　また、古典的テスト理論では、受験者が正答した項目の数を数え上げてテスト得点とする「正答数得点」が用いられます。「正答数得点」では、同一の受験者でも、難しい問題項目が多いテストでは得点が低く、易しい問題項目が多いテストでは得点が高くなります。IRT では、この「正答数得点」は用いません。各項目の困難度（difficulty）は最初に計算されていて、易しい項目から難しい項目まで 1 本の尺度——潜在特性尺度——に並んでいます。1 本のものさし上に複数の問題項目が難しさの順に並んでいると考えてください。そのため、受験者がどの項目に正答できるかによって、受験者自身も尺

(7) 国際交流基金ウェブサイト
　　https://www.jpf.go.jp/j/project/japanese/education/jft_basic/summary.html
(8) 日本語能力試験公式ウェブサイト　https://www.jlpt.jp/about/points.html

度上に位置づけることができます。このような方法を用いるため、いつも同じ基準で結果を出すことができ、日本語能力試験では違う回のテスト結果も比較できるのです。日本語能力試験などの多くの大規模テストでは、現在、この方法を用いています。また、後で述べますが、コンピュータ適応型テストでは、IRTによる分析が欠かせません。

2.4 教育機関のテスト
●評価の目的
　日本語教育機関では、プレースメントテスト（クラス分けテスト）、中間テストや期末テストのような定期テスト、クイズ（小テスト）などがテストの形式で行なわれることが多いです。これらのテストは、いろいろな目的で行なわれます。どのような目的でテストを行なうのか、教師の立場に立って、考えてみましょう。

　まず、授業期間が始まる前、教師は、どの学習項目を強調する必要があるか、逆にどの学習項目は時間をかける必要がないかなど知りたいと考えるでしょう。そのために、初回の授業で簡単なテストを実施したり、プレースメントテストの結果を確認したりするでしょう。このように、学習者の能力を判断したり、強みや弱みを把握したりする評価を診断的評価と言います。

　診断的評価に基づいて授業を進めていくうちに、今度は、学習者が授業内容を理解しているか、学習目標に対してどのぐらい習得が進んでいるかが気になってきます。そこを正しく判断しないと、適切な授業が行なえないからです。そこで、クイズや中間テストを実施して、学習者の到達度を確認します。このような評価を形成的評価と呼びます。

　形成的評価に基づいて、必要に応じて授業の方針を修正したり、復習をしたりしながら授業を進めていきます。教師は、授業期間の最後に、学習者が学習目標をどの程度達成できたか知りたいと思うでしょう。そのために期末テストを実施します。これが総括的評価で、学習者の到達度を判断するだけではなく、授業を省みる機会となります。

　これらの各種評価の手段はテストだけではなく、後で述べる代替評価も活用できます。特に、代替評価は習得の過程を重視しますので、形成的評価として利用されることが多いです。

●テストの効果的な使用

　テストを実施することに抵抗を感じる教師もいるのですが、学習支援という観点から考えると、テストは有効な手段だと言えます。すでに述べたように、学習を支援するためにテストの結果を利用することが可能だからです。たとえば、テスト結果から、十分習得できていない学習項目に関する情報を得て、自らの教え方を省みて、新たな教授方法や教授内容を試みることができます。また、学習者に対して、どこが習得できてどこが不十分かフィードバックすることができます。テスト結果のこれらの利用のほか、テストの実施を動機づけに使用することもできます。重要な事項、学習してほしい事項をテストに出題すれば、学習者は重要項目を勉強することになります。「これを覚えてください」というよりも「これはあしたクイズに出しますから、準備してください」と言ったほうが効果的だということは経験上理解できるでしょう。靜（2002：135）は、可能な限りテスト内容を事前に公表する必要があると述べています。そうすれば、学習者はその内容を復習するはずです。

2.5　コンピュータを利用したテスト

　最近では、テストにコンピュータを利用することが多いですが、大きくコンピュータ制御テスト（CBT：Computer Based Testing）とコンピュータ適応型テスト（CAT：Computer Adaptive Testing）に分けることができます。前者の CBT は、紙で行なうテストの内容をコンピュータに搭載し実施するテストのことです。紙と違う点は、動画や音声を取り込めること、集計が容易であること、リアルタイムで結果をフィードバックできることなどです。

　後者の CAT は、IRT が適応されるテストです。出題される各項目は、事前に IRT によって困難度が推定されています。そして、CAT では、受験者の解答結果によって、その受験者に適切な難易度の項目が出題されます。たとえば、最初に中程度の困難度の項目が出題され、受験者がその問題項目に正答すると、それよりも難しい項目が出題され、逆に間違えると、その項目よりも易しい項目が出題されます。このように、受験者の反応によって適切な問題項目が出題され、どの難しさの項目に正答したかによって受験者の能力を推定します。このような仕組みのため、受験者によって、出題される項

目も解答する項目の数も異なり、所要時間も異なります。CBT が全員同じ問題を解くことが求められるのとは対照的です。

　CBT は、IRT による事前の分析は不要のため、比較的簡単に作成でき、教育現場でも多く開発されています。日本語のテストとして代表的なものに、筑波大学のつくば日本語テスト集（TTBJ：Tsukuba Test-Battery of Japanese）[9] があげられます。2.1 で紹介した漢字力診断テスト、文法テスト、SPOT（Simple Performance-Oriented Test）などが CBT として含まれています（酒井・加納・小林 2015）。SPOT は、ひらがな 1 文字分が空欄となっている 1 文が提示され、音声でその 1 文を聞き、空欄に入るひらがなを選択枝の中から選ぶという形式のテストです。小林（2004）によると、1991 年に考案されて以来、紙で実施されていましたが[10]、2000 年代に入り、Web 形式が開発されました。

　また、大規模テストとしては、国際交流基金日本語基礎テストが CBT 方式を用いています。国際交流基金日本語基礎テストは、2.3 でも取り上げましたが、日本で就労を希望する人が来日後の生活場面で必要とされる言語能力を測定するテストで、外国人材受入れ制度が始まった 2019 年に開始されました。受験者は、試験会場のコンピュータで受験し、試験終了後試験会場のコンピュータ画面上に表示される合否の結果を確認できるそうです[11]。

　CAT の開発例は多くありませんが、日本語の試験としては、J-CAT（Japanese computerized adaptive test）があります。J-CAT は、日本語学習者の日本語能力を把握するためのテストで、語彙・文法・読解・聴解の 4 つのセクションからなっています（今井 2015）。J-CAT のオフィシャルサイト[12] によると、受験時間は受験者によって異なり、45 分から 90 分程度かかるそうです。

---

(9)　http://www.intersc.tsukuba.ac.jp/~kyoten/ttbj.html#.XJ9sDy3APGY（2019 年 3 月 31 日閲覧）
(10)　紙による実施の場合は、多枝選択形式ではなく、空欄に入るひらがなを記入する形式です。
(11)　「国際交流基金日本語基礎テストに係る試験実施要領」より
　　　http://www.moj.go.jp/content/001291461.pdf
(12)　http://www.j-cat.org/html/ja/pages/about.html

3. 代替評価

3.1 学習者中心の評価

　第4章において、教師の関心は言語のしくみ、そして教え方、さらに学習者に移り、教授法は「学習者中心」となってきたと述べられていますが、評価においても、「学習者中心」の考え方が広まっています。トムソン（2008：28）は、「学習者中心」の授業を行なっても、教師が重要だと思う言語項目だけをテストで評価していたら、それは結果的に「教師中心」の授業になると指摘しています。

　「学習者中心」の評価では、学習過程を見ることが重視されます。しかし、テストなどの評価は、結果が重視されていると言われ、テストでは測定できないものを評価する手段として、代替評価が注目されるようになりました。日本語教育では1990年代後半ごろから盛んに実践や研究が行われています。代替評価には、チェックリスト・観察・自己評価・ポートフォリオ・ピア評価などがあります（Brown & Hudson, 1998）。以下では、日本語教育で多く利用されている自己評価・ピア評価・ポートフォリオ評価を取り上げます。

3.2 自己評価

　自己評価（self assessment）とは、学習者が自身の言語能力や言語行動についての評価を行なうものです。自己評価の実践報告を見ると、パフォーマンスの評価に関わるものが多いです。次の例1も口頭発表に関する評価です。

例1　関崎・古川・三原（2011）

　状況：国際交流基金日本語国際センターの海外日本語教師短期研修において口頭発表の授業で自己評価と他者評価を実施。

　方法：3期にわたって実践を行ない、評価基準・評価シートの改良を行なった。最終的な評価基準の項目は、パフォーマンス全体の達成度を見る「コミュニケーション言語活動（話す）」、そして、コミュニケーション言語能力として「構成」「語彙」「文法」「表現」「発音」「社会言語」「流暢さ」のあわせて合計8項目で、それぞれについて「もう少し」「できた」「すばらしい」の達成度が設定されている（表3参照）。実

践手順は以下の通りである。

(1) 研修開始時に、表3が含まれる「口頭発表の評価基準」の内容を研修参加者と共有する。

(2) 各授業のタスク後に評価シートを使用し、自己評価と他者評価を行なう。

2期目に使用した自己評価の評価シートは、評価基準の各評価項目について「もう少し」「できた」「すばらしい」のいずれかをチェックするというものであり、自由記述欄も設けられていたが、発表直後に8つの評価項目について評価シートに記入することが困難であったため、3期目では、評価項目を5つにしぼるという改定が行なわれた。また、評点も「もう少し」「できた」「すばらしい」という主観的な表現ではなく、1から4の数値での評価に改定された。

結果： 研修生からは「役立った」「自信が持てるようになった」という声が聞かれ、また、具体的な改善ポイントをあげる者もおり、効果が確認できた。

表3 関崎ほか（2011）の「口頭発表の評価基準」一部

	1 もう少し	2 できた	3 すばらしい
コミュニケーション言語活動	人や場所について簡単なことばを使って話すことができる。	毎日の生活や仕事、好ききらいについて原稿を見ずに、「始め、内容、終わり」の構成を考えながら2～3分のまとまった話ができる。	自分の好きな話題について、3分～5分程度のまとまった話ができる。序論、本論、結論の構成で聞き手がよくわかるような簡単なプレゼンテーションができる。

次の例は、ウィークリー・ジャーナルについて自己評価を実施した近藤（2012）の実践例です。

例2 近藤（2012）

状況： アメリカの大学の初級や中級レベルの日本語クラスで、学習者は毎週1回宿題として、ウィークリー・ジャーナルとそれに対する自己評価シートを提出。

方法： 自己評価シートに、毎週１回ウィークリー・ジャーナルに対する自己評価を記載するよう求めた（表４参照）。表４にある「S」の行には学生が５段階で自己評価を行ない、記載し、「T」の行には、教師が評定を行ない、記載した。

結果： このような実践を毎週続けることにより、日記（ウィークリー・ジャーナル）の質が向上した。

表４ 近藤（2012）の初級日本語クラス用ウィークリー・ジャーナルの自己評価シート（和訳）の一部[13]

判定基準	日にち	ウィーク１	ウィーク２	ウィーク３	ウィーク４	ウィーク５
文章の量は適当だ	S					
	T					
文章は明瞭で分かりやすい	S					
	T					
合計	S					
	T					

　関崎ほか（2011）も近藤（2012）も、評価基準や判定基準が毎回使用する自己評価シートに記載されていて、学習者はこれらを常に目にすることになり、該当授業での目標や求められるポイントを理解することができます。いずれのシートも評価基準が書かれていて、ルーブリックの一種と言えます。このように、代替評価では、ルーブリックを利用することが多いです。関崎ほか（2011）と近藤（2012）の評価シートで大きく異なる点は、毎回異なる評価シートを使用するか、授業期間中１枚の評価シートを使用するか、という点です。関崎ほか（2011）は、毎回新たな評価シートを使用していますが（内容は同じ）、近藤（2012）のウィークリー・ジャーナルの自己評価は、第１週目から第13週目までの評価欄が１枚のシートに収められています。後者は、学習過程が学生にとっても教師にとっても一目瞭然であり、変化を容易に見

---

(13) 近藤（2012）の資料の一部を取り出し、評価方法がイメージできるよう作表したもの。実際に使用されたシートは英語表記です。

てとれるという特徴があります。

3.3 ピア評価

　ピア評価とは、クラスメートによる評価を指し、他者評価と言われること
もあります。先にあげた関崎ほか（2011）は口頭発表に関し自己評価を実施
しましたが、同時に他者評価（ピア評価）も行なっています。使用する評価シー
トは自己評価の項目とほぼ同じです。このように口頭発表や作文の活動で、
自己評価とピア評価を組み合わせて実施することが多いです。次の例3も自
己評価とピア評価を同時に行なっています。

例3　加藤・祝・坪田・壇辻（2013）

　状況：　中国の大学の日本語学習者（14名）が大学紹介ビデオを制作する過
　　　　　程で自己評価とピア評価を実施。さらに、その初回ビデオを日本の
　　　　　大学の学生（日本語母語話者、50名）が視聴し、第三者評価を実施。
　方法：　グループごとにビデオを作成し、そのビデオを全員で視聴し、自己
　　　　　評価とピア評価を行なった。次の4項目は、自己評価、ピア評価の
　　　　　質問事項だが、第三者評価にも同様の質問をした。
　　　　　　（1）おもしろかったところはどこか。
　　　　　　（2）構成・内容はどうか。（構成・全体のまとまり・文と文の繋がり）
　　　　　　（3）話の速度・間の取り方・発音はどうか。（話し方）
　　　　　　（4）その他、気づいたことは何か。
　結果：　ピア評価は、自己評価に比べて、肯定的な評価がほとんどで、具体
　　　　　的な指摘は少なく、「構成・内容について全体的によかった」という
　　　　　単一的なものだった。しかし、評価を受けた学習者にとっては、肯
　　　　　定的な評価を受けることで自信につながった。ピア評価が肯定的な
　　　　　ものに限定されてしまったのは、ピア評価の実施前に、ピア評価に
　　　　　ついての説明をしなかったことが原因として考えられる。

　加藤ほか（2013）の報告にあるように、自己評価は厳しく、ピア評価は甘
くなる傾向があるという報告は複数あります。村田（2004）は、上級学習者
の発表の練習をするときに自己評価とピア評価を実践していますが、学習

者の自己評価がマイナスになりすぎるため、ピア評価がプラスであることによってバランスが取れるという利点があるが、率直に意見が言える雰囲気作りが課題であると分析しています。

3.4 ポートフォリオ評価

　ポートフォリオ（portfolio）とは、もともと、画家・建築家・陶芸家・写真家など芸術家が自分の作品を記録するために写真撮影し、それをファイルに収めたものを指します。それを教育現場に応用し、学習者の学びの過程を記録したものをファイルに収めます。収めるものは、作文や発表の原稿、読んだ本のリスト、口頭発表の DVD など、学びの成果と考えられるものはすべて対象となります。横溝（2000）によると、あらゆる資料を収集したものを「コレクション・ポートフォリオ」あるいは「学習ファイル」と呼び、その中から他の人に見せるために自信のあるものを収めたものを「ショーケース・ポートフォリオ」、そして、評価に使用するために取捨選択したポートフォリオを「評価ポートフォリオ」と呼びます。つまり、評価のためのポートフォリオには、何から何まですべて収めればいいというわけではありません。

　ポートフォリオは過程を評価できること、テストでは評価対象にならなかった事項も含めてさまざまな観点から評価できること、学習者が主体的に関われること、クラスメートと協力して評価を行なうことなどが特徴としてあげられます。

　ポートフォリオ評価の実践例として村上（2013）をあげます。

例4　村上（2013）

　　状況：大学の口頭表現の授業で学習者（16 名）が学習目標の設定や活動、
　　　　　評価に積極的に参加できるような機会を作ることを目指し、ポート
　　　　　フォリオ評価を実施。
　　方法：以下の手順で行なわれた。
　　　　　（1）ポートフォリオ作成の目的と手順を十分に説明する。
　　　　　（2）学習者が自分の日本語能力の問題に気づく機会を提供するた
　　　　　　　めに、Cds 評価などを実施する。
　　　　　（3）学習者が自分の学習目標を立て、目標シートに記入する。

(4) 学習計画を話し合い、ディベートのタイトルや立場を話し合って決め、スピーチのテーマも各自決定する。

　　(5) ディベートやスピーチに向けて資料や原稿を作り、終了後ビデオ録画を見て活動報告を作成する。

　　(6) 15 回目の終了授業の際、最初に実施した Cds 評価を実施し、(2) で行った Cds 評価の結果と比較する。

　　(7) ファイルを見直し、ポートフォリオを整理する。振り返り文も書く。

　　(8) ファイルに、目標シート、Cds 評価、プロセスシート、振り返り文などを入れて、提出する。

結果：学習者は最後に今後の課題として「入学当初は自身の日本語レベルに満足していたが、まだ困難点があることに気づいた」「ディベートの回を重ねるごとに自信がついてきた」などと書いていた。

　村上 (2013) は、今後の課題として、音声やビデオデータも含めデジタル版の利用のしかたを検討したいと述べていますが、昨今は、e ポートフォリオの利用も多くなっています。従来のポートフォリオは、紙やプラスティック製のファイルに学びの証拠を収めますが、e ポートフォリオでは、紙やプラスティックのファイルではなく、ウェブ上に記録していきます。音声や動画のファイルも保存できること、どこからでもアクセスできることが従来のポートフォリオにはない利点です。教育場面で活用できる e ポートフォリオのシステムは多数開発されていますが、ブログや Facebook などを利用する実践報告もあります。ブログを利用した深井 (2010) を紹介します。

例5　深井（2010）

　状況：アメリカの大学で、学習過程の評価という点に焦点をあて、ブログを用いたポートフォリオを実践。受講者数は 9 名。コースの目標は、基本文法の習得であり、ポートフォリオの位置づけは、伝統的な評価——宿題・小テスト・試験など——に追加する形であった。

方法：　下記手順によって行なわれた。
　　　　　　（1）各学習者は、好きなトピックについて自分のブログに投稿する。
　　　　　　（2）担当教師、クラスメート、一般の人からコメントをもらい、返事を書く。
　　　　　　（3）学習者は評価カテゴリーを決めて、自分とクラスメートのブログを評価する。
　　　　　　（4）上記ポートフォリオに加えて、ポートフォリオ活動に関連するポスター発表を行なう。
　　結果：　この実践を通して、学習者のブログへの投稿とコメントを読むことで学習者の学習過程を観察することができ、日々のクラス活動に取り入れて、学習者により身近なトピックや興味に基づいた教室活動を展開することができた。

　深井（2010）の例では、ブログの、投稿記事が時系列に並ぶ、他者からのコメントも記録できるという特徴を生かし、ポートフォリオ評価を実践しています。ブログを執筆したり、ほかの人のブログにコメントするという活動は、現実的な課題と言えます。また、ブログを一般公開しているため一般の人からもコメントを受けることができ、その点でも真正性の高い活動となっています。

3.5　代替評価を成功させるために

　代替評価の研究や実践は多くなされていますが、これらの評価方法に慣れていない学習者は少なくありません。筆者の経験では、自己評価を不真面目に行なったり、ピア評価に否定的だったり、ポートフォリオの作成を面倒に思う学生がいました。これらの問題の多くは、十分に活動の意味を伝えることができれば避けることができたと思います。例3の加藤ほか（2013）も、ピア評価の実施前にピア評価について説明をしなかったことを反省材料としてあげています。一方、例4の村上（2013）では、手順の最初に「ポートフォリオ作成の目的と手順を十分に説明する」とあり、このような過程が重要だと言えます。評価を意味あるものとするためには、何のためにこの評価活動

を行なうのか事前に十分説明する必要があります。

　代替評価は、テストでは観察できない側面や学習過程を観察できるという意味で魅力的です。しかし、テストには客観性や信頼性といった側面での利点があります。何のために評定するのかということ、重視されるのは何かということを考慮して、その場面に最も適した評価方法を選択することが教師には求められています。

ポストタスク

1. 今まで受けた、あるいは知っている言語テストを取り上げて、その種類が何に当たるのか、どのような目的で行なわれたかを考え、信頼性・構成概念妥当性・真正性・実用性について検討しましょう。

2. 日本語能力試験の公式ウェブサイト（下記 URL）上の各レベルの「Can-do自己評価リスト」を見てみましょう。このリストを見ると、各レベルの合格者がどのように回答しているかわかります。それぞれどのように回答しているでしょうか。また、それが各レベルの「認定の目安」の記述と合致しているか検討しましょう。

   https://www.jlpt.jp/about/candolist.html

3. レベル・学習者を設定し、代替評価を行なうとしたらどのような方法が考えられるか、目的・方法・期待される効果を具体的に検討しましょう。

4. テストと代替評価には、それぞれどのような利点・弱点があるか整理してみましょう。

邱 麗君（河南農業大学外国語学院副教授）

　中国の大学で日本語を教えて今年で、10年目になります。教師になった1日目から先生と呼ばれますが、最初から本当の先生になれるわけがありません。特に最初の1年間は未熟な指導法で、不安や惑いを感じていた毎日でした。

　それでも、しだいに慣れてきて、私は教壇に上がるたびに緊張したり、口ごもるようなことはなくなりました。少し自信がついてきたかと思い始めていました。しかし、ある日の授業で、いつも後ろの席に座っている王さんが居眠りをしていました。彼女に注意するため、私は質問をしました。彼女は不機嫌な顔で「わかんない」と答えました。私は、「なぜわからないの、さっき説明したばかりでしょ？」と聞き咎めました。すると、彼女は、「だって説明が下手だし、授業もつまらないし」と言い返しました。私は、恥ずかしさに顔が真っ赤になり、穴があったら入りたい思いでした。その夜は、昼間のことがずっと頭を離れず、一睡もできませんでした。

　しかし、このままでは教師失格。先生と呼ばれる以上、学生の期待に応えなければいけません。ベテラン先生の授業を見学し、経験談を聴きながら、自分のスキル不足を見つめ直し、少しずつ改善に励みました。私が教えているのは日本語ですが、ことばを教える前にまず日本の国を教えることにしました。授業中、常に日本社会と文化に関わる豆知識をはさんで、日本の美しさ、和食の美味しさ、日本人の思いやり、優しさなどを紹介することを心掛けました。学生たちは日本に魅力を感じることで、日本語に興味を持ち、王さんを含むクラス全員の勉強ぶりがよくなってきました。今年中国で行われた第14回全国日本語スピーチコンテストの予選に、皆積極的に応募し、あの王さんが代表として選ばれました。王さんは私の日本語科では優秀ですが、名門大学の学生の中にはライバルが多く、厳しい大会になると予想されました。いい成績を取るために、私ともうひとりの教師でグループを組み、毎日放課後、スピーチの内容・発音・アクセント、そして王さんの身振りまで細かく指導しました。特にパニックを起こしやすい自由テーマについても、猛練習しました。近づくにつれ、指導の時間が長くなり、朝4時まで訓練したこともありました。彼女の日本語能力は飛躍的に伸び、今回こそうちの大学が優勝できると信じました。しかし、予想は外れ、王さんは優勝できませんでした。帰り途で、私は自分の指導が悪かったのかと落ち込みました、次回はもうやめようと思いました。数日後、王さんのブログに、次の文章が載りました。「今回の大会では、優勝できなかったけれど、先生のおかげで勇気を出して、全国の大会に一歩踏み出せたのはラッキーだった。先生の熱心な指導で、日本語能力は遥かに成長した。今回の体験を生かして、日中友好の懸け橋になれるように頑張る。」これを見て、自分の努力が報われた思いがしました。

　実は、日本語教師という仕事を選んだ主な理由は生活のためでした。教えるうちに、王さんのような多くの学生の成長を見てきて、教えることの意義と教職のあり方がわかるようになった気がします。まだまだ未熟ですが、生涯を通して、日本語教育に努めたいと思っています。

第 **9** 章

カリキュラム・デザイン

プレタスク 第9章を読む前に

1. 外国語の授業で、翻訳（外国語を日本語に訳す、日本語を外国語に訳す）・作文・音読・劇・ゲーム・歌・ロールプレイ・新聞作り・ニュースの聴解・ドラマ鑑賞などの活動をしたことがありますか。ほかには何をしましたか。
2. これらの活動によって、どのような知識や能力が身についたと思いますか。
3. (1)「媒介語」を使わない授業を受けたことはありますか。たとえば英語の授業で、英語だけで授業が進んだことがありますか。そのとき、教師はどんな工夫をしていましたか。
   (2) 媒介語を使わない授業についてどう思いますか。良い点と悪い点を考えてみてください。

　自分自身が外国語を学んでいるときには気がつきにくいのですが、教える側は、学習者に必要なものは何か、何が難しいか、どう教えるのがよいか、といったことを常に考えています。そしてその授業は、さまざまな知識や実践経験に基づいて計画的に行われています。教師はどういった情報や知識をもとに、どのような過程を経て授業を計画しているのでしょうか。また、授業はどのようなものによって成り立っているのでしょうか。

1. 教科書を見てみよう

　まず、2種類の初級教科書の目次を見てください。

（1）『みんなの日本語　初級Ⅰ（第2版）』（スリーエーネットワーク）目次

（2）『できる日本語　初級』（アルク）目次

　これらを比べてみると、（1）も（2）も第1課では初対面の挨拶を勉強する
ようで、よく似ています。しかし、他の課はどうでしょうか。たとえば（1）

の第2課には「これは辞書です。それはわたしの傘です。この本はわたしのです。」という文が示されており、この課では、「これ」「それ」といった指示詞を学ぶのだということがわかります。一方、(2)を見ると、どうもそういったものは目次には見当たらず、「買い物・食事」「私の国・町」といった行動やトピックが示されています。さらに、課のタイトル、たとえば「第2課　買い物・食事」の下には、「お店の人や友達と簡単なやりとりをして、買い物をしたり料理の注文をしたりすることができる。」という、「できるようになること」が具体的に書かれています。

　実は、この2種の教科書の巻末を見ると、前者には「学習項目一覧」、後者には「シラバス一覧」があります。これにより、それぞれの教科書がどういったシラバスで構成されているかが明確にわかります（章末の資料を見てください）。

　『できる日本語』のシラバス一覧を見ると、さきほどの「〜できる」と書かれていたものは「行動目標」であることがわかります。さらに「ST[(1)]タイトル」「できること」「学習項目」が紹介されています。この「学習項目」は、第2課では、「これ・それ・あれ」「〜はどこですか」などとなっており、『みんなの日本語』の目次や学習項目一覧で見たものと似ています。では、この2種類の教科書は、結局、同じようなものなのでしょうか。そして、もしこの2冊のどちらかを授業で使うことにするとしたら、何を判断材料としたらいいのでしょうか。

　それを考えるために、日本語の授業は何によって成立しているかについて、考えていきましょう。

2. 授業は何に基づいて成り立っているのか

2.1「コース・デザイン」とは

　1回1回の授業は、ある目的をもった言語教育コースのごく一部です。そして、そのコースは、与えられた教科書を最初の課から順番に教えていけばよい、というわけではなく、「コース・デザイン」をする必要があります。「コース・デザイン」とは、学習者（学習目的、既習度、興味・関心、学習環境など）

---

(1) ST＝スモールトピック

を知り、何をどう教えるか、教育のどの段階でどのような評価を行い、それをコースの修正・改善にどう生かすかを計画する、というコース運営上必要な一連の作業です（図1）。この章では、この図の中の「教育の実施」の前の段階である「教育の計画を立てる」ために必要な知識を中心に扱います。

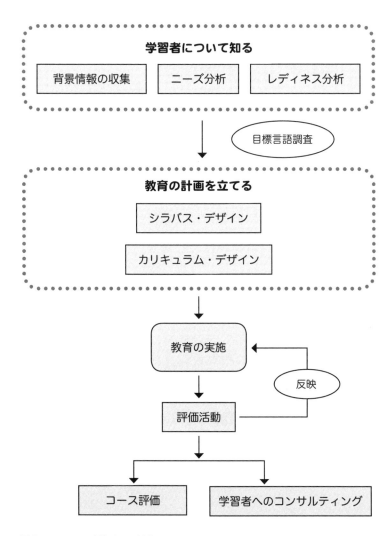

図1　コース・デザインの流れ

さて、図1には、日本語教育のコースを新たに設計する際の、期待される活動が示されています。しかし、たとえば、日本語学校などの教育機関でチームの一員として教えることになった初任教師は、この一連の活動を最初からすべて行うことはなく、すでにその学校が用意したカリキュラムを理解した上で、「教育の実施」を行うことがまず主な仕事となるでしょう。

　とはいえ、今まさに教えようとする内容がコース全体のどういった目標を達成することを目指しているのか、教科書や、期待されている教室活動などが、どういった教授法を念頭においたものなのかを理解しておくことによって、ひとつの授業が意味のあるものとなり、コース全体の目標達成を可能にします。「教育の実施」の前段階の活動を踏まえ、さらに、目の前の学習者を理解することは、ひとつの授業をどう教えたらよいかを検討する上で非常に重要なのです。

　また、経験を積むにつれて、「教育の実施」よりも前の段階の仕事を担当することになるでしょうし、それまでに経験したことのないタイプの学習者（異なる目的・母語・年齢など）のためのコースを設計することになれば、学習者がどういった場面でどのような日本語を使う必要があるかというニーズ分析や、場合によっては、学習者が日本語を用いることになる場面で使われている日本語を調べることになるでしょう（目標言語調査）。さらに、1対1のプライベートレッスンを行ったり、海外などで新たに開設された日本語クラスを1人で任されたりする場合などは、初任教師といえども、「学習者について知る段階」を丁寧に行う必要が生まれます。

　では、どういったことを知る必要があるのでしょうか。

2.2 「学習者について知る」段階について

　具体的な学習者を想定しながら、考えていきましょう。たとえば、あなたは今日本にいるでしょうか。身近に日本語を学びたい人はいますか。その人に日本語を教えることになったとしたら、どんなことを知ることが教える上で役に立つでしょうか。たとえば、教える内容や方法を検討し、教室活動や教材を準備するときには、次のような情報を集めます。

① 学習者の背景情報を知るために

　　出身国・地域、母語（漢字圏か非漢字圏か）、母語以外にできる外国語、年齢、性別、職業・専門、日本滞在歴・滞在予定、日本語使用状況など

② 日本語学習のニーズを知るために

　　来日目的・経緯、学習動機、学習の目的・目標、4技能（読む・聞く・書く・話す）のいずれを伸ばしたいのか、日本語使用状況、興味・関心など

③ 日本語学習におけるレディネスを知るために

　　レディネスとは、学習を成立させるための、あるいは学習活動を行う上での準備状況を指し、日本語学習については大きく2種に分けることができます。

　　a. 学習者の内面に関わるレディネス

　　　日本語能力、日本語学習歴、他の外国語の学習経験・能力、日本語以外の事柄に関する知識など

　　b. 学習者が置かれた環境に関わるレディネス

　　　予習復習や課題実施に費やせる時間、日本語学習をする予定の期間、自宅で使用可能な機材、ネット環境など

　日本にある日本語学校であれば、テストを行って日本語能力を把握し、クラス分けの判断基準としたり、母語を確認して、漢字クラスを漢字圏対象と非漢字圏対象用の2種類用意するかどうか検討したりします。また、学習者が小さい子どものいる人で、子どもの通う保育所や学校で他の保護者や先生とやりとりができるようになりたいというニーズが明らかになれば、それを教育内容に取り入れることも考えられます。また、日本語学習に費やせる時間がほとんどない、という学習者であれば、予習復習が前提になるような授業は計画できないでしょうし、通勤途上でもできるような練習方法を提示するといった工夫が必要かもしれません。

　学習者に関わる情報は多様であり、ここにあげた情報をすべて把握しなくてはいけないということでは全くありません。個人のプライバシーに関わる項目も多いので、何のために使うのかを十分に検討した上で、本当に必要な情報だけを本人が納得する方法で提供してもらうべきでしょう。また、授業が実際に始まってから、折々に学習者についての情報がわかり、それによっ

て、内容や方法を調整するということも十分に考えられます。

2.3 「教育の計画を立てる」段階について

　この段階には、「何を教えるか／学ぶか」を検討する「シラバス・デザイン」と「どう教えるか／学ぶか」を検討する「カリキュラム・デザイン」が含まれます。コース・デザインにおいては、通常、シラバス・デザインをしてから、カリキュラム・デザインを行うという順番で進めますが、教える「内容」と「方法」は密接に関わっており、実はどちらが先だとは簡単に言えません。また、教える内容があらかじめすべて決まっているとは限らないコースもあります[2]。

　ここでは、まずシラバス・デザインについて紹介しましょう。

2.4 シラバス・デザイン

　「シラバス」というと、大学生の多くは、大学で開講されている科目の到達目標・授業内容・授業方法・課題・評価方法・使用教科書・履修条件などが記載されているものをまず思い浮かべるでしょう。しかしここでは、言語教育の世界で使われることの多い、もうひとつの意味「学習項目（学習内容）の一覧」について、話を進めます。

　シラバスとは、前に述べたとおり、「何を教えるか／学ぶか」を示したものであり、コースの目的・目標に応じて、その内容は決まります。どういった内容・項目を学ぶことによってコース目標が達成されるかが、シラバスには具体的に示されていると言っていいでしょう。目標達成のための内容・項目を決め、それを配列することをシラバス・デザインと言います。

　言語やコミュニケーション能力をどうとらえるかによって、「日本語」の全体像の整理の仕方、目標設定の仕方、学習項目の列挙の仕方が変わります。コミュニケーションをどうとらえ、日本語をどういう枠組み、あるいは観点で整理するかによってシラバスを分類すると、「文法シラバス（構造シラバス）」「機能シラバス」「場面シラバス」「タスクシラバス」「トピックシラバス」、などがあります。

---

[2] 教育に関する考え方、授業の進め方により、シラバスが完成するタイミングは異なります。コースが始まる前に学ぶべき内容があらかじめ決まっている場合（先行シラバス）、コースが終わってからシラバスができあがる場合（後行シラバス）、ある程度はあらかじめ決めつつも、コース進行中に項目の加除が行われていく場合（プロセス・シラバス）があります。

たとえば、この章の第1節で、2種類の初級教科書の目次と学習項目一覧を比べてみましたが、『みんなの日本語』は、文型・文法によって構成されている「文法シラバス」、『できる日本語』は具体的に何らかの言語行動ができるという「タスクシラバス」に基づいていると考えることができます。それぞれのシラバスについて、学習項目を例示しながら紹介しましょう。

a. 文法シラバス（構造シラバス）

　文の形に着目し、文型・文法によって項目化したものです。

〔例〕（名詞）は／が（名詞）にあります。

　　　　X は Y に Z を あげます。X は Y に Z を もらいます。

　　　　動詞の可能形：泳ぐ→泳げる、食べる→食べられる、する→できる　など

　構造的に単純な文型から複雑なものへ、あるいはやさしいものから難しいものへと教えることが可能であるため、初級教科書の多くは、文法シラバスを基礎としています。また、日本語を体系的に勉強したい人には適していると考えられています。

b. 機能シラバス

　機能とは、コミュニケーションの中でのことばの働きです。そのことばがどういった意図・目的で用いられるか、どういった役割を果たすか、を指しています。

〔例〕リサ：ねえ、みんなでプールに行くんだけど、ネリも行かない？

　　　　ネリ：プール？

　　　　リサ：泳ぎに行こうよ。

　　　　ネリ：あー、私、泳げないんだ。

　　　　リサ：そうなんだ。残念。

　この会話では、ネリが「泳げない」という可能形を使っています。文法シラバスの項目であれば、これは動詞の「可能形」の「否定形」であり、意味としては「能力を表す」と捉えられますが、このやりとりの中では、「断る」という行為の理由となっています。「泳げない」と告げることが「理由づけ」

となり、結果としては、「行きません」のような直接的な言い方をしていないのに、断りの意図が相手に伝わっています。機能には、「誘う」「誘いを断る」「依頼する」「賛成する」「苦情を言う」「要望を伝える」などがあり、それぞれの機能には、複数の文型・文法・表現が想定されます。

　コミュニケーションの目的を重視した考え方であり、すでに基礎的な文型・文法を学習し終えた中級段階のコースや「書く」「話す」といった技能別教材で採用しやすいものですが、初級段階から機能シラバスを取り入れることも可能です。

c. 場面シラバス

　さまざまなコミュニケーションを具体的な場面でとらえようとする考え方です。たとえば、「ファストフード店」「スーパーのレジ」「郵便局」「美容院」「診療所」「薬局」などがあります。これらの場所に私たちは何らかの目的を持って行きますので、その目的を果たすための日本語を勉強することになります。たとえば、「診療所」であれば、「受付をする」「問診票を記入する」「診察を受ける」「会計をする」というように、行動を段階的に分けることが可能であり、「受付をする」会話は、次のようなものが考えられます。

例）患者：（診察券を出しながら）お願いします。
　　受付：どうなさいましたか。
　　患者：ちょっと風邪を引いたみたいです。
　　受付：（体温計を渡しながら）じゃ、これで熱を測ってください。
　　　　　そちらでお待ちください。
　　患者：はい。

　日本語学習の目的によって、学習者が出会う場面、日本語使用を必要とする場面は異なります。日本の大学や専門学校などで学ぶ人であれば、上にあげた例に加えて、教室・図書館・食堂・教務課といった場所で展開されるさまざまな場面が想定されます。教室であれば、講義を聞いたり、教師とやりとりをしたり、グループディスカッションをしたり、クラスメートに課題の確認をしたりするでしょう。また、介護従事者であれば、起床の声かけ、朝の体温測定、入浴や食事の介助といった場面があります。そして、これらの

場面で行動する上で必要となる表現、文型・文法、談話構造などが学習項目となります。

　介護従事者など、新たに外国人が活躍するようになった分野では、その分野に特有の語彙や表現などを学ぶ必要があります。今後も外国人が活躍する業種は拡大することが予想されますが、それぞれの場面で、どういった日本語が使われているかを調べること、つまり、目標言語を調査した上で、シラバスや教科書を作っていくことになります。

d. タスクシラバス

　コミュニケーション上の何らかの目的を果たすために行う活動を「タスク（課題）」と呼びます。「標準的なカリキュラム案」は、日本に暮らす「生活者としての外国人」が「生活上の基盤を形成する上で必要な生活上の行為の事例の第一段階を取り上げ、それに対応する学習項目の要素を記述・整理」（文化審議会国語分科会、2010、p.11）したものですが、これには、「生活上の行為の事例」として、「消防・救急（119番）や警察（110番）に電話する」「メニューを選んで注文する」「目的地への行き方を尋ねる」「薬剤師等の『効能、用法、注意』の説明を理解する」といったタスクが列挙されています。

　タスクには、「話す」が中心となるものだけでなく、読む・聞く・書く・話す、という4技能を別々に、あるいは同時に用いるものがあります。「メニューを選んで注文する」というタスクでは、実は「注文する」前に、「メニューを読んで理解する」「メニューの中から食べたいものを探す」というような「読む」というタスクがあります。また、「薬剤師の説明を理解する」というタスクであれば、聞いて理解することが中心となりますが、状況によっては薬の飲み方が書かれた紙を見ながら聞くかもしれません。

　そして、あるタスクを遂行する際に用いられる表現や文型は1種類だけ、とは限らず、文法の複雑さのバリエーションや、やりとりの長さの幅があります。「標準的なカリキュラム案」の教材例として刊行された『「生活者としての外国人」に対する日本語教育の標準的なカリキュラム案　教材例集』を見ると、「（02）薬を利用する」の「薬店・薬局」での会話例として、次のようなものが載っています。

（1）会話例 1

> **（薬店で）**
>
> Ａさん　　：　筋肉痛の薬が欲しいんですが。
>
> 薬局の人：　貼り薬と塗り薬がありますが、どちらがいいですか。
>
> Ａさん　　：　貼り薬をください。

（2）会話例 2

> **（薬店で）**
>
> 薬局の人：　いらっしゃいませ。どうしましたか。
>
> Ａさん：　すみません…お腹が痛いです。薬が欲しいです。
>
> 薬局の人：　（多言語人体ボード、医薬品説明ツールを利用して症状を
> 　　　　　　確認し、薬の用法、効果、注意事項を説明する）

文化審議会国語分科会（文化庁 2012、p.30、一部省略）

　これらの会話例はいずれも薬局などで薬を買うときのやりとりの「例」にすぎず、ほかの言い方や会話の流れもあるでしょう。教師は、このタスクを遂行するためには何が必須かを明らかにした上で、学習者の能力に応じて、必要な文型や表現などを教えます。

e. トピックシラバス

　教師は、学習者がどういったトピック（話題）について話したいと考えているか、どんなトピックについて話題にする必要があるか、あるいは、どういったトピックについて話せることが、その学習者の社会生活を広げることになるか、などを検討し、コースで扱うトピックを決めます。さまざまな情報を収集して、教師がトピックを選ぶ場合もありますし、学習者自身が選ぶ場合、また学習者と教師が相談して決める場合もあるでしょう。

　具体的には、「家族」「年中行事」「日本の学校」「ゴミ問題」「食品ロス」「オリンピック」「子どもの貧困」「高齢化と社会保障」「安楽死」「コンビニ」な

ど、さまざまです。時期や時代に関係なく取り上げられるトピックもあれば、社会情勢に応じて新たに生まれるトピックもあります。こういったトピックのもと、文章を読んだり、映像を見たり、ディスカッションをしたり、といった活動を通じて、学習者はトピックに関連する語彙や表現を集中的に用いることになります。結果としてそのトピックについてやりとりする能力が身につくだけでなく、内容について知識を得たり、理解を深めるということが可能になります。

　トピックシラバスはある程度の日本語能力が身についた段階から用いられることが多いため、中・上級者向け教科書にはトピックシラバスに基づくものが多く見られます。しかし、内容によっては初級段階から扱うことも十分に可能です。たとえば、『NEJ: A New Approach to Elementary Japanese －テーマで学ぶ基礎日本語－』（くろしお出版）は、書名に示されているように、日本語の基礎を身につけようとする学習者を対象としていますが、「好きな物・好きなこと」「わたしの家族」「きまり」「しつけ」などのテーマで構成されています。

　また、特定の教科書は使わずに、取り上げるトピックを学習者の興味・関心や社会情勢などに応じてコース毎に変え、その都度プリント教材を作成する、という場合もあります。

　ここまで、シラバスの主な種類について述べてきましたが、現在の日本語教育のコースや教科書の多くは、何らかのシラバスを軸に、他のシラバスの観点や要素を取り入れて、「複合シラバス」で構成しているものがほとんどです。また、日本語教師としてコースや授業を担当しようとするときには、すでにシラバスが決まっているということもあります。その場合も、コースの目標やシラバス構成を理解し、自分が教える内容の位置づけを把握することが重要です。

2.5 カリキュラム・デザイン

　シラバス・デザインは、何を教えるかを検討し、設計することでした。次に行う「カリキュラム・デザイン」は、「どう教えるか」を検討し、計画することです。「どう」には、教授法、教室活動、教科書・教材、評価方法などが含まれます。

たとえば、国内の日本語学校で教育実習生として、あるいは新たに採用された者として授業を担当することになった場合には、授業見学などを通して、その教育機関やコースが、どういった目標のもとに、何を教えようとしているかだけでなく、言語の学習や習得についてどういった考え方を踏まえ、どのような教授法や教室活動を取り入れているのかを把握する必要があります。

　以下、節を変えて、カリキュラム・デザインの要素である、教授法、教室活動、教科書について話を進めます。

3. 教室活動に現れていること

3.1 さまざまな活動と外国語教授法

　プレタスクの1と2で、外国語の授業で経験した活動を振り返りました。その中に、次のような活動はありましたか。

① 教師が単語や文を言ったあとに、学習者はそれを真似して言う。

② 教師が絵を見せ、その絵に描かれていることについて学習した文法を使って質問し、学習者が答える。たとえば、「〜は／が〜にあります」や「〜の上／下／中／右／左／隣」が学習項目で、教師は部屋の様子が描かれた絵を見せて「辞書はどこにありますか」と問い、学習者は「机の上にあります」などと言う。

③ タスクシートが渡され、そこにあるタスクを達成するために、外国語を使う。

④ ペアになり、自分のロールカード（場面や役割が記された紙）の指示に従って、ロールプレイをする。たとえば、AとBは大学の友達で、Aは映画に誘う役、Bは誘われて断る役といったことが各自のカードに記されている。

⑤ 特定のテーマについてグループで調べ、それについてまとめる。調べたり、話し合ったり、結果をまとめたりするときに、外国語を用いる。

⑥ 教師の指示に従って、学習者が行動する。たとえば、教師が "Stand up!"、"Walk slowly!"、"Run!"、"Stop!"、"Raise your left hand!" などと言い、学習者は何も言わずに言われたとおりに行動する。

これらはいずれも、外国語の授業でよく行われる活動で、国内外の日本語教育の現場でも応用されています。そして、それぞれ日本語教育に影響を与えた「外国語教授法」の代表的な活動です。

a. オーディオリンガル法と文型練習

　たとえば、①と②は文型練習（パターン・プラクティス）と呼ばれるもので、「オーディオリンガル法」の中心的な教室活動です。オーディオリンガル法とは、1950〜60年代に、構造言語学と行動心理学を背景として開発された教授法で、言語を形態素、音素といった単位で分析的にとらえ、ことばの正確さを重視する考え方です。文法的にも音声的にも正確であることが期待されるため、教師の発する文や単語を「モデル」とし、それを模倣し繰り返す段階から始まり、語彙や表現、文を覚え、文型・文法が正確に駆使できるようになるまで、さまざまな文型練習をします。具体的には、反復練習・代入練習・変形練習・拡張練習・結合練習・応答練習などがあります（第10章参照）。これらの文型練習を繰り返すことにより、言語習慣が形成されると考えられています。しかし、練習が単調で機械的なものになり、学習者のやる気を衰えさせてしまう、ということも起こりますので、キュー[3]の出し方やスピードを変える、個人の当て方を変える、といった教師の工夫が必要です。

　さらに、オーディオリンガル法で提唱された文型練習から、もう一歩先に進めた練習をする、ということも可能です。たとえば、②で示した「応答練習」ですが、文の意味よりも形（文法や文型）の正確さに重点が置かれています。答える内容が指定されていることによって、正しく言えるかどうかに焦点を当てることが可能になっているのです。しかし、決まった内容が言えるようになるだけでは、実際のことばのやりとりはできるようになりません。現実のコミュニケーションでは、自分自身のことや自分の考えを聞かれたり、会話をする2人のうちのどちらかしか知らないことを伝え合ったりする、といった必要があるからです。

　文型練習のこういった限界を解決するためには、応答練習から発展して、

---

(3) 代入練習の際、教師が繰り出す「刺激語」を指します。文型の中にその語を入れながら、一文を完成します（第10章）。キューの出し方は、音声・絵パネル・文字カード・レアリア（実物）などが考えられますが、近年は、スクリーンに画像を映し出すという方法をとる教師もいます。

次のようなやりとりをすることも可能です。

教　　師：	Xさんのスマホはどこにありますか。
学習者X：	かばんの中にあります。
教　　師：	かばんの中ですか。ちょっと、見せてください。 〔Xはスマホをかばんの中から出す〕 はい、ありがとう。 じゃあ、学生証はどこにありますか。
学習者X：	財布の中にあります。
教　　師：	財布はどこにありますか。
学習者X：	財布もかばんの中にあります。
教　　師：	じゃあ、学生証を見せてください。

　ここでは、「～は／が～にあります」という文型を使い、学習者X自身のこと、つまり、学習者Xしか知らないことを教師が質問し、Xも同じ文型を使って答える、ということをしています。正確に言う、ということを重視しつつも、学習者は自分に関わることを答え、教師は、学習者が言ったことが事実かを確認しています。学習者の発することばに自由度が少し加わり、話の内容にも注意が向くようになります。さらに、学習者同士で、その場にはないもの——たとえば、家にあるもの、大切なもの——について聞き合うといった活動を加えれば、さらに自由な会話をすることもできるでしょう。
　オーディオリンガル法の課題には、実際のコミュニケーション場面との結びつきが弱い、という点もあります。コミュニケーションを成り立たせる言語的要素を正確に身につけることに重点を置く教授法ですが、それだけでは実際の場面で適切に運用できるようにはなりません。文型の意味がわかり、文法的な誤りもないけれど、それをどういう場面で、どういう意図・目的をもって使うのかがわからない、ということが起こってしまいます。たとえば、上述の「～は／が～にあります」という文型は、実際のところ、私たちはどんなときに使っているのでしょうか。

b. コミュニカティブ・アプローチとコミュニケーション重視の活動

　私たちはコミュニケーションにおいて、何らかの目的をもってことばを発し、相手のことばについてその意図を理解します。たとえば、「～は／が～にあります」を次のような場面で聞いたことはありませんか。

〔場面1：新幹線の車内で〕
案内放送：　この電車はのぞみ〇〇〇号、新大阪行きです。途中の停車駅は、品川、〇〇・・＜略＞・・。お煙草を吸われるお客様は、喫煙ルームをご利用ください。普通車の喫煙ルームは、3号車、7号車、15号車にあります。

〔場面2：大学構内で〕
学生A：　あ、ねえ、大学の近くに郵便局あるかな。手紙出さないと。
学生B：　手紙？　ああ、ポストが体育館の前にあるよ。

　場面1は、「煙草を吸いたい場合は、3号車などにある喫煙ルームを使うように」ということを伝え、場面2は「手紙を出したいなら、正門前のポストを使えばいいよ」ということを伝えています。前のページで紹介した教師と学習者Xのやりとりでは、何のために「～は／が～にあります」を使っているのかがよくわかりませんでしたし、物のありかを知ることに意味があるようには思えません。しかし、この場面1・2は、状況が明確で、この文型を使用することが情報を得ることに結びついています。

　このように、コミュニケーションには目的があるととらえ、文型・文法の正確さ（accuracy）よりも、果たされる機能、伝えられる意味内容、流暢さ（fluency）を重視した言語教授法や教育活動を総称して、「コミュニカティブ・アプローチ」、または「コミュニカティブ言語教授法」と言います。コミュニカティブ・アプローチで実際に行われる活動には、3.1に示した③④⑤などがあります。

　③はコミュニケーション・タスク、またはタスクと呼ばれます。タスクには何らかの目標（ゴール）があり、それを達成するために、状況・場面に応じたことばを使わなくてはなりません。日本語を使わなければならない目標と状況が設定されることにより、課題遂行の過程で、ねらいとなっている日本

語が使われ、コミュニケーション能力が身についていく、という考えです。

　たとえば、学習者をペアにして、1 人は泥棒を目撃した人、もう 1 人は警察官で、目撃証言を聞いて似顔絵を描くというタスクを設定します。そして、目撃者は泥棒の姿かたちを表したイラストを 10 秒程度見てから、それを隠し、泥棒の様子を説明します。警察官は、それを聞きながら、似顔絵を描きます。時間が来たら、出来上がった絵を元のイラストと比べます。このタスクでは、次のようなやりとりが予想されます。

警察官：	背はどのぐらいですか。
目撃者：	私より少し高いです。1 メートル 70 センチぐらいだと思います。
警察官：	服は？
目撃者：	グレーのシャツを着ていました。T シャツです。 ジーパンをはいていました。
警察官：	めがねは？
目撃者：	かけていました。大きくて、丸いめがねです。
警察官：	帽子は？
目撃者：	はい、かぶっていました。黒いキャップです。
警察官：	どんな顔でしたか。
目撃者：	うーん、鼻が高くて、目が小さかったです。口は覚えていません。 口の右上に、ほくろがありました。
警察官：	髪は？
目撃者：	髪は、うーん、長いです。肩…。
警察官：	肩につくぐらいですか。
目撃者：	はい、肩につくぐらいです。（以下、略）

　このタスクでは、「人物の姿かたちを描写する」ために必要な日本語が用いられます。たとえば、「着ています」「はいています」といった文型「〜ています」、「シャツ」「めがね」「帽子」のような服装を表すことば、「背」「〜メートル〜センチ」「顔」「目」「髪」のような姿かたちに関することばです。ここで示したやりとりは比較的スムーズに進んでいますが、学習者同士であれば、単語が思い出せなかったり、動詞や形容詞の活用を間違えたり、といったこ

とが起こるでしょう。言いたいことがうまく伝わらなければ、描かれる絵は自分が見たものとは違うものになります。相手から聞き返され、伝わるように修正を加えながら言い直しをするということも起こるかもしれません。そういったことを繰り返すうちに、タスクを行うために必須となる語句や表現、文型・文法をよりよく使えるようになっていきます。

どういったタスクを設定するかを検討するとき、鍵となる点のひとつに、インフォメーションギャップ（情報の差）の有無があります。これまで何回か触れているように、私たちのコミュニケーションの多くは、自分が知らないことを相手は知っている、その情報を得たい、得る必要がある、あるいは自分が情報を提供する必要がある、ということが理由で行われます。お互いが持つ情報に差があることがコミュニケーションを成立させるという考えに基づいて、言語学習の活動の中に、「コミュニケーションの必然性」としてインフォメーションギャップを設けて、さまざまなタスクを設定することが可能です。インフォメーションギャップは、情報の差だけでなく、情報の食い違いも含まれます。そして、AからBに一方的に情報が提供される場合、Aさんが持っている情報とBさんが持っている情報が集まると何かが完成する場合、Aさんの情報とBさんの情報を集めると、相違が明らかになる場合、などが考えられるでしょう。

④は「ロールプレイ」と呼ばれるものです。役割（role）を決め、その人になったつもりで、その場面で求められる会話を創造的に行うことがロールプレイで、決められたセリフを使う「シナリオドラマ」とは違います。教科書にある会話を覚えて演じるのはシナリオドラマですが、セリフが決まっていますので、いかに気持ちを込めて、現実のやりとりであるかのように演じるか、が重要となります。しかし、ロールプレイの場合、学習者に対してロールカードによって示されるのは、場面・状況・話者の立場・役割・解決すべき課題などです。役割として、何かしなくてはならないタスクが設けられていますが、そこで使わなくてはならない表現や文型は必ずしも指定されていません。たとえば、次のページに示したようなロールカードを用います。

ロールプレイは、学習目的や日本語能力レベルに応じて、さまざまな設定をすることが可能ですし、カードの作り方や構成も異なります。レベルによっては、ヒントとなる単語や文型・表現、会話の流れなどがカードに示されて

いる場合、また、役割などが学習者の理解できる言語に翻訳されている場合もあります。

<悩みを話す／悩みを聞く：ロールカード>

＜Ａ＞

場所：　大学のカフェテリア
役割：　学生。Ｂは友達。
状況：　・ひとりでカフェテリアに来ましたが、食欲が出ません。
　　　　・最近、アルバイトの時間が増え、いつも夜遅くアパートに帰ります。
　　　　・とても疲れていて、授業の課題もできません。
　　　　・長時間働きたくはないのですが、アルバイト先は今、人手不足なので、やめるのは悪いなと思っています。

タスク：　Ｂが話しかけてくるので、質問に答えながら、会話をしてください。

＜Ｂ＞

場所：　大学のカフェテリア
状況：　・友達Ａを見つけました。ひとりで座っています。
　　　　・Ａは最近、授業の課題を忘れることがあり、あまりまじめではありません。
　　　　・Ａはいつも明るいのに、今日は元気がありません。

タスク：　Ａに話しかけて、元気がない理由を聞いてみてください。
　　　　　理由がわかったら、アドバイスしてください。
　　　　　アドバイスの内容は、自分で考えてください。

　⑤はプロジェクトワークと呼ばれます。プロジェクトワークとは、学習者が自分たちでテーマを設定し、それについて何をどう調べるか、最終的にその結果をどういった形にまとめて公表するか、について計画し、実際に教室内外で日本語を使って資料集め、インタビュー、アンケート調査などをして、報告書・新聞・発表・ビデオ作品などに仕上げる、総合的な学習活動のことです。作業を進める過程で、読む・聞く・書く・話すという複数の技能で日本語を用いること、日本語を使う人たちに向けて公表することがまさに、真

のコミュニケーションだと考えられます。また、一連の活動を通じて、新たな知識を得ることや、考えが深まることも重要で、それがコミュニケーションの目的となっています。

　プロジェクトワークは、コミュニカティブ・アプローチの具体化として、1980年代後半から広く行われるようになりました。2000年代には協働学習が注目されるようになり、さらには近年、アクティブラーニングが言語教育に限らず、広く教育現場で推奨されるようになって、プロジェクトワークを授業に取り入れる現場は広がっています。これは海外の日本語教育現場でも同様で、たとえば、日本におけるペットの殺処分の実態を知ったことをきっかけに、動物愛護・保護を題材に、絵本を日本語で作成したといった実践もあります（下羽、2013）。

　プロジェクトワークは、ともすれば、学習者が進めるのを教師は見ているだけ、といった誤解を受けることがあります。田中・猪崎・工藤（1988）は、教師の関与について、(1)タスク目標を設定する、(2)レベルに合わせて学習活動を設定する、(3)教室の外の世界に関する情報を提供する、(4)現実社会でのコミュニケーションに必要な言語の確認をする、(5)モニターとフィードバック、の5つにまとめています。これらを教師の役割として見直すと、大きく2つに分けることが可能でしょう。ひとつはゴール設定と作業遂行のためのファシリテーター（調整役、促進役）の役割、そして、もうひとつは日本語の指導者・支援者の役割です。

　教師はまず、ファシリテーターとして、学習者の言語能力レベルと、年齢、興味関心などを把握した上で、どういったテーマにするか、何をゴールとし、どのような作業をするかについて適切な方向づけをする必要があります。たとえば、学習者にとって日本語能力向上においても、テーマとしてもやりがいのあるタスクを学習者が選ぶことができるよう、選択肢を示したり、同程度の日本語能力レベルの人たちが行ったプロジェクトを紹介したりすることなども有効でしょう。そして、活動の進行中には、ひとりひとりがどのように活動に関わっているかを観察し、停滞や摩擦が起こっていれば、何らかの方策をとる必要があるでしょう。

　また、日本語についての指導は、あらかじめ計画的に行えるものと、活動が進むにつれて指導の必要があることがわかってくるものとがあります。ま

た、学習者の日本語能力のレベルに応じて、学習者自身が日本語についての問題点に気づいたり、自ら修正したりするのを支援することも有効です。適切な量・質・タイミングで、日本語についての指導・支援を行うことが求められます。

c. 理解優先の考え方とTPR

　⑥の活動をしたことがある、という人は多いのではないでしょうか。TPR（Total Physical Response、全身反応学習法）は、1960年代にアシャー（J.J. Asher）によって提唱され、言語と身体活動の結びつき、運動を司る右脳と言語を司る左脳のつながりに注目した方法です。第一言語（母語）の習得と同様に、聞いて理解するプロセスがまずあり、発話は聞き取れるようになってから、と考えられています。

　TPRは、アシャーの学習理論に基づいて、指導手順なども具体化されており、計画的・集中的な指導によって効果が上がることが想定されています（リチャーズ＆ロジャーズ、2007）が、現在の日本語教育の現場では、中心的な教授法として採用されるというよりも、活動の一部として取り入れられるというのがほとんどでしょう。発話を強制せずに、まずは聞くことに集中すること、聞いて体で反応すること、体を動かすことにより言語使用に対する緊張をほぐすこと、といった考え方が受け入れられ、TPR以降の教授法、現在の言語教育の現場に影響を与えています。

3.2　直接法とその工夫について

　「直接法」ということばを使うときは、2つの意味を区別する必要があります。1つは、"Direct Methods"という、19世紀から20世紀にかけて、グアン（F. Gouin）やベルリッツ（M. Berliz）などによって提唱された、母語を使わずに目標言語（学ぼうとする外国語）を教える複数の教授法の総称です。これらは、それ以前の、文法訳読法、つまり、まず文法を学び、文章を翻訳して内容を理解するという伝統的な教授法、とは異なり、幼児がことばを習得するのと同じように、目標言語を目標言語のみで学ぶというもので、指導手順が具体化されています。もう1つは、目標言語のみを使って教えること、媒介語を使わない、ということだけを指します。ここでは後者について、そ

の可能性と課題について触れます。なお、媒介語とは、学習者と教師が意味をわかりあうために用いる共通言語のことで、たとえば中国の大学で日本語を勉強するときに、教師が中国語を用いて文法を説明したり、活動の指示を出したりしていれば、それは媒介語を用いた授業、ということになります。

　日本国内では、授業中、媒介語を使用しない教育機関が多いと考えられます。これは、学習者の母語が多様であり、特定の媒介語を使用することが困難であるという理由もありますが、言語を習得するには、なるべくその言語によるやりとりを増やしたほうがよい、という考え方があるからです。そのため、共通してわかりあえる言語があると思われる海外であっても、初歩の段階から日本語だけを使って授業を進める現場もあります。

　母語や媒介語を用いずに日本語を教えるのは時間がかかって効率が悪い、わからないことばで説明されても学習者は不安になるだけだ、といった意見を持つ教師もいます。その一方で、媒介語による指導を望む学習者も望まない学習者もいます。どちらがよいとは簡単には言えませんが、媒介語を用いるかどうかという議論は、実は、「文法」を明示的に説明するのか、暗示的、帰納的に教えるのかといったこととも関係しています。

　意味がよく伝わるはずだから、という理由で媒介語を用いたとしても、文法用語を多用して抽象的な説明に終始していたら、おそらく学習者の不安感やわからなさは解消できません。「文法」をうまく使いこなせるようになるための説明になっているか、学習者はその「説明」を本当に理解しているか、を常に意識する必要があるのです。これは、直接法で教えたとしても同様です。学習者の反応に目を向けることなく、十分な工夫をせず、ただ一方的に目標言語を使っているだけならば、これもまた意味のある授業にはならないでしょう。直接法で授業を進めるには、実物や写真・絵・図を使ったり、適切な例を示したり、対になることばを同時に教えたり、行動で示したり、学習者とやりとりをしながら状況を示したり、といった、理解を促すさまざまな工夫が必要なのです。

　日本語がわからない人に日本語をどうやって教えるのか、どう教えるのが効果的か、意義があるのか、を検討する上で、媒介語を使用するかどうかは重要な点となるでしょう。そして、何を目的としたコースか、どういった内容を扱うか、どのように学習・習得を促そうとしているかによって、直接法

を選ぶかどうかの判断は分かれるでしょう。

　近年、CBI（Content Based Instruction、内容重視の言語教育）やCLIL（Content and Language Integrated Learning、内容と言語の統合学習）、さらには、EMI（English Medium Instruction、英語による教科学習）などが注目されるようになり、言語学習と教科学習、あるいは何らかの専門的内容の学習を同時に行う実践が広がっています。こういった指導法の可能性や課題は、目標言語の学習を目標言語によって行うことの可能性と課題を検討する上で参考となりそうです。

　今後、言語観・言語能力観・学習観の変遷や、第二言語習得に関する研究の発展によって、言語教育に対する考え方も変わり、教授法や教室活動も変化していくでしょう。テクノロジーの発展も、教え方・学び方の変化を後押しし、授業で行うことが少しずつ変化していくことが予想されます。

ポストタスク

1. 初級の教科書を1冊取り上げて、①だれを対象としているか、②シラバスの種類は何か、③どのような教室活動が想定されているか、を分析してみましょう。分析後、異なる教科書を分析した2〜3人と、結果を比べてみてください。自分自身が分析した教科書を使うとしたら、どんな点を補うともっとよくなると思いますか。ひとつ提案してみましょう。

2. もし現在、何らかの外国語の授業を受けている場合には、シラバス・教科書・教室活動・教授法を観察し、分析してみましょう。

3. 初級教科書からひとつ、文型か場面を選び、インフォメーションギャップを使ったタスク活動を考えてみましょう。

4. 中級・上級レベルとされる教科書を1冊選び、①シラバスの種類は何か、②文法や語彙、談話構成など、言語に関する知識はどのように扱われているか、を分析してみましょう。そして、1.で分析した初級の教科書と比べてみましょう。

【資料1】『みんなの日本語　初級Ⅰ（第2版）』（スリーエーネットワーク）学習項目一覧

学 習 項 目 一 覧

課	学 習 項 目	文型	例文	練習A	練習B	練習C
1	わたしは　マイク・ミラーです	1	1	1	1, 2	1
	わたしは　カール・シュミットじゃ　ありません	2	2, 3	2	3	
	あの　ひとは　きむらさんですか	3		3	4	2
	わたしは　IMCの　しゃいんです		4	4	5	3
	マリアさんも　ブラジルじんです	4	5	5	6	
	テレーザちゃんは　9さいです		6	6	7	
2	これは　つくえです	1	1, 2, 3	1	1, 2, 3	1
	それは　ボールペンですか、シャープペンシルですか		4	2	4	
	これは　くるまの　ほんです		5	3	5	2
	あれは　わたしの　かばんです	2	6	4	6	
	あれは　わたしのです		7	5	7	
	この　てちょうは　わたしのです	3	8	6	8	3
3	ここは　きょうしつです	1	1	1	1	
	うけつけは　ここです	2	2	2	2	1
	じどうはんばいきは　2かいです		3	3	3	
	エレベーターは　こちらです		4	4	4	

【資料2】『できる日本語 初級』（アルク）シラバス一覧

シラバス一覧

課	タイトル	行動目標	ST	STタイトル	できること	学習項目
1	はじめまして	簡単に自分のこと（名前・国・語・趣味など）を話したり相手のことを聞いたりすることができる	1	私の名前・国・仕事	自分の名前・国・仕事を言ったり相手に聞いたりすることができる	私は[名前]です / [国]人です / お国はどちらですか / お仕事は / [仕事]ですか / はい、[仕事]です いいえ、[仕事]じゃありません
			2	私の誕生日	年齢を言うことができる。誕生日を言ったり聞いたりすることができる	NのN / ～歳です / いつ ～月～日
			3	私の趣味	趣味を言ったり聞いたりすることができる	何ですか / NとN / Nも
2	買い物・食事	お店の人や友達と簡単なやりとりをして、買い物をしたり料理の注文をしたりすることができる	1	どこですか	自分が買いたい物がどこにあるか聞くことができる	何階ですか 階数の言い方 / ～階です / ここ・そこ・あそこ こちら・そちら・あちら / ～はいくらですか これ・それ・あれ / このN・そのN・あのN / Nをください
			2	いくらですか	自分が買いたい物の値段を聞くことができる	何のN / [言語]で / どこのN / Nを（～）ください / 誰のN
			3	レストラン	レストランで注文をすることができる。また、忘れ物の持ち主が誰か聞くことができる	
3	スケジュール	これからの生活や周りの人との関係づくりのために、身近なことを聞いたり話したりすることができる	1	何時までですか	公共施設に開館時間や休館日などを問い合わせることができる	今、何時ですか 時間の言い方 / [時間]から[時間]まで / 何曜日ですか 曜日の言い方
			2	私のスケジュール	学校の1年のスケジュールについて質問したり、自分の1年の予定を話したりすることができる	Vます（予定）/ [場所]へ / Vません / [場所]へ
			3	どんな毎日？	日常生活について話したり質問したりすることができる	Vます（習慣）/ NやNなど / 何もVません / [時間]に / [時間]から[時間]までVます / どこへも行きません

日本語学習の難しさと魅力（ハンガリー）

HIDASI Judit（ヒダシ　ユディット）
（ブダペスト商科大学名誉教授）

過ぎたるは及ばざるがごとし

　M先生はブダペストに着任早々はりきって日本語を教え始めた。先生の担当は、日本語会話と表記。担当の2つのクラスともに「半初級クラス」、つまり、すでに週4時間、半年ほど日本語を勉強した学生たちが対象であった。M先生は、教室に入るなり、にこやかに黒板に向かい、その日の会話に出てくる文法構造や項目を目の回るような速さで板書し始めた。学生たちは、先生のスピードに追いついていこうと必死になったが、ようやく写し終えたと思うと、黒板にはまた長い文字が現れ、ときには見たこともない漢字まで登場し、それを写すだけで学生たちは精一杯の状態になってしまった。すると、用心深い一人の男子学生がスマホで黒板に書いてある文字の写真を撮って、「うちに帰ってから解読することにします！」と叫んだ。こうして、授業が終わった後、学生の1人が「すごくたくさんの情報をもらったけど、何にも頭に残らなかった。」とコメントした。M先生にとって、どうして学生がその日の会話項目が理解できなかったのか、全く理解できないものであった。M先生は、アルファベットで育った学生の視覚的な認知能力と受容能力は、漢字で育った学生よりもはるかに弱いという事実を知らなかったのである。

日本語スピーチコンテスト

　2019年3月ハンガリーで26回目の日本語スピーチコンテストが開催された。スピーチコンテストは、出場者は参加するだけで何かしら得をするコンテストである。賞品の大きさが問題ではない。もちろん、賞品自体も大きな魅力になっているかもしれない。しかし、コンテストへの参加が意味する本当の得は、言語的、精神的に成長するということである。参加者は、教室でいつもの教師とクラスメートの前で話すことと多くの見知らぬ聴衆の前で話すことがいかに違うか、相応しい強調の仕方や身振り手振り、相応しい話のテンポや表現方法、説得力などを学ぶ。出場者は、ハンガリー日本語教師会の日本語教師（主に日本語母語教師）の支援のもとで練習に励み準備をする。こうした出場者の強い熱意と指導する教師の自己犠牲的な支援で毎年模範的な成果が生み出されている。

効率的な協働学習の好例

　ブダペスト商科大学国際経営学部日本語科は、2007年以来日本のJ大学と実りある協働研修プログラムを実施している。このプログラムの目的は、ハンガリーの学生の日本に関する知識と日本の学生のハンガリーに関する知識を豊かにすることである。複数の学生が、この10日間という短い協働研修プログラムが自分の人生の転機になったと述べている。その理由として、研修後もつきあいが続いている人生で最良の友達を得ることができたこと、外国語によるコミュニケーションがどんなチャレンジと喜びをもたらすものかを経験することができたこと、日本人の仲間たちが好きになって、どうしても日本に留学したくなったこと、等々を挙げている。

　ハンガリーの学生にとって日本語の習得という観点からこのような経験が素晴らしいのは、ひとつは、ハンガリーの学生たちが日本人のコミュニケーションスタイルの特徴を知ることができること、もうひとつは、学生たちが自分の持つ日本語の知識をインターアクションの中で使うことを学ぶことである。このような機会と体験が、多くの学生の日本語学習に弾みをもたらしている。

第 10 章

授業デザインと実習

プレタスク 第 10 章を読む前に

1. これまでに受けてきた語学の授業は、どんなふうに始まっていましたか。思い出してみましょう。
2. あなたが考える「良い日本語の授業」とはどのようなものですか。学習者の気持ちになって考えてみましょう。
3. 外国人に日本語を教えるときの留意点について周りの人と話してみてください。

　みなさんはこの本から日本語教育について多くのことを学んできました。これらの知識を活用すれば、すぐに学習者に日本語を教えることができるのでしょうか。

　この章では、第9章で学んだカリキュラム・デザインを踏まえて、より小さな単位である1回分の授業をどのようにデザイン（計画）し、どのように実施するかについて考えます。さらに、教師としての授業を実際に体験する日本語教育実習についてみていきます。

1. 授業をデザインする——準備・流れ・授業改善——

　学習者にとっては、受講したあとに今までできなかったことができるようになっている授業が理想的だと考えられます。そのためには、明確な目標を設定し、それを達成できる授業を作る必要があります。学習目標を達成できる授業にするにはどのような準備を行ない、またどのような授業の流れを計画し、授業後にどのように授業を改善すればよいのでしょうか。

　ここでは、学習目標や学習項目が比較的明確で目標が達成できたかどうかがわかりやすい、初級前半レベルの学習者向けに積み上げ式の文型シラバスを採用している場合を例に考えてみます。

1.1 授業の準備

(1)担当授業の内容を確認する

　日本語の科目、特に授業時間数の多い文法や読解の科目では、1時間の授業で扱う内容が細かく決められていることがあります。この細かく決められた授業内容の一覧を「シラバス」と呼びます。シラバスは授業のコーディネーターが決めることも、授業担当者が自分で決めることもあります。担当する時間が決まったら、その日の授業内容を確認します。教科書の何課を扱うのか、新規項目の導入なのか、どのような文法項目を学習するのか、あるいは、復習なのか、テストをするのか、などです。日本語教育では複数の教師がひとつの科目を協力して担当する「ティーム・ティーチング」のシステムが採用されていることが多いので、前後の時間のシラバスも確認し、担当時間の指導内容は時間内に扱えるように心がける必要があります。

(2)学習目標の設定

　(1)と並行してその時間の目標を設定します。その時間の学びが終わったときに学習者は何ができるようになるのかを明確にします。たとえば、「～ませんか」を使って「テニスをしませんか」のように勧誘や提案ができるようになる、などです。授業の目標が明確であれば、それに向かって最適な導入や練習を計画することができます。

(3)学習項目を分析する

　文法項目の場合、形、意味・機能、使用する場面・用法などを調べます。たとえば、『みんなの日本語』の第7課の授受表現（やりもらい）にある文「わたしは　木村さんに　花を　あげます」を見てみましょう。形とは学習項目の前後に接続することばの品詞、ことばの属性—主語か対象語か、ヒトかモノか、一人称かなど—、ことばの形—テ形、普通形など—や活用したときの形—動詞の過去形、否定形など—を含みます。このやりもらいの文の形を一般化すると、「AはBにCをあげます」となります。Aの「わたし」は名詞・ヒト・主語、Bの「木村さん」は名詞・ヒト・目的語、Cは名詞・モノ・目的語です。第7課ではAは「わたし」に固定されており、BとCは他のことばを代入して行なう練習が示されています。物をあげる人は「私」に限らず、

「佐藤さんが田中さんに本をあげました」も言えるのではないか、と思った人もいるでしょう。授受表現では主語の部分には 1 人称だけでなく 2 人称も 3 人称も入れることができますが、初めて授受表現を学ぶ学習者にとっては、基本的でよく使用される形を優先したほうが混乱しなくてすみます。しかし、第 7 課の授業を担当する場合、学習者に教える内容としては主語を「わたし」に限定するとしても、教師は 2 人称や 3 人称も使えることまで確認し、その文型に関する情報を体系的に整理しておく必要があります。次に意味・機能の分析では、C（モノ）が A さんから B さんへ移動するということがわかります。使用する場面・用法の分析では、B さんの誕生日のエピソードを A（わたし）が第三者に話す、または A（わたし）が第三者と B さんにあげる誕生日プレゼントの相談をする、などの場面が考えられます。

　教師は学習者に正しい情報を提示しなければなりません。参考にする文献がひとつだけだと偏った見解が示されていることもあるので、複数の文献や論文からの情報を総合して自身の考えや知識をまとめておくことが重要です。「教科書『を』教えるのではなく教科書『で』教える」と言われることがありますが、教科書をそのまま追っていく授業であれば学習者がひとりで学習しても効果に大きな差はないでしょう。教師は教科書だけでは得ることのできない情報を教師のフィルターを通して取捨選択し、それぞれの学習者の段階に合わせて効果的に示していく必要があります。

(4) 教案（授業計画）を作成する

　指導項目の分析ができたら教案を作成します。教案を作成することによって、導入場面や例文・練習方法を吟味することができます。限られた授業時間の中でより効率的で効果的な授業を行なうために必要な作業です。教案は授業が終わったあとの振り返りや授業改善をする際の材料にもなります。教案の具体的な作成方法については、あとに述べる 2.2 ②「指導案・教材の作成」を参照してください。

1.2 授業の流れ

　言語習得とは言語形式と意味・機能を結びつけ、その関係を強化していくプロセスだと考えられています（第 4 章参照）。それは、ある語や文型（形式）

がどのような意味機能を表すのか、逆にある意味機能を表すにはどのような形式を用いればよいのかを適切に判断し早く運用できるようになることだと言えるでしょう。

　普段受けている語学の授業がどのような構成になっているか思い出してみてください。いきなり説明が始まりますか。何を学習したのかわからないまま終わってしまっていますか。多くの授業は、第二言語習得を効果的に進め、その時間の学習目標が達成できるように計算された流れになっています。日本語の文法の授業では図1のようになっていることが多いです。

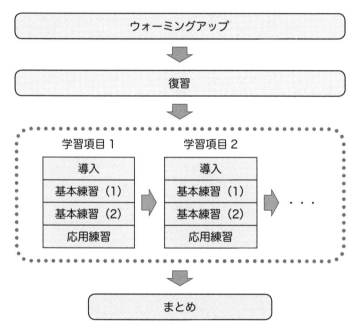

図1　授業の流れ

　それでは図1の流れを、順を追って見ていきましょう。

① ウォーミングアップ
　運動の前に準備体操をするように、授業に入る前にも頭を切り替え、気持

ちを学習に向けられるような準備が必要です。ウォーミングアップでは挨拶、天気や季節の話、最近のニュース――世界の動きだけでなく学習者が参加する学校のイベント、教師自身の出来事なども――などから始めましょう。これらの話題の中で、前回の学習項目を取り入れて復習をしたり、導入につながるような話題を展開したりしてもよいでしょう。

② 復習

　前回の授業の内容や、その授業の学習項目に関連する既習事項を思い出す活動をします。この活動によって、関連する知識を学習者が頭の中からすぐに取り出せる状態にしておくのです。ウォーミングアップの話の流れから自然に復習ができれば、学習者は無意識のうちにその日の学習に対する準備ができるでしょう。

　次に述べる③～⑥の流れは国際交流基金（2007）が言語習得の過程と同じ順番になるようなステップとして示しているものです。大きく「導入（わかる）」→「基本練習（覚える）」→「応用練習（使える）」の3段階になっていて、基本練習はさらに2段階に分かれています。この枠組を使って詳しく説明します。

③ 導入（わかる）

　その授業で学ぶ学習項目の形と意味を理解する「わかる」の段階です。導入では、文法の説明を行ないながら文型を示す演繹的な方法、複数の例を示して文型の形や意味と使用される場面を理解させる帰納的な方法などが考えられますが、日本国内で行なわれる授業では目標言語である日本語を用いた直接法がとられることが多いので、後者が多いようです。近年、学習者は文脈のある場面や状況を経験することで言語を習得するという考え方が受け入れられています。ただ、学習者が生活の中で、学習項目を使うのに理想的な場面に出会うのを待っているといつまでたっても学習が進みません。そこで、授業内で仮想的に場面を作り、文脈や状況と形式を一度に提示して、意味機能を推測させ、形式とつなげられるようにします。場面や例文を提示するときには、教師が会話を演じる、CD で会話を聞かせる、動画を見せる、絵カードを見せながら会話を聞かせる、などさまざまな方法が考えられます。

導入の際に留意すべきこととして、学習項目以外は既習の表現や語彙を使用することがあげられます。知らない語彙や表現とともに新規の学習項目が提示されると、どこが学習すべき部分なのか、文全体でどのような意味になるのかを学習者が推測することができません。また例文は、授業が終わったあとでも学習者が聞いたり話したりする文でなければなりません。学習項目を無理に例文に入れようとすると不自然な文や、授業以外では絶対に使わないような文ができてしまうことがあります。場面についても同じです。学習者が日常生活でよく出会うような場面を使って導入がなされ学習した文型がすぐに使えると、習得の促進につながります。

④ **基本練習 1**

　正しい形を産出できるようにする段階です。学習項目の構造を理解し、口慣らしをします。この練習で文の形に慣れて学習項目をひとまとまりの情報として処理できるようになります。

　形の練習として教室でよく見られる方法が、パターン・プラクティスです。この方法は行動主義心理学を背景としたオーディオリンガル法から生まれたもので、機械的で実際のコミュニケーションに結びつきにくいという批判があります。また、現在教師になっている人たちが学生だったときに授業で受けた練習方法をそのまま使っているとも考えられます。しかし、外国語学習に成功した人が、暗記やパターン・プラクティスをスピーキングの練習方略として多く用いているという調査結果などから、安定した言語基盤を形成するためには不可欠な練習方法であると再評価する見方も出てきています（平嶋 2007、江口・早瀬 2018）。

　代表的な練習方法に、反復練習・代入練習・変形練習・拡張練習・応答練習などがあります。

■ 反復練習　教師が言ったことばをそのまま繰り返す
　例）T（教師）：広いです　L（学習者）：広いです

■ 代入練習　文の一部を他のことばに入れ替える
　例）T：朝、牛乳を飲みました。ジュース
　　　L：朝、ジュースを飲みました

■ 変形練習　与えられた語や文を、テ形、否定形など決められた形に変える

　　過去形にする例）T：読みます　　　L：読みました

　　　　　　　　　　T：寝ます　　　　L：寝ました

■ 拡張練習　与えられた語句を追加して徐々に長い文を作る

　　例）T：読みました　　　　L：読みました

　　　　T：本を　　　　　　　L: 本を読みました

　　　　T：図書館で　　　　　L: 図書館で本を読みました

　　　　T：昨日　　　　　　　L: 昨日図書館で本を読みました

■ 応答練習　質問に対して指定されたことばを使って答える

　　例）T：夏休みに旅行に行きましたか。はい。　L：はい、行きました

　パターン・プラクティスの学習効果と短所が平嶋（2007：85）でまとめられています。学習効果は、1) 構文や語彙が音声データとともにインプットされ基本的な言語基盤が形成される、2) 動詞の活用・性数変化(1)・文の変形などの文法技能が自動化する（意識を向けなくてもできるようになる(2)）、の2点です。一方、短所として1) 意味の欠如、2) 単調さ、3) 現実のコミュニケーションへの転化が困難という3点があげられています。パターン・プラクティスを効果的に行なうためには、学習者にとって意味のある文を提示し、学習者が興味を持ちそうな語彙を取り入れる、学習者が自分に関して事実を話せるような文を準備する、指名の仕方に変化をつけるなど、教師が意識して短所を補う工夫をすることが求められます。

⑤ 基本練習２

　形式と意味を結びつけて正しい形を定着させる段階です。前に述べたように第二言語習得の過程は、形式と意味機能を結びつけることだとされています。基本練習１で形に慣れ、定着してきたところで、自分の言いたいことを自分の頭で考えて言えるような練習をします。その際のポイントとして国際

---

(1) 平嶋（2007）はフランス語や英語の学習について述べており、「性数変化」は日本語学習には該当する項目がありません。

(2) 括弧内は筆者加筆。

交流基金（2007）は、「選択権」「情報差」「学習者どうし」をあげています。「選択権」については、機械的な練習では事実や自分の考えとは関係なく教師や教科書によって決められたことを発話していましたが、自分の頭で考えて答える内容を選択できるということです。「情報差」については第9章でも詳しく述べていますが、質問する側が既に答えを知っていたり、同じものを見て情報を共有しているということではなく、どちらか一方が本当に知らないことで相互の情報に差があるということです。「学習者どうし」については、授業中はどうしても教師と学習者とのやり取りが中心になりますが、学習者どうしで話すことで学習者が会話をコントロールする側に立つこともできるということだと考えられます。

⑥ 応用練習

　実際のコミュニケーションでの使い方を練習する段階です。みなさんはコミュニケーションで何を行なっているのでしょうか。友達が読んでいる本が面白そうなので借りたい、引っ越したばかりの土地で郵便局に行きたいが道がわからないので教えてもらいたい、など何らかの目的があり、それを達成するために会話をしていることがほとんどだと思います。基本練習では授業で学習した文型や表現を必ず使いますが、応用練習では、実際のコミュニケーションと同様に目的を達成するような練習をします。場面は導入と同じく学習者が日常生活でよく出会うものがいいでしょう。今日学んだことがすぐに使えて教室外の人との会話が成立すればその喜びは大きく、学習の動機づけになります。場面を作るときには学習者の属性や背景への配慮も必要です。「時間がありますか」のような相手の都合を聞く練習では、学習者が学生であれば先生に聞く場面が適していますし、社会人であれば上司に聞く場面が適しているでしょう。基本練習との違いとして久保田（2007）は「選択権」に加えて「反応」もあげています。基本練習にも反応はありましたが、それはあらかじめ決められた範囲内の反応です。しかし、実際のコミュニケーションでは発話に対する相手の反応に合わせ、次の発話の内容や表現を選択して話す必要があります。「夏休みに旅行に行きましたか」と質問したときに必ずしも「はい、行きました」「いいえ、行きませんでした」という反応があるわけではありません。「あー、行きたかったんですが」「ずっと家にいました」

のような反応もあり得ます。

　練習の種類としては、セリフがほぼ決まっているシナリオプレイ、役割と状況が決まっていてそれに従って会話をするロールプレイ、お互いに知らない情報を聞き合うインタビューなどがあります。詳細は 1.4（2）「活動の種類」を見てください。

⑦ まとめ

　授業内で学習したことを振り返りながら、授業の目標が達成できたかどうかの確認を行います。学習項目を組み合わせた会話をしたり、活用の復習をしたりします。最後に簡単な会話で学習者の頭の疲れをとったり自信を取り戻させたりする、一生懸命取り組んでいたことに対してほめる、といった情意面への配慮を行なうと、学習者は気持ちよく学習を終えることができるでしょう。

1.3 授業の後で
（1）授業記録の記入

　授業が終わったら、他の教員との情報共有を図るために授業記録を書きます。授業の進度、学習者がよく理解できた項目やできなかった項目、学習者の様子——体調が悪そう、忘れ物が多いなど——を記録します。次の時間の担当者はこの記録を読んで、復習の内容を見直したり学習者への配慮を考えたりします。

（2）授業の振り返り

　学習者の理解や練習がスムーズだった部分やそうでなかった部分、学習者へのフィードバックがうまくできなかった部分などについて、教案を見ながら振り返ります。この作業が今後の授業内容や練習方法の改善に役立ちます。

1.4 授業における学習者の活動
（1）活動の形態

　コミュニケーション中心の授業では、教師対学習者の組み合わせだけでなくペアやグループになってさまざまな相手と話すことで気づきも多くなり

ます。発達心理学者のヴィゴツキーが提唱した「最近接発達領域(Zone of Proximal Development:ZPD)」の理論では、他の子どもの模倣をしたり協力したりすることで、ある子どもが自分ひとりの力で達することのできる領域以上の範囲を理解することができるとされ、その領域は最近接発達領域と呼ばれます。近年、言語学習の発展途上にある学習者にもこの考え方が応用されるようになり、「協働学習」としてペアワークやグループ学習が盛んに取り入れられるようになりました。

(2) 活動の種類

　ここではコミュニケーション能力の向上、特に流暢さの向上を目指すための活動を紹介します。シナリオプレイ・ロールプレイ・インタビューなどがあります。中上級レベルであれば、ディスカッション・ディベート・プロジェクトワークなどを取り入れて意見を出し合ったり、意見の相違について話し合ったりするような活動も良いでしょう。

　シナリオプレイは、あらかじめ決められているセリフを役に合わせて演じる活動です。ところどころ空欄になっていて発話者が自分で考えて埋める場合もあります。ロールプレイは設定された役割を通じて決められた目的を達成できるように会話を進めていく活動です(詳しくは第9章)。目的を達成するためにはどのような表現を取り入れればよいのか、目上の人への話し方はこれでよいのか、相手の気分を害さないためにはどのような対応が求められるのか、など文法能力だけでなく、談話能力やストラテジーが求められます。インタビューはインフォメーションギャップを埋める活動で、たとえば「〜たことがあります」という経験を述べる表現を学習したときには、何人かに「富士山に登ったことはありますか」などと質問し、「はい、3回登ったことがあります」などと答えてもらいます。ディスカッションは、あるテーマについてグループで意見を出し合い結論を出す場合と、意見交換が目的の場合があります。意見を言うときの表現や前の発話者の発言を認めながら反論する表現を取り入れるなどして進めていきます。ディベートは、あるテーマについて対立する2つのチームに分かれ、相手チームを説得する目的で意見表明・反論などを行ない、最終的に判定者が勝敗を決める活動です。プロジェクトワークは、「旅行をする」「ボランティア活動をする」などのプロジェク

トを企画・運営するときに直面するさまざまな課題を、日本語を用いて解決していく総合的な活動です（詳しくは第9章）。

(3) 教材・教具

　小林（2010:106）は、「教材」と「教具」の共通点を「教育実践を支え、学習が円滑に行われるのを助けるためのもの」であるとし、それぞれを次のように定義しています。教材とは、学習内容（シラバス）を具現化したもので、教科書・ワークブック・モデル会話を録音したCD・視聴覚教材などを例としてあげています。一方、教具とは、教室活動が円滑に行われるのを助ける道具であり、五十音図・CDデッキ・パソコン・プロジェクタなどを例としてあげています。絵カードや辞書のように教材と教具の両方の特徴を備えているものもありますが、教材と教具の本質は異なるものであることを指摘しています。何を教えるかは教材選択に反映され、どう教えるかは教具の選択に反映されるため、適切に選択し使いこなせることが求められる、とも小林は述べています。

　教材については、教科書の中には副教材が用意されている場合があります。本文や問題を聴覚的に提示できるようなCDや、学習者の母語に翻訳された教科書、語彙・漢字・文型練習に特化した問題集など多種多様です。実習などではできるだけオリジナルの教材を作成してみることを勧めますが、副教材を参考にしてもいいでしょう。

　教具については、文型や語彙を導入するときに「レアリア」と呼ばれる実物を提示したり、場面を提示するときに絵カードや写真を使って視覚的にわかりやすく示したりすることができます。パソコンやプロジェクタを備えた教室では、それらを使用して提示すると学習者全員からよく見えて効果的です。実物を見せたいけれど小さすぎて全員に見えにくい場合などは、実物投影機を使います。

1.5 学習者の認知面・情意面への配慮

　以上、ひとつの授業を作り上げるときの授業の流れや手順・活動・教材教具を見てきました。何を、どのように、どうやって授業で活用するのかは教師の力量にかかっています。ただし、取捨選択する際には、教師が良いと思

う方法や一般的に効果があると考えられること以外に、学習者への配慮が必要です。学習者の学習に関する好み（学習スタイル）について言えば、言語を音声として耳から取り入れる方が習得しやすい人もいれば、目で見て確認しながら学習する方が好きだという人もいます。また、ルールや説明を先に聞いてから具体的な文や会話に進みたい人もいれば、具体例を先にたくさん提示してもらってルールを自分で探したい人もいるでしょう。教室にいるすべての学習者にぴったり合う教授法や学習法は今のところないので、学習者にはさまざまな学習スタイルがあることを認識し、学習方法が偏らないよう工夫することが求められます。そのためには、どのような教え方をしたときに効果的だったのかそうでなかったのかによって学習者の理解度を観察したり、小テストを行なったりして確認し、足りないところを補うようにしていきます。いわゆる「振り返り」です。

　また、学習者が言語学習に対してどのような考え方を持っているのかに配慮することも重要です。音読をたくさんするのが効果的だと考えている学習者に音読以外の方法を勧めたいときには、新しい方法のメリットを説明したり、時には音読を取り入れたりして教師の考えだけで一方的に押し進めないようにしましょう。

　その他に、第二言語習得の継続で重要な要因のひとつに「動機づけ」があります。教師が学習者の動機づけに働きかけるのはなかなか難しいことです。デシとライアン（1985、2002）による「自己決定理論」では学習者の動機づけが高まる前提条件として3つの心理的欲求が満たされることを想定しています。3つの欲求とは「自律性の欲求」「有能性の欲求」「関係性の欲求」です。「自律性の欲求」とは学習において練習方法などがすべて教師によって決められるのではなく、練習を始めるタイミングや方法などを学習者自身が決める余地があり、学習者が自分で責任を持ちたいという欲求です。「有能性の欲求」とは課題をやり遂げたり、質問に答えることができたりして自分の能力が高いことを実感したいという欲求です。「関係性の欲求」は、ひとりで学習するよりもペアやグループで学習することで周りの人と協力し連帯感を持ちたいという欲求です。教師はこれらの欲求が満たされ、学習者の動機づけが高まるような仕掛けをするとよいでしょう。活動の種類を学習者に選ばせる、問題に答えられない学習者には少し易しい問題を与える、問題の答え合わせを

全体で行なう前にペアで行なっておく、など小さな仕掛けでいいのです。教師はより効果的な学習を目指してさまざまな配慮や工夫をすることが必要なのです。

2. 実際に授業を行なう－実習－

「実習」とはどのようなものを指すのでしょうか。荒川（2016）は、言語教育における実習とは、実際の仕事につく前の仕上げであるとし、中川（2004）は教壇実習を、これまでに獲得してきた日本語教育の知識の集大成として位置づけています。つまり、座学で得た知識を総合して体現できるよう実践してみる場であると言えるでしょう。

2018年に文化庁が「日本語教育人材の養成・研修の在り方について（報告）[3]」という報告書を公開しました。これは2000年に公開された日本語教員養成の基本方針である「日本語教育のための教員養成について」の内容を見直したものです。見直した点のひとつとして知識と実践のバランスをとることの重要性があげられ、現職の教師になる前の「養成」段階における「必須の教育内容」の中に「教育実習」が明記されています。なぜ今改めて実習が重視されるのでしょうか。正確な知識を豊富に持っていることがすなわち良い教師であるとは限りません。教育現場では知識以外にも多様な要素が教師には求められます。たとえば、学習者が興味を持つような場面を設定できるのか、学習者の発信に適切な反応をして習得を促進することができるのかなどです。

2.1 実習の内容

上で述べた文化庁（2018：38）では教育実習について、「日本語教師【養成】における教育実習とは、日本語学習者を想定して行なう実際の指導及びそれに関連する授業のことを指す」とあり、教育実習の指導項目として表1内の①〜⑥をすべて含めること、とされています。

---

(3) 文化庁（2018）「日本語教育人材の養成・研修の在り方について（報告）」www.bunka.go.jp/koho_hodo_oshirase/hodohappyo/__icsFiles/afieldfile/2018/06/19/a1401908_03.pdf

表1　各指導項目の内容の例

教育実習の指導項目	実習内容（例）
① オリエンテーション	○ 教育実習全体の目的の理解 ○ 教育実習の構成要素と内容の理解 ○ 学習者レベル別、対象別の教育実習に対する留意事項
② 授業見学	○ 授業見学のポイントや視点の理解 ○ 授業見学及び振り返り ○ 授業ビデオ観察及び振り返り
③ 授業準備	○ 教壇実習に向けた指導項目の分析 ○ 教壇実習に向けた教案作成 ○ 教壇実習に向けた教材準備（分析・活用・作成）
④ 模擬授業	○ 模擬授業及び振り返り
⑤ 教壇実習	○ 教壇実習及び振り返り
⑥ 教育実習全体の振り返り	○ 教育実習全体としての振り返り

文化庁（2018：38）から引用

2.2 実習の流れ

　小・中学校や高校の教員免許を取るときに義務づけられている「教育実習」は、小・中・高校生時代に実習生の授業を受けた人ならある程度のイメージを持っていると思いますが、日本語教育の実習はどのようなものでしょうか。上の表1の項目は実習の流れの中でどのように位置づけられるのでしょうか。中川（2004：23）は日本語教育実習の流れを示していますが、表1に示されている項目のうち、通常は教壇実習の前に行われる「模擬授業」が明示されていないため、追記したものを図2として示します。

　図2の各項目について順にみていきましょう。

①「現職教員授業の見学」

　日本語を母語とする人は、英語や国語の授業を受けたことはあっても日本語の授業を受けたことはないので、具体的なイメージを持つことは難しいでしょう。座学で学んできた知識やスキルが実際にはどのように用いられているのかを目の当たりにし、学習者の生きた反応を見る経験は大変貴重なもの

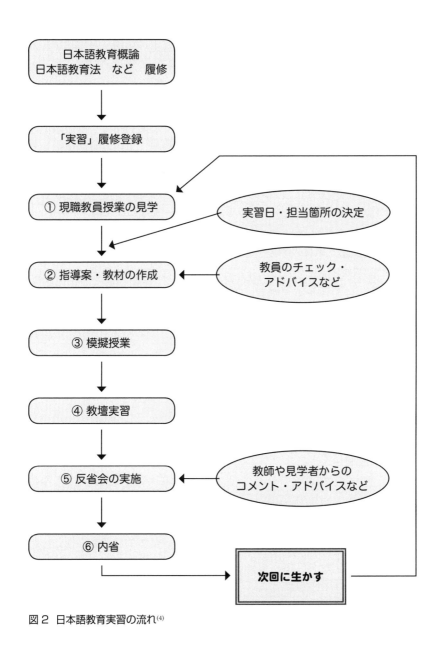

図2 日本語教育実習の流れ[4]

---

(4) 中川 (2004：23) を一部改変。

で、多くの学びがあります。最近はインターネットの動画で日本語学校の授業を見ることもできますが、現職教員が日本語教育の現場で行なっている授業の雰囲気を肌で感じ、学習者の反応、教師の細かな表情や動きを観察するには実際の授業を見るのが最も良い方法です。ただ、見学者がいることでクラスの雰囲気が普段どおりではないことは知っておいたほうがいいでしょう。また、学習者も教師も少なからず緊張するため、見学を受け入れたくないと考える教育機関もあります。そのことを忘れず、見学の機会を無駄にしないよう見学に入る前に授業の教材を入手しておく、どのようなポイントを観察するのか明確にしておくなどの準備をしておきましょう。

②「指導案（教案）・教材の作成」

「1.1　授業の準備」をしっかりと行なってから、「1.2　授業の流れ」が実現できるような教案を考えます。荒川（2016）は、担当箇所が決まって教案を作成するにあたり実習生がするべきことは2つあると述べています。ひとつは授業内容の下調べ、もうひとつは学習者に関する下調べです。学習者の情報——学習目的・既有知識・興味・背景など——をできるだけ多く集めることで、学習者が興味を持ってくれる導入や練習につなげられます。

表2は教案の例の一部です。

教案は授業の計画書として実習生が見るだけでなく、指導教員の指導を受けたり、他の学生に見てもらったりすることもあります。だれが見てもわかるように、見やすくまた詳しく書きます。

「指導目標」には実習生が達成する目標を書きます。「「～たいです」を使って希望を述べることができる」のような学習者の目標ではありません。そして、「学習者が理解しやすい授業をする」など、教師としての最終目標のような漠然としたものでもありません。実習者自身が具体的に改善したい、達成できたかどうかがある程度明確にわかることを取り上げます。模擬授業で指導教員や他の学生から指摘を受けたことがまず改善するべき点になることも多いでしょう。

教案は、演劇なら脚本に当たる部分ですから、とにかく細かい点まで決めて記述することが重要です。セリフはすべて話すとおりに書きます。特に日本国内での授業では直接法がとられることが多く、授業のほとんどが目標言

表２　　　　　　　　　　　　　　　　　　教案の例

7月8日 (火) 9：00 ～10：30		Aクラス	担当者：○○○○	
学習項目		新出語彙	指導目標	
『みんなの日本語 初級Ｉ』第13課 1.〜がほしいです 2.〜たいです		せまい、ひろい、川、釣り	・学習者の発言を待つ ・板書を丁寧に行なう ・大きな声で話す	
時間	項目	教師の行動	学習者の行動	教材・教具	留意点
0	【ウォーミングアップ】	皆さん、おはようございます。今日はいい天気ですね。	おはようございます。 はい。		
	【復習】	今日は昨日より暑いですね。 昨日は、今日…	そうですね。 今日より涼しかったです。		
3	【導入1】 〜がほしいです	（絵を指しながら）見てください。私のスマートフォンが壊れました。不便です。私は新しいスマートフォンがほしいです。		壊れたスマホの絵	困った表情で

語で進められます。そのため、教師は意識的に語彙や文型をコントロールすることが求められます。学習者のレベルによりますが、特に初級学習者は既習の語彙や文法が限られているため、教師の発話は既習項目の範囲内に抑え、学習者の理解を促進するようにします。頭ではわかっていてもいざ話すときには、つい普段話すときの癖が出たり、未習の語彙や文法を使って話してしまったりします。たとえば授業の最後に「これで授業を終わりにします」と言った場合、学習者が「終わります」も「に」も「します」も既習であったとしても、意味がわからないかもしれません。「終わり」という形は未習、「に」は時間や場所を表す助詞、「します」の意味は do、これが初級前半の学習者の頭の中です。「にします」に「私は天丼にします」のような物事を決めるという意味があることは未習なので、場面からなんとなく推測できたとしても先生が何を言ったかわからずモヤモヤした気持ちのまま授業を終わる

ことになりかねません。こうしたことにならないよう、既習項目をすべて確認してセリフを考えます。また、教師のセリフだけでなく学習者のセリフも予想して書いておきます。学習者は教師の問いかけに常に正解を言ってくれるわけではありません。正解の他に複数の間違いのパターン、質問、反応がないときなどを想定し、それらの対応を用意しておきます。もちろん想定外の質問や間違いも出ますが、何通りかの対応を用意するうちに知識が蓄積され、落ち着いて対応することができるようになるでしょう。

　練習方法や教材も細かく指定しておきます。「テ形の復習　絵カードを見せて言ってもらう」これだけではおそらく絵カードの準備の時点で時間がかかることになるでしょう。使用する動詞、動詞を提示する順序、クラス全体でコーラスするのか、何回コーラスするのか、個人指名をするのか、などすべて教案を作成する時点で決めておきましょう。教材に関してはパワーポイントを使用する教育機関もあります。板書をしたり、黒板に絵や文字カード、文を書いたパネルなどを貼ったりする場合には黒板に示すタイミングだけでなく、消したりはがしたりするタイミングも決めておきます。すぐに消してしまうと学習者が不安になるかもしれませんし、いつまでも提示しておくと学習者が覚えようとする努力をしなくなることも考えられます。どの時点で消すのが効果的なのかを考えて決めておきましょう。

　授業時間は決まっているので、時間配分も決めておきます。予想よりも早く終わったり、時間がかかりすぎたりすることもあります。早く終わったときのために時間があまった場合の対応——復習をする、簡単なゲームをするなど——や時間が足りなくなったときのために、その時間に必ず押さえておかなければならない項目の優先順位と省略してもよい部分を考えておきます。

　教案とともに板書計画も立てておきましょう。板書をする目的は何でしょうか。学習内容を視覚的に確認し、クラス全体で情報を共有し、学習者の頭の中を整理することです。板書がごちゃごちゃしていると頭の中は整理されるどころか、さらに混乱します。どこに何を書くのかをだいたい決めておくと毎回安定した板書になり、学習者は安心して板書を確認することができます。

　教案ができたら、指導教員からの助言や指摘を受けて修正し、教材や教具を用意します。教具をたくさん用意したくなりますが、あまり多いと教えな

がら探せなくなったりすることもあるので、自分が扱える範囲内の量にとどめましょう。

③ 模擬授業

　俳優がドラマや演劇のリハーサルをするように、教師として授業を行なうことに慣れていない段階では実際の授業と同様の状況を模して練習しておく必要があります。模擬授業は、教壇実習の前のリハーサルとして行なわれます。実習生が交替して学習者役となり、模擬授業の担当者がその前で授業を行なうことが多いでしょう。模擬授業を体験すると、教案の内容が頭に入っているか、頭の中で作成した教案を実践することがいかに難しいか、また教案に書いたセリフが不自然ではないか、段取りが適切かどうか、教室のどこに立てばよいのか、板書や教材の扱いに手間取ることはないか、声の大きさや表情は適切か、単語のアクセントは正確か、など非常に多くの情報が得られます。教師は授業の流れを作る脚本家であり、それを演じる俳優であり、学習者を動かす演出家であり、また、学習者を盛り立てるサポーターでもあります。授業の大きな流れや学習者の観察に注意を向ける余裕が持てるように、段取りを頭に入れ、練習しておくことが肝要です。なお、類似した用語に「マイクロティーチング」があります。これはアメリカのスタンフォード大学で開発された教授訓練のひとつで、クラス規模・授業時間・授業スキルをマイクロ化すなわち小規模にします。授業スキルのマイクロ化とは特定のスキルに焦点を当てることです（金子 2007、南部 1988）。

④ 教壇実習

　実際に日本語学習者に対して授業を行なうことを「教壇実習」と呼びます。当日は早めに教室に入り、教具を使いやすいところに配置したり、パソコンやプロジェクタなどの機器が機能するかどうか、プリントが揃っているかどうかを確認したりします。教案を見直してできるだけ頭に入れておきましょう。また、服装や髪型にも気をつけて、学習者の関心が別のところにいってしまうようなことは避けましょう。

⑤ 反省会の実施／⑥内省

　教壇実習のあとには「反省会の実施」と「内省」の段階があります。「終わった、終わった」とすべてを忘れてしまっては意味がありません。授業後にはできるだけ早く反省会をして、教員や他の実習生からコメントや指摘を受け、次回に活かせるようにします。実習ではこの段階が非常に重要です。反省会や内省では、教案を作成する際に設定した目標が達成できたか、良かった点は何か、改善を要する点は何かを明確にします。ビデオ録画をしていることが多いと思いますが、必ずそれを見て客観的に自分の授業を観察してみましょう。自分が思っているよりも絵カードが見えにくかったり、板書がわかりにくかったり、学習者の反応に気づいていなかったり、といったことが見えてきます。良かった点はさらに伸ばせるようにし、良くなかった点は次回の教壇実習に向けて改善していくことが肝要です。

2.3　おわりに

　この章では、授業の準備・計画・改善を含めた授業デザイン、それらをふまえた日本語教育の実習について概要や留意点を述べてきました。最後に伝えたいことは、やはり授業の主役は学習者だということです。常に学習者の立場に立って授業デザインを考えていきましょう。また、授業は学習者と一緒に作り上げて行くものですが、教師による見えないコントロールと仕掛けがあってはじめて成立するものです。主役である学習者が無意識のうちに目標を達成できるような授業を作るために、裏方である教師は努力を惜しまないようにしたいものです。

ポストタスク

1. 「〜たことがあります」という表現を導入する教案を書いてみましょう。

2. 教案が書けたらペアになってお互いに模擬授業をしてみましょう。

3. 相手の模擬授業を受けたら、良かった点、要改善点を2つずつ伝えてください。

4. 相手のコメントに基づいて自分の教案を修正してみましょう。

おわりに　日本語教育のこれから

1. 学び続けること

　さて、みなさんは、1章から10章までを通して、「なぜ・なにを・どのように」日本語教育を行なうかを学んできました。しかし、現場に立つ前の人が、たとえばこの教科書を使って、学ぶべき項目をひととおりこなしたとしても、それだけでは教師として活動できるようにはなりません。養成段階で学ぶ知識・技能・態度は今後活躍するための基本になるものではありますが、専門家としての日本語教師に求められる資質や能力としてはまだまだ不十分なものです。

　ここで、資質・能力を構成する「知識・技能・態度」の関係について考えてみましょう。知識はただ覚えればいい、というものではありません。使えなければ意味がなく、技能を発揮する上で必要となるものです。そして、態度とは、3章でも述べていますが、「日本語教育に関する専門性とその社会的意義についての自覚と情熱を有し、自身の実践を客観的に振り返り、常に学び続けようとする（下線は筆者による）」（文化審議会国語分科会 2019、p.24）ことであり、知識の獲得や技能の発揮を支えるものでしょう。

　「常に学び続ける」ことは、日本語教師として非常に重要です。日本語教師はさまざまな問題にぶつかります。そのとき、だれかにそれを切り抜ける方法を教えてもらうという受け身の姿勢ではなく、自分でその方法を探す、助けを求めつつも自分で探す、仲間と手分けして、力を合わせて探す、という自律的主体的な道を選びます。それこそが、学び続ける態度です。

　2020年2月、文化審議会国語分科会の日本語教育小委員会は、日本語教師の国家資格を創設する案をまとめました。日本語教育の世界に国家資格が生まれる日が近いということです。この資格制度の創設は、日本語教師が不足している状況のもと、質の高い日本語教師を増やし、日本語教育をよりよいものにすることを目的としています。国家資格が設けられることによって、日本語教師の専門性が広く認知され、職業としても安定することが期待されます。

　とはいえ、この国家資格はあくまでも養成段階を終えていることを証明す

るものとなることが想定されていますから、優れた教師として長く活躍するためには、資格を得たあとも学び続けていくことが大切です。資格取得を日本語教師としてのキャリアの一段階に位置づけ、その後の雇用や自身の教師としての成長にどう生かすか、主体的に判断することが求められます。

2. 日本語教育が求められる新たな分野

　EPA（経済連携協定）の看護師・介護福祉士養成プロジェクトと技能実習生の問題は 3 章でも述べていますが、近年では医学部生の日本語教育や特定技能労働者の職種別日本語教育も、求められるようになってきています。

　2017 年には、ある医療系の大学が、日本語未習の留学生に対して、学部の 1 年生から入学させ 6 年後には医師国家試験に合格させることを目標とする医学教育を始めました。従来、いくつかの大学の医学部では、日本人学生と同じ講義を受けられる程度の日本語能力を備えた外国人を学部から入れる例がありました。また研究生として大学院から受け入れて医学博士を取る留学生もいました。しかし、この大学のように、毎年 20 名の日本語ゼロの留学生を入学させて、医師の国家資格を取得させるという試みは初めてです。こうした医学留学生の日本語教育にも新しい方法が求められています。

　もうひとつは、2019 年 4 月に始まった、在留資格「特定技能」の制度で来日する労働者の日本語教育です。これは技能実習生のような技術移転などの名目もなく、正面から労働者として外国人を受け入れる制度です。この制度では、日本で働こうとする外国人は、来日後すぐ外食業・建設業・介護業など 14 の業種の現場で働くことになっています。つまり、即戦力としての外国人労働者が求められているわけで、この人たちはすぐ就業できるだけの日本語能力が必要です。その能力を確かめるために、①国際交流基金が担う「日本語基礎テスト」、②各専門分野が作った問題を現地語に翻訳して専門知識を問う「技能評価試験」、③各業種に関する日本語の基礎能力を見る「日本語評価試験」、の 3 つの試験が課せられます。来日を希望する人たちはこの試験に合格するための日本語とそれぞれの専門の知識を習得しなければなりません。特定技能の資格で、日本が現在受け入れようとしているのは、ベトナム・フィリピン・モンゴルなど 9 か国の労働者です。その 9 か国の送り出し国での準備教育にも日本語教育は大きな部分を占めています。

さらに、試験に合格して来日してからの日本語も問題です。ごく入り口の基礎的な日本語能力で来日するわけですから、それだけの力では十分な働きができない職種も多く、また、充実した社会生活を営めるレベルにはなっていないでしょう。日本で働き始めると同時に日本語学習もさらに進めなければなりません。受け入れ企業によっては独自に日本語教師を雇って一定の時間を日本語習得にあてるところもありますが、そういった余裕のない企業や事業所の方が多いのです。特定技能の資格で来日した人たち全体に対する日本語教育の青写真はまだできていませんが、労働者はもう来日して働き始めています。

　国家として、国内の労働力不足を外国人労働者に補ってもらう制度を決めたのですから、この制度で来日する労働者の日本語教育は、当然国が保証するべきでしょう。1980年代には中国帰国者のための定着促進センターが設置され、4～6か月の日本語教育が行われました。このような、国が本腰を入れて取り組む日本語教育が外国人労働者にとっても必要なのです。

　さらに、もうひとつあります。外国にルーツを持つ子どもの学校での日本語教育については7章で述べていますが、学校に入る前の子どもへの日本語支援も始まっています。プレスクールの日本語教育です。小学校に入って日本の子どもたちと一緒に授業を受けられるようにする準備の支援です。自分の名前を呼ばれて返事ができる、自分のしたいことやしてほしいことを相手に伝えることができる、そして、自分の名前が読めるといったことをめざした日本語教育です。日本語教育の対象は就学前の子どもにまで、どんどんひろがってきています。

3. 日本語教育と専門分野の教育との協働

　EPAの看護師・介護福祉士候補者（以下「候補者」）への日本語支援がはじまって10年経ちました。それまでの日本語教育とは全く違った新しい分野の支援で、試行錯誤の連続でした。この10年の経験からはっきりわかってきたことがあります。

　当初、候補者への日本語教育側からの支援については、以下のように考えられていました。日本語教育関係者は日本語だけを教える、つまり、日本語での口頭コミュニケーション能力と国家試験で必要となる読解能力を育成す

ればいい、看護・介護の専門用語の知識や運用方法の指導はその専門家がやる。そして、国家試験対策も専門家が担当する、日本語教師が生半可な知識で専門的な部分まで踏み込むのは危険だから、日本語教師は専門内容に手を出さないほうがいい…。

　ところが、実際にインドネシア・フィリピン・ベトナムからの候補者を迎えて支援を始めてみると、日本語教師は日本語を教え、看護・介護の専門家は専門分野を教えるというすみわけは、すぐに崩れ始めました。現場でのコミュニケーションをスムーズにするには、現場で使われている専門用語の意味と使い方を知って、候補者に説明し、候補者たちが理解し運用できるようにしなければいけません。国家試験問題を読み解くには、日本語の読解能力だけでは間に合わず、前提となる知識が必要です。そういうことが、徐々にわかってきました。

　専門のスタッフがそれぞれの技術や知識を教えようとすると、そのとき使われる用語や説明のしかたが日本語学習途上の候補者たちには難しすぎるのです。スタッフの説明を聞くとますますわからなくなるから聞かないようにするという悲劇も日常的に起こりました。日本語教師がその場にいて、スタッフのことばをわかりやすい日本語に置き換えながら支援にあたることが必要だということもわかりました。それは、学ぼうとする人のニーズやレベルに合わせるという日本語教育の基本の再確認でもありました。

　ですが、スタッフのことばをわかりやすい日本語に置き換えるために、日本語教師をその場その場に配置するということは不可能です。むしろ、日本語教師も看護・介護について学び、スタッフに教わるなどしてある程度の専門知識や用語を教えられるようにしたほうがいいと考えられるようになりました。こうした局面で、元看護師や介護福祉士有資格者である日本語教師の実践と、病院・施設との連携のもとに支援する日本語教師の活躍がクローズアップされてきました。そして、看護・介護の分野で働く外国人の支援は、専門家だけでも日本語教師だけでもできない、双方が互いに補い合って進めなければいけないということがわかってきました。こうした経験と実践例を持ちよって、各地で講習会や教師研修会が開かれるようになり、日本語教育の手法を中心にして、その支援範囲を看護と介護に広げた「看護と介護の日本語教育」の形ができはじめています（神村編著 2019）。

日本語教師の中には、より自信をもって指導できるようになるためにと、介護職員のための初任者研修の資格を取る人や、介護福祉士国家試験に挑戦する人も出てきています。その一方で、介護や看護を専門とする人の中に、日本語教育に興味を持つ人が現れ始めています。同じ現場にいる外国人従事者の支援のために日本語教育のノウハウを知りたいと勉強し始め、420時間の日本語教師養成コースを受講し、日本語教育能力検定試験を受けようとする人たちです。それぞれ、自分の専門を相手の側に広げて、双方から知恵を出し合って実質的で効果的な支援をしたいという教師たちが誕生しているのです。

　2.で紹介したプレスクールの日本語教育でも協働が行なわれています。就学前の幼児ですから、日本語と同時に、教室内外において集団で学ぶ習慣を身につけるところから始まります。幼児の心理に詳しい幼児教育の専門家と協働しなければ進めることはできないのです。

4. これからの日本語教育

　今まで述べてきたことからわかるように、日本語教育の対象もレベルも場も方法も実に多様化しています。日本語学校、大学や大学院、専門学校の留学生、ビジネスパーソン、帰国者、難民、児童生徒、生活者と、日本語教育は徐々に対象や範囲を広げてきましたが、昨今の、人の移動の大きさや激しさの中で、日本語教育に対する考え方も大きく変えなければならなくなっています。

　教室や教材があって、先生がいて、学習者がいて、一定期間続けて日本語を教えたり教わったりする、そういう日本語教育は、近い将来、古典的な方法と言われるようになるかもしれません。119ページのアメリカのメリーランド大学のエッセイがそれを示唆しています。介護の現場で働きながら、高齢の利用者から、昔の話を聞くことも良い日本語学習の機会です。昔は洗濯機も掃除機もなく、家族の衣類は全部手で洗ったと話してくれる高齢者の苦労話が少しずつでも聞きとれるようになったら、その聴解能力は相当なものといえるでしょう。そして、日本語を学びながら、近い過去の歴史も学べるし、人間尊重の人権教育にも触れられます。日本語ができるようになってから現場に、ではなく、働きながら日本語も歴史も人権教育もというように、同時

にさまざまなことを学んでいく、というような変化も起こるかもしれません。

　こういった変化は、日本語教育に内在する要因によって起こるものばかりではありません。激しい勢いで進化を繰り返す科学技術とそれに呼応する社会生活の変化の中で、言語教育・言語学習の環境は、大きく進化しています。こうした教育・学習環境の変化を活用できる能力、変化に耐えうる力量が教師には今後求められることになります。

　たとえば、各種テクノロジーにより、国境を越えたコミュニケーションは多くの人にとって身近なものとなりました。Web 会議システムを用いて、お互いの顔を見ながら会話をしたり、同じ書類や画像を各自のパソコン画面に映して議論したりすることがすでに可能になっています。チャットのように文字によるメッセージを送ることも、音声入力したものを文字に変換して送ることもできます。こういったシステムを用いて、ワンコイン英会話、つまり 1 時間 500 円程度で、ネイティブスピーカーによる英語の個人レッスンが受けられる、といったサービスを展開している会社もあります。似たような事業は、日本語教育の世界でもすでに始まっています。異なる国・地域、異なる言語・文化背景の学習者が、自宅のパソコンやスマートフォンを使って、ネット上の日本語授業に参加するということも行なわれています。

　根気の要る作業と思われていた漢字学習も、画像を多用するなどして意欲を刺激し、達成感をもたらし、動機をうまく保つ仕組みが施されたアプリも開発されています。人を介さない言語学習、紙と鉛筆を用いない言語学習の方法も考案されています。また、自分の話が文法的にあるいは音声的にどの程度正しいか、といったこともさまざまなソフトで確認が可能になっています。

　今後は、これまで日本語教師が担ってきた仕事について、機械が肩代わりしてくれるようになったり、むしろ機械のほうが適切に処理してくれたりする部分も出てくるでしょう。そういったテクノロジーをうまく活用することで、よりよい授業、質の高い日本語教育を行なう可能性も考えられるわけですが、同時に、「人」はどこまで必要なのか、という新しい問いかけにも答えなければならなくなっています。

　翻訳機の機能が向上し、わざわざ日本語を学ばなくても、日常的に困らないという環境は整いつつあります。「ツイート」程度の読み書きしかせず、新

聞やニュースなどに興味を示さない人も少なくない時代です。日本語を学ぶことが個人にとって意味のあることなのか、社会を生きていく上でどれほど大事なことなのかという、価値観を再検討する場面も出てくるでしょう。

　では、日本語教師はもう要らなくなるのでしょうか。いいえ、そんなことはありません。さまざまな便利なキットやソフトを作るのは日本語教育の専門家です。インターネットで検索できるから辞書は要らないかというと、さにあらずで、信頼性の高い情報を得るためにはやはり辞書が必要であり、その辞書は利用者にとって役に立つものである必要があります。そういった辞書を作るのは、日本語や日本語教育の専門家です。自動翻訳で用が足りると言っても、その翻訳の質と幅と深さを左右するのはやはり人の力なのです。

　そして、何よりも人が人である以上、互いに関わり合うためのコミュニケーションは、やはり必須です。コミュニケーションにおいて、私たちは情報や考えだけでなく、感情のやりとりもします。私たちが人であり続けたいのなら、感情のやりとりは良くも悪くも必要で、それは機械にはゆだねられないものです。また、3章の事例でCさんは語っています。「（日本語教師は）責任は大きいが、学習者の人生に深く関わることができる」「学習者とともに自身の成長を感じることができる」と。こうした教える側と教わる側の人生に関わりを持つ日本語教師は当分廃れることはないでしょう。

　日本語教育の目的は何なのか、言語教育はなぜ必要なのか。日本語教師はこれからどういった役割を担っていけばいいのか。わたしたちは、新たに大きな問題に直面しています。さまざまなデータや先学の経験から英知を読み取って、自信に満ちた日本語教師像と魅力あふれる日本語教育の世界を描いていきたいものです。

参考・引用文献

第1章

杉本つとむ（2008）『西洋人の日本語発見　外国人の日本語研究史』講談社

関 正昭（1997）『日本語教育史研究序説』スリーエーネットワーク

関 正昭（2004）「第3編　日本語教育史」『改訂新版日本語教師養成シリーズ1　文化・社会・地域』東京法令出版

縫部義憲監修・水島裕雅編集（2005）『講座・日本語教育学　第1巻　文化の理解と言語の教育』スリーエーネットワーク

第2章

海外日本語教育学会学会誌編集委員会（2015）「【ディスカッション】一般の人が向き合う海外日本語教育と日本語教師の役割」『海外日本語教育研究』1, pp.86-90

海外日本語教育学会学会誌編集委員会（2016）「【ディスカッション】スーダン日本語チャンネル」『海外日本語教育研究』2, pp.52-60

国際交流基金（2017）『海外の日本語教育の現状　2015年度日本語教育機関調査より』（国際交流基金ウェブサイト）

嶋津 拓（2008）「海外への「日本語普及」事業における「現地主導」主義に関する一考察：大韓民国日本語教員の招聘研修事業を事例として」『長崎大学留学生センター紀要』16, pp.1-20

嶋津 拓（2010）「オーストラリアにおける「教育革命」とアジア語教育政策―日本語教育に焦点をあてて」『日本言語文化研究会論集』6, pp.1-13

末松大貴（2017）「「新しい日本語学習者」の実態と学習コミュニティに対する評価　Facebook グループ「The 日本語 Learning Community」での調査結果から」『言語文化教育研究』15, pp.172-193

高橋 敦（2014）「グローバルネットワーク時代における「新しい日本語学習者」とオンラインコミュニティへの需要」『桜美林言語教育論叢』10, pp.139-156

田尻英三編（2017）『外国人労働者受け入れと日本語教育』ひつじ書房

長井志保・吉永益久（2017）「オーストラリア外国語教育政策が教育現場にもたらす影響：学習者の意識調査を通して」『群馬高専レビュー』35, pp.61-69

文化庁国語課『平成30年度 国内の日本語教育の概要』（平成30年11月1日現在）

吉田 文（2014）「「グローバル人材の育成」と日本の大学教育―議論のローカリズムをめぐって―」『教育学研究』81(2), pp.164-175

CAO, LE DUNG CHI（カオ・レ・ユン・チー）（2017）「ベトナムの外国語教育政策と日本語教育の展望」大阪大学大学院言語文化研究科 博士論文

第 3 章

石井恵理子 (1996)「非母語話者教師の役割」『日本語学』15（2），pp.87-94

田尻英三編 (2009)『日本語教育政策ウォッチ 2008—定住化する外国人施策をめ
　ぐって』ひつじ書房

田尻英三編 (2017)『外国人労働者受け入れと日本語教育』ひつじ書房

日本語教員の養成に関する調査研究協力者会議 (2000)「日本語教育のための教員養
　成について」（平成 12 年 3 月 30 日）

平畑奈美 (2008)「アジアにおける日本語母語話者教師の新たな役割—母語話者性と
　日本人性の視点から—」『国際交流基金日本語教育論集 世界の日本語教育』18，
　pp.1-19

平畑奈美 (2014)『「ネイティブ」とよばれる日本語教師：海外で教える母語話者日
　本語教師の資質を問う』春風社

文化審議会国語分科会 (2018)「日本語教育人材の養成・研修の在り方について（報
　告）」（平成 30 年 3 月 2 日）

文化審議会国語分科会 (2019)「日本語教育人材の養成・研修の在り方について（報
　告）改定版」（平成 31 年 3 月 4 日）

文化庁国語課『平成 30 年度 国内の日本語教育の概要』（平成 30 年 11 月 1 日現在）

横山紀子 (2005)「第 2 言語教育における教師教育研究の概観 - 非母語話者現職教師
　を対象とした研究に焦点を当てて」『国際交流基金 日本語教育紀要』1, pp.1-19

第 4 章

小柳かおる (2004)『日本語教師のための新しい言語習得概論』スリーエーネット
　ワーク

田中真理 (1996)「視点・ヴォイスの習得—文生成テストにおける横断的及び縦断的
　研究—」『日本語教育』88, pp.104-116.

Gass, S. M. (1997). *Input, interaction, and the second language learner.*
　Mahwah, NJ: Lawrence Erlbaum Associates.

Gass, S. M., & Selinker, L. (2001). *Second language acquisition: An
　introductory course. 2nd ed.* Mahwah, NJ: Lawrence Erlbaum Associates.

Iwashita, N. (1999). Tasks and learners' output in nonnative-nonnative
　interaction. In K. Kanno (Ed.), *The acquisition of Japanese as a second
　language* (pp. 31-52). Amsterdam/Philadelphia: John Benjamins.

Krashen, S. (1977). Some issues relating to the monitor model. In H. D.
　Brown, C. A. Yorio, & R. L. Crymes (Eds.), *On TESOL '77* (pp. 144-158).
　Washington, DC: TESOL.

Long, M. H., & Robinson, P. (1998). Focus on form: Theory, research, and practice. In C. Doughty & J. Williams (Eds.). *Focus on form in classroom second language acquisition* (pp. 15-41). New York: Cambridge Univertsity Press.

Pienemann, M. (1998). *Language processing and second language development: Processability theory.* Amsterdam: John Benjamins.

第 5 章

庵功雄・森篤嗣編（2011）『日本語教育文法のための多様なアプローチ』ひつじ書房

庵功雄・山内博之編（2015）『データに基づく文法シラバス』くろしお出版

池田玲子・舘岡洋子（2007）『ピア・ラーニング入門』ひつじ書房

岩田一成（2013）「文法から見た「やさしい日本語」」庵功雄・イヨンスク・森篤嗣編『「やさしい日本語」は何を目指すか：多文化共生社会を実現するために』ココ出版 pp.117-140

岩田一成（2014）「看護師国家試験対策と「やさしい日本語」」『日本語教育』158 号 pp.36-48

岩田一成（2018）「初級語彙の学習負担を減らす工夫と教材化」『語から始まる教材作り』くろしお出版 pp.77-89

岩田一成（2019）「文法項目の使用実態とその問題点 外国人にも読みやすい日本語は？」『クラウドソーシングを用いたビジネス文書の言語学的研究』ひつじ書房 pp.101-119

岩田一成・小西円（2015）「出現頻度から見た文法シラバス」庵功雄・山内博之編『データに基づく文法シラバス』くろしお出版 pp.87-108

奥村三菜子・櫻井直子・鈴木裕子編（2016）『日本語教師のための CEFR』くろしお出版

国際交流基金・日本国際教育支援協会（2002）『日本語能力試験出題基準　改訂版』凡人社

クラッシェン，スティーブン D．・テレル，トレイシー―D．(1986)『ナチュラル・アプローチのすすめ』大修館書店

小林ミナ（2005）「コミュニケーションに役立つ日本語教育文法」野田尚史編（2005）『コミュニケーションのための日本語教育文法』くろしお出版 pp.23-41

小林由紀 2014「文章理解の認知神経科学的基盤」川﨑惠里子編『文章理解の認知心理学』誠信書房　pp.139-157

日本語教育学会編（2005）『新版　日本語教育事典』大修館書店

野田尚史編（2005）『コミュニケーションのための日本語教育文法』くろしお出版

野田尚史編（2012）『日本語教育のためのコミュニケーション研究』くろしお出版

本田弘之ほか（2019）『改訂版　日本語教育学の歩き方』大阪大学出版会

山内博之（2009）『プロフィシェンシーから見た日本語教育文法』ひつじ書房

Council of Europe（2004）吉島茂・大橋理枝訳『外国語の学習、教授、評価のための ヨーロッパ共通参照枠』朝日出版社

ウェブサイト『少納言』http://www.kotonoha.gr.jp/shonagon/

第 6 章

田中祐輔（2016）「初級総合教科書から見た語彙シラバス」森 篤嗣編『ニーズを踏まえた語彙シラバス』くろしお出版

田中祐輔（2018）「日本語教材の分析」森 篤嗣編『コーパスで学ぶ日本語学　日本語教育への応用』朝倉書店

玉村文郎［編］（1989・90）『日本語の語彙・意味』（上・下）明治書院

千野栄一（1986）『外国語上達法』岩波書店

本田弘之・岩田一成・義永美央子・渡部倫子（2019）『改訂版　日本語教育学の歩き方─初学者のための研究ガイド─』大阪大学出版会

松下達彦（2016）「コーパス出現頻度から見た語彙シラバス」森 篤嗣編『ニーズを踏まえた語彙シラバス』くろしお出版

岩田一成（2019）「社会・文化・地域」岩田一成・大関浩美・篠崎大司・世良時子・本田弘之『日本語教育能力試験に合格するための用語集 [改訂版]』アルク

本田弘之（2019）「『日本で暮らす外国人のためのサイン』を考える」公益社団法人日本サインデザイン協会編『signs』13 一般社団法人日本屋外広告業団体連合会

第 7 章

庵功雄（2016）『やさしい日本語─多文化共生社会へ─』岩波書店

井上史雄（2017）『新・敬語論　なぜ「乱れる」のか』NHK 出版

遠藤織枝＋三枝令子（2015）『わかりやすく言いかえよう　介護のことば』三省堂

遠藤織枝（2018）「高齢者のことば」遠藤編著『今どきの日本語　変わることば変わらないことば』ひつじ書房　pp.83-96

遠藤織枝・三枝令子・神村初美（2019）『利用者の思いにこたえる　介護のことばづかい』大修館書店

国立国語研究所「病院の言葉」委員会（2009）『病院の言葉を分かりやすく　工夫の提案』勁草書房

平高史也（2013）「ウエルフェア・リングイスティクスから見た言語教育」『社会言語科学』16(1), pp.6-21

第 8 章

今井新悟（2015）「J-CAT（Japanese computerized adaptive test）」李 在鎬編『日本語教育のための言語テストガイドブック』くろしお出版 pp.67-85

加藤靖代・祝 玉深・坪田 康・壇辻正剛(2013)「日本語学習者による自己・ピア・第3者評価からの学び―ビデオ制作による遠隔地間大学交流より―」『日本教育工学会論文誌』37(2), pp.165-176

加納千恵子・魏 娜(2019)「漢字力診断テストによる日本語力の評価」當作靖彦監修『ICT×日本語教育―情報通信技術を利用した日本語教育の理論と実践』ひつじ書房 pp.166-177

小林典子(2004)「言語テストSPOTについて―用紙形式からWEB形式へ―」『筑波大学留学生センター日本語教育論集』20, pp.67-82

近藤ブラウン妃美(2012)『日本語教師のための評価入門』くろしお出版

酒井たか子・加納千恵子・小林典子(2015)「TTBJ(Tsukuba Test-Battery of Japanese)」『日本語教育のための言語テストガイドブック』くろしお出版 pp.86-109

山同丹々子・高橋雅子・伊藤奈津美・藤本朋美・安田励子(2017)「ルーブリック作成と評価観点の「ずれ」の分析―上級前半レベルのレポート課題―」『早稲田日本語教育実践研究』5, pp.123-130

靜哲人(2002)『英語テスト作成の達人マニュアル』大修館書店

靜哲人・竹内理・吉澤清美(2002)『外国語教育リサーチとテスティングの基礎理念』関西大学出版部

島田めぐみ・三枝令子・野口裕之(2006)「日本語Can-do-statementsを利用した言語行動記述の試み：日本語能力試験受験者を対象として」『世界の日本語教育』16, pp.75-88

関崎友愛・古川嘉子・三原龍志(2011)「評価基準と評価シートによる口頭発表の評価―JF日本語教育スタンダードを利用して―」『国際交流基金日本語教育紀要』7, pp.119-133

トムソン木下千尋(2008)「海外の日本語教育の現場における評価―自己評価の活用と学習者主導型評価の提案―」『日本語教育』136, pp.27-37

日本テスト学会(2007)『テスト・スタンダード―日本のテストの将来に向けて』金子書房

野口裕之・大隅敦子(2014)『テスティングの基礎理論』研究社

バックマン L.F.・パーマー A.S.(大友賢二・ランドルフ スラッシャー監訳)(2000)『〈実践〉言語テスト作成法』大修館書店

ヒートン J.B.(語学教育研究所テスト研究グループ訳)(1992)『コミュニカティブ・テスティング』研究社

深井美由紀(2010)「ポートフォリオアセスメント」佐藤慎司・熊谷由理『アセスメントと日本語教育 新しい評価の理論と実践』くろしお出版 pp.97-124

別府正彦(2015)『「新テスト」の学力測定方法を知るIRT入門 基礎知識からテスト開発・分析までの話』河合出版

牧野成一・鎌田修・山内博之・齊藤眞理子・萩原稚佳子・伊藤とく美・池﨑美代子・中島和子（2001）『ACTFL OPI 入門』アルク

村上京子（2013）「ポートフォリオ評価を取り入れた日本語教育実践」『日本語教育方法研究会誌』20(1)，pp.104-105

村田晶子（2004）「発表訓練における上級学習者の内省とピアフィードバックの分析—学習者同士のビデオ観察を通じて—」『日本語教育』120，pp.63-82

横溝紳一郎（2000）「ポートフォリオ評価と日本語教育」『日本語教育』107，pp.105-114

Brown, J. D. and Hudson, T. (1998). The alternatives in language assessment. *TESOL Quarterly*, 32(4), pp.653-675.

Genesee, F. and Upshur, J. A. (1996). *Classroom-based Evaluation in Second Language Education*. Cambridge: Cambridge University Press.

第 9 章

ジャック・C・リチャーズ＆シオドア・S・ロジャーズ著、アントニー・アルジェイミー＆髙見澤孟監訳、アナハイム大学出版局協力翻訳チーム訳（2007）『アプローチ＆メソッド　世界の言語　教授・指導法』東京書籍

下羽友幸（2013）「日本語教育と社会貢献—情報の仲介者としてのプロジェクト・ワーク」『言語教育実践 イマ×ココ』1, pp.72-83

田中幸子・猪崎保子・工藤節子（1988）『コミュニケーション重視の学習活動 1 プロジェクト・ワーク』凡人社

日本語教育学会編（2005）『新版日本語教育事典』大修館書店

文化審議会国語分科会（2010）『「生活者としての外国人」に対する日本語教育の標準的なカリキュラム案について』

文化審議会国語分科会（2012）『「生活者としての外国人」に対する日本語教育の標準的なカリキュラム案　教材例集』

第 10 章

荒川洋平（2016）『日本語教育のスタートライン　本気で日本語教師を目指す人のための入門書』スリーエーネットワーク

江口京子・早瀬博範（2018）「大学生のコミュニケーション育成のためのパターン・プラクティスの試み」『佐賀大学全学教育機構紀要』6, pp.29-42

久保田美子（2007）「言語教育法・実技（実習）」佐々木泰子編『ベーシック日本語教育』第 10 章 pp.116-153 ひつじ書房

国際交流基金（2007）『国際交流基金　日本語教授法シリーズ第 9 巻「初級を教える」』ひつじ書房

小林ミナ（2010）『日本語教育能力検定試験に合格するための教授法 37』アルク

中川良雄（2004）『秘伝　日本語教育実習〜プロの技〜』凡人社

平嶋里珂（2007）「コミュニケーション能力を養成するためのパターンプラクティス」『外国語教育研究』13, pp.79-95

「おわりに」

文化審議会国語分科会（2019）『日本語教育人材の養成・研修の在り方について（報告）改定版』

神村初美編著（2019）『介護と看護のための日本語教育実践』ミネルヴァ書房

索引

編著者・著者紹介

遠藤織枝（えんどう　おりえ）　　　　　　　編集・第7章・「おわりに」担当
専門：日本語教育、社会言語学
略歴：お茶の水女子大学大学院修士課程修了。人文科学博士。2009年まで文
　　　教大学学部で日本語教員養成コースと、大学院で第二言語習得コースを
　　　担当。著者に『気になる言葉 — 日本語再検討』（1987年、南雲堂）、『使
　　　い方の分かる類語例解辞典』（1993/2003年、小学館、編著）、『日本語
　　　を学ぶ人の辞典』（1995年、新潮社、編著）、『昭和が生んだ日本語』（2012
　　　年、大修館書店）、『やさしく言いかえよう 介護のことば』（2015年、三
　　　省堂、共著）など。

岩田一成（いわた　かずなり）　　　　　　　　　　　　第5章担当
所属：聖心女子大学現代教養学部日本語日本文学科
専門：日本語教育文法、地域日本語教育
略歴：大阪大学言語文化研究科博士後期課程修了。博士（言語文化学）。国際交
　　　流基金日本語国際センター、広島市立大学を経て、現在に至る。著書に
　　　『読み手に伝わる公用文＜やさしい日本語＞の視点から』（2016年、大修
　　　館書店）、『日本語数量詞の諸相：数量詞は数を表すコトバか』（2013年、
　　　くろしお出版）など。

金田智子（かねだ　ともこ）　　　　　　　　　第9章・「おわりに」担当
所属：学習院大学文学部日本語日本文学科
専門：日本語教育、授業分析、教師教育
略歴：ティーチャーズカレッジ（コロンビア大学）にて Ed.M 取得。文化外国語
　　　専門学校、国立国語研究所などを経て、現在に至る。著書に『日本語教
　　　育の過去・現在・未来 第2巻 教師』（2009年、凡人社、共著）など。

小柳かおる（こやなぎ　かおる）　　　　　　　　　　　第4章担当
所属：上智大学言語教育研究センター／大学院言語科学研究科
専門：習得論、日本語教授法
略歴：ジョージタウン大学大学院応用言語学修士・博士課程修了。言語学博士
　　　（Ph.D）国際日本語普及協会（AJALT）、ジョージタウン大学等を経て、
　　　現在に至る。著書に『日本語教師のための新しい言語習得概論』（2004
　　　年、スリーエーネットワーク）『認知的アプローチから見た第二言語習得』
　　　（2016年、くろしお出版、共著）、『第二言語習得の普遍性と個別性』（2018
　　　年、くろしお出版、共著）など。

島田めぐみ（しまだ　めぐみ）　　　　　　　　　　第 8 章担当

所属：日本大学大学院総合社会情報研究科

専門：日本語教育、言語テスト

略歴：名古屋大学大学院教育発達科学研究科博士課程終了。博士（心理学）。東京学芸大学教授を経て、現在に至る。著書に『日本語教育のためのはじめての統計分析』（2017 年、ひつじ書房、共著）など。

福田倫子（ふくだ　みちこ）　　　　　　　　　　　第 10 章担当

所属：文教大学文学部

専門：日本語教育、第二言語習得

略歴：広島大学大学院教育学研究科博士課程後期修了。博士（教育学）。広島大学大学院教育学研究科助教などを経て現職。著書に『日本語教育に役立つ心理学入門』（2018 年、くろしお出版、共著）など。

本田弘之（ほんだ　ひろゆき）　　　　　　　　　第 1 章・第 6 章担当

所属：北陸先端科学技術大学院大学

専門：日本語教育学、社会言語学、言語政策

略歴：早稲田大学教育学部卒業後、高校教諭を経て青年海外協力隊に参加し、日本語教師に。早稲田大学大学院日本語教育研究科修了。博士（日本語教育学）。著書に『文革から「改革開放」期の中国朝鮮族の日本語教育の研究』（2012 年　ひつじ書房）、『日本語教材研究の視点』（2016 年、くろしお出版、共編著）、『街の公共サインを点検する』（2017 年、大修館書店、共著）、『日本語を教えるための教材研究入門』（2019 年、くろしお出版、共著）など。

谷部 弘子（やべ　ひろこ）　　　　　　　　　　第 2 章・第 3 章担当

所属：東京学芸大学留学生センター（特任）

専門：日本語教育

略歴：筑波大学大学院地域研究研究科修士課程修了。在中国日本語研修センター、国際交流基金日本語国際センター、東京学芸大学留学生センター等を経て 2018 年より現職。

新・日本語教育を学ぶ —なぜ、なにを、どう教えるか—

2020 年 3 月 30 日　第 1 刷発行
2023 年 12 月 30 日　第 4 刷発行

編著者　　遠藤織枝
著　者　　岩田一成／金田智子／小柳かおる／島田めぐみ／
　　　　　福田倫子／本田弘之／谷部弘子
発行者　　前田俊秀
発行所　　株式会社　三修社
　　　　　〒150-0001 東京都渋谷区神宮前 2-2-22
　　　　　TEL 03-3405-4511　FAX 03-3405-4522
　　　　　振替 00190-9-72758
　　　　　https://www.sanshusha.co.jp
　　　　　編集担当 三井るり子
印刷・製本　萩原印刷株式会社